JN227039

LOTTE
Swallows
Carp
Tigers
LIONS
Tigers
Carp
SoftBank
HAWKS
Uniden
Swallows
8
GIANTS

特典グッズに囲まれる著者

10年間で収集した12球団の特典グッズに囲まれる著者。レプリカユニフォームだけで約70着もある。手に持っているのは阪神・ダイヤモンドプラス会員特典（2014年）のサイン入り木製バット。スタジオを借り切っての撮影が終わった後、「10年分の夢が叶いました」と涙した

斬新すぎる「カオシマ」ユニフォーム(2009年)

ホームとビジターのユニフォームを合体させてファンクラブ特典にしてしまったカープ。「斬新路線」は他の追随を許さない

ドラゴンズ×ジブリの珍獣?(2006年)

スタジオジブリ・宮崎駿監督がデザインしたマスコットぬいぐるみ。全長34センチもある。公募の末、愛称が決まった。はたして、その名は!?

ファッションブランドを巻き込むDeNA(2014年)

ファンクラブも迷走していたベイスターズだが、2014年はアースミュージック&エコロジー(写真)やユナイテッド・アローズとコラボ。オシャレ路線を歩み始めた!

ラジコンを特典につけた伝説の「カラスコクラブ」(2009年)

2006年から2009年まで存在した楽天の「Mr.カラスコクラブ」。他にもプロレスマスクやプロレスファイティングキットを特典にするなど、我が道を突っ走った

全千葉を震撼させた「ロテ事件」(2009年)

ロッテの会員証のスペルが「LOTTE」ではなく、「LOTE」に。まさか自社の社名を間違えるとは……。担当者の安否が気遣われる

黒ひげ危機一発と巨人がまさかのコラボ(2012年)

2012年に実現した黒ひげ危機一発ジャイアンツバージョン。黒ひげおじさんが巨人のユニフォームを着ている。ちなみに2013年には『進撃の巨人』とのコラボ商品も発売された

プロ野球
12球団
ファンクラブ全部に
10年間
入会してみた!

涙と笑いの球界興亡クロニクル

長谷川晶一
(12球団ファンクラブ評論家)

まえがき

改めて、本書のタイトルを見てほしい。

『プロ野球12球団ファンクラブ全部に10年間入会してみた！』――。

ずいぶん長いタイトルだけれど、内容はこれで十分伝わるはずだ。僕は2005年から14年までの10年間、毎年、毎年、全球団のファンクラブに入会し続けた。10年間の会費の総額は62万9200円。子どもの頃からのヤクルトファンで、長年のファンクラブ会員ではあったけれど、まさか、残り11球団のファンクラブに入会するとは自分でも考えてもいなかった。

タイトルだけを見れば、インパクト重視の悪ノリ企画のように思われることだろう。確かにそうした側面も「ない」とは言い切れないけれど、それとは異なる一面も含まれている。

本書のサブタイトルを見てほしい。

「涙と笑いの球界興亡クロニクル」――。

この10年間、僕の周囲は常にファンクラブに包まれていた。毎日のように、各球団からメルマガが配信され、郵便受けには各チームの会報や「チケット優先販売のお知らせ」が届いた。

倉庫には10年分の「特典グッズ」が山のように積まれている。色とりどりの「レプリカユニフォーム」は全部で70着以上もある。これらのユニフォームはファンクラブの「会員特典」も

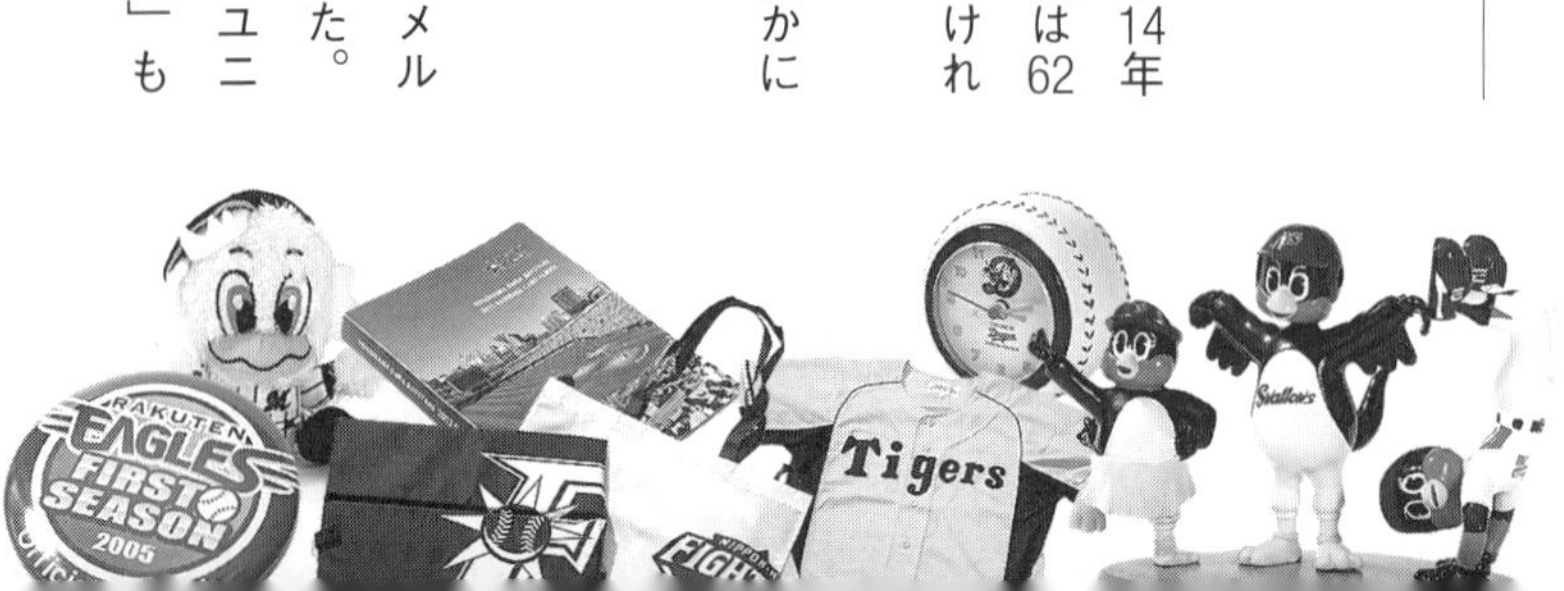

あれば、あるいは球場での「全員配布」のものもあれば、「ユニフォーム付きチケット」を会員割引で購入したものも含まれている。そのひとつひとつに思い出がある。ヤクルトファンの僕がなぜか中日のユニフォームを着てナゴヤドームで中日対巨人を観戦したり、福岡・博多でソフトバンクのユニフォームを身にまとって、長谷川勇也に声援を送ったりしているのだ。

当時、35歳だった男が44歳になった。時間と、金と、手間暇《ひま》をかけてまで続けられた理由は単に楽しかったからだ。しかし、ただ楽しいだけでもない。面倒くさいこと、不満に思うこともたくさんあった。好きで始めたことでも、いざ続けるとなると、それなりに苦労も伴うのだと改めて知った。でも、そのおかげで各球団のファンサービスに対する取り組み方、ファンへの向き合い方など、球団カラーが鮮明に見えてくることとなった。

だからこそ、「涙と笑いの球界興亡クロニクル」なのだ。

この10年間で、各球団のファンサービスは格段に進歩、向上した。しかし、それでもまだまだ問題点は残り、改善すべき点も多い。本書では05年から14年まで、年度別に12球団の特典を振り返り、その上で球団別の魅力や問題点をまとめてみた。

最初から最後まで読んでいただければ、球界の全体像が把握できるように書いたつもりだが、まずは気になるところ、好きなチームの箇所からでも読み進めてほしい。

あなたのご贔屓《ひいき》チームのファンクラブは、果たして？

プロ野球12球団ファンクラブ全部に10年間入会してみた!

涙と笑いの球界興亡クロニクル

CONTENTS

入会 1年目

2005年

全12球団入会の"暴挙"は不信感から始まった

2005年GOY▶イエローメッシュジャージ（阪神）

※GOY=グッズ・オブ・ザ・イヤー

2005 FAN CLUB

平成17年

全入会 1年目

首相 小泉純一郎

球界再編、ストを経て改革元年!

前年の「球界再編騒動」の余波を受けて、さまざまな改革がなされた2005年。高橋ユニオンズ以来50年ぶりとなる新生球団・東北楽天ゴールデンイーグルスが誕生。また、福岡ではダイエーが球団経営から撤退し、急成長を遂げるソフトバンクがホークスを引き継いだ。奇しくもIT企業の雄2社がプロ野球経営に乗り出すこととなった。

また、この年から交流戦が行われるようになり、観客動員数の実数発表が始まった。「スカイマークスタジアム」「福岡Yahoo!JAPANドーム」「インボイスSEIBUドーム」と3球場が命名権により名称を変更し、東京ドームにはグラウンドレベルで観戦できるエキサイトシートが設置されたのもこの年の出来事。忘れてはならないのが黒い霧騒動で永久追放処分を受けていた池永正明氏の処分が解除され、35年ぶりの復権が実現したこと。そんな年に一人の変わり者が全球団のファンクラブに入会したのだ。

FAN CLUB 1 TOPICS
すべてのファンクラブ入会を決意! ここからすべてが始まった。

FAN CLUB 2 TOPICS
ソフトバンクと楽天のファンクラブが揃って発足!

FAN CLUB 3 TOPICS
巨人ファンクラブの豪華さにただただ圧倒される

FOY FAN CLUB of the YEAR
ヤクルトスワローズ

「FOY」…ファンクラブ・オブ・ザ・イヤー。通称フォイ。その年で最も優れた**ファンクラブ**

GOY GOODS of the YEAR
イエローメッシュジャージ
(阪神タイガース)

「GOY」…グッズ・オブ・ザ・イヤー。通称ゴイ。その年で最も優れた**特典グッズ**

2005年ファンクラブ・充実度ランキング

☆はファンクラブ・オブ・ザ・イヤー／★はグッズ・オブ・ザ・イヤー

Rank	チーム	ファンクラブ充実度 総合	観戦特典	グッズ特典	ポイント特典	入会したコース金額	チーム成績	リーグ順位	監督	開幕投手
☆ 1	ヤクルト	A	○	○	×	5,000円	71勝73敗2分	④	若松勉	石川雅規
2	巨人	A	△	○	×	4,800円	62勝40敗4分	⑤	堀内恒夫	上原浩治
3	ロッテ	A	○	○	×	3,500円	84勝49敗3分	❶	B.バレンタイン	清水直行
4	西武	A	○	○	○	3,000円	67勝69敗0分	③	伊東勤	松坂大輔
★ 5	阪神	B	△	○	×	3,500円	87勝54敗5分	①	岡田彰布	井川慶
6	楽天	B	○	○	×	3,000円	38勝97敗1分	⑥	田尾安志	岩隈久志
7	日本ハム	B	×	△	○	3,000円	62勝71敗3分	⑤	T.ヒルマン	C.ミラバル
8	ソフトバンク	B	△	△	○	3,700円	89勝45敗2分	②	王貞治	和田毅
9	横浜	C	△	×	×	4,000円	69勝70敗7分	③	牛島和彦	三浦大輔
10	中日	C	○	△	×	3,000円	79勝66敗1分	②	落合博満	川上憲伸
11	オリックス	C	×	×	×	2,100円	62勝70敗4分	④	仰木彬	川越英隆
12	広島	C	○	×	△	3,000円	58勝84敗4分	⑥	山本浩二	黒田博樹

ランキング、総合評価は著者による格付けです。
観戦特典、ポイント特典は○＝有り、△＝一部有り、×＝無し
グッズ特典は○＝最高、△＝まぁまぁ、×＝イマイチ
白抜き丸数字は日本シリーズ優勝チーム

入会金総額 41,600円

2005年のおもな出来事

3月 121カ国4国際機関が参加した愛知万博（愛・地球博）が開幕。185日間の会期中、2200万人が来場した。

4月 ライブドアとフジテレビの株式争奪戦の末、両社による資本・業務提携などで和解が成立した。

兵庫県尼崎市のJR福知山線で脱線事故が発生。死者107名を出すJR史上最悪の惨事となった。

6月 アスベストによる深刻な健康被害が次々と発覚。政府はアスベスト健康被害者救済の特別立法制定を正式に決定。

7月 ロンドンで地下鉄、バスを標的とした同時爆破事件が発生。死者は55人、負傷者は1000人以上。

8月 アメリカ南部に超大型ハリケーン「カトリーナ」が上陸。ルイジアナ、ミシシッピ両州で合わせて約1300人が死亡。

9月 郵政民営化をめぐる衆院選で、自民党率いる与党が326議席を獲得する歴史的大勝。10月に郵政民営化関連法が成立した。

10月 パキスタン北東部でM7・6の地震が発生。日本人2人を含め死者は7万人超、300万人が被災した。

11月 一級建築士による構造計算書偽装が発覚。その後、震度5強の地震で倒壊の恐れがある建物が次々と判明。

12月 厚生労働省の統計で、出生数から死亡数を引いた数がマイナスとなり、1899年以来初めて日本人の人口が減少に転じたと発表。

2004年の球界再編騒動を経て、「ファンサービスは変わるのか?」という疑問が、すべての始まりだった

「ファンサービス」って何だ?

きっかけは「不信感」だった——。

途中、数年のブランクはあったものの、小学生だった1980年からちょうど25年。人生のほとんどをヤクルトファンクラブ会員として過ごした僕は、2004年のファンクラブ特典のショボさに愕然《がくぜん》とした。

好きな試合「5試合分の無料観戦」特典と「04年ファンブック」は嬉しかったけれど、あとは「必勝お守り・缶バッジ・あだち充のポストカード」と、わけのわからないものばかりだった。これで、5000円……。

毎年、何の考えもなく払い続けていたけれど、年々貧相になっていくその特典に、僕は初めて素朴な疑問を抱いた。

「他球団は、どうなんだろう?」

インターネットで検索してみると、チームごとにそれぞれの特色があるのだということを改めて知る。そうこうしている間に「球界再編騒動」だ。大阪近鉄バファローズとオリックス・ブルーウェーブが合併し、1リーグ・10球団体制へ移行する動きがどんどん加速していった。

この頃、お題目のごとく繰り返された「ファンサービス」の大合唱。このとき、僕は考えた。その球団が自軍のファンをどのくらい大切にしているのか？　ファンクラブにこそ、その姿勢が如実に表れるのでは？ならば12球団すべてに入って比較しよう！　僕の鼻息は荒かった。

04年夏。すでに翌05年の会員を募集していた阪神を皮切りに、各チームの募集要項が出揃うのを待って、次から次へとファンクラブに入会。ただ、中日と広島については「キッズコース」や「シニアコース」など、「34歳（当時）・男性」の僕が入会資格を満たすコースがなかったため、親と甥に入会してもらった。悪用しないのでご勘弁を。スイマセン。

そして、04年9月18、19日――。

ペナントレースが佳境に入っているにもかかわらず、この両日、日本からプロ野球が消えた。史上初のストライキ。僕たちファンは、この日を決して忘れてはならない。「プロ野球におけるファンサービスとは何か？」、そして「ファンの存在意義とは？」、そんなことが問われた日だから。

古田敦也選手会長（当時）の記者会見を見ながら、僕は古田に声援を送っていた。

(頼むぞ、古田。オレはどうしても12球団すべてのファンクラブに入りたいわけじゃないんだ!)

選手会の踏ん張りと世論の後押しもあって、1リーグ制は回避され、05年度も引き続き2リーグ・12球団体制でプロ野球が存続することとなった。その結果、「12球団すべてのファンクラブに入会する」という当初の目論見《もくろみ》は何とか実現のめどが立った。古田さんのおかげだ!

そして、年が明けるとともに特典グッズの数々が次々と届く。キャンプが終わり、オープン戦が始まる頃には、部屋は各チームのグッズでいっぱいになった。これは自分でも意外だったけれど、気がつくとファンブックを手に取ってページを繰っていたり、意味もなくレプリカユニフォームを着てみたり、オリジナルキャップをかぶって鏡の前に立っていたり、ひと足早い球春到来にワクワクしている自分がいた。

子どもの頃からの生粋のヤクルトファンであるにもかかわらず、ジャイアンツのキャップをかぶってしまっている自分に驚いた。

(これは、ファンとしてあるまじき行為ではないのか?)

しかし、その背徳感たるや、思春期にエロい本を盗み読みして以来の

2005年から東京ドームに設置された「エキサイトシート」。選手と同じ目線で試合を観戦できるように

甘美なものであり、大人になって初めて体験する新鮮な感覚だった。

チームごとの特典内容や入会金などの詳細は後述するとして、合計4万1600円の出費だったけれど、この高揚感と背徳感も含めて、それは十分楽しめるものだった。決して高くない。いや、むしろ安い！

ファンクラブ入会以来、毎日のようにメールや郵便で各チームの情報が送られてくる。「6月のチケット優先発売情報」や「ファン交流イベントのお知らせ」など、それぞれが「ファンサービス」に腐心している。

全チームのファンクラブに入って、各球団の「ファンサービス」を大別すると、①プレゼント系と、②ふれあい系の2種類があることがわかった。前者は限定グッズや先着順の来場者プレゼントであり、後者は少年野球教室や握手会、サイン会の類《たぐい》だ。

では、05年度の各球団の特典について述べていきたい――。

読売ジャイアンツ

これも球団体質か？　豪華特典の数々

かつて、プロ野球ファンは2種類の人種に大別できた時代があった。

ひとつは「巨人ファン」。そしてもうひとつの人種は「アンチ巨人フ

読売ジャイアンツ

【一般(4,800円)】エナメルバッグ/キャップ/携帯液晶クリーナー/カレンダー/メディアガイド/東京ドームD席引換券(抽選)/指定席チケット先行販売/会報誌(年6回)/よみうりランド優待割引/地方開催公式戦自由席チケット抽選プレゼント/球団主催イベント優先招待他【キッズ(3,200円)】

著者が巨人ファンの友人にあげたため写真にはないが、さらにキャップが付く充実ぶり

ァン」だ。高度経済成長期の少年たちは、『巨人の星』や『侍ジャイアンツ』に夢中になり、ジャイアンツの帽子をかぶって、仲間たちと野球に興じていた。いや、子どもたちだけではない。大人たちも、長嶋茂雄や王貞治の一挙手一投足に一喜一憂し、酒場では堀内恒夫の不調を嘆いたり、川上哲治監督の采配の是非を論じたりしていた。

しかし、もちろん主流派がいれば反主流派もいる。ある者は阪神の江夏豊や中日の星野仙一に、またある者は南海、近鉄、阪急など、個性的な面々が居並ぶパ・リーグに情熱を傾けていた。

それだけ野球が熱い時代が、かつては確かにあったのだ。

70年生まれの僕はON直撃世代ではない。物心つく頃にはNは監督になっていたし、Oは現役最晩年だったせいか、僕は子どもの頃からのヤクルトファンだった。78年の初優勝以来、どん底の暗黒期にありながらも、それでも神宮球場に駆けつけ、若松勉や大杉勝男、松岡弘や安田猛に声援を送り、敗戦の屈辱を噛みしめて総武線で帰宅していた。

……長々と書いてしまったけれど、何を言いたいのかというと、先に述べた「人種の二分法」において、僕は後者。つまり、アンチ巨人だ。

中日ドラゴンズ

【ユース(3,000円)】キャップ/ファンブック/カレンダー/ウエスタン入場無料(ナゴヤ球場開催のみ)/スピードボールコンテスト抽選招待/球団主催イベント参加他【ジュニア(3,000円)】親子ペアチケット2枚他【キッズ(3,000円)】おとなペアチケット1枚他

著者が中日ファンの友人にあげたため写真にはないが、キャップとカレンダーも付く

その僕が巨人のファンクラブに入るということにはかなりの抵抗があった。「オレが応援しなくても、もう十分にファンがいるじゃないか」という思いもあったし、「金持ち球団にさらに金を落としたくない」という気持ちもあった。オレンジ色には無意識に拒絶反応を示し、オレンジよりはグレープフルーツを愛するようになっていた。

しかし、もう決意したのだ。「12球団すべてのファンクラブに入ろう」と。ここで怯《ひる》んでどうする！　そんな気持ちで財布から4800円を出したのだ（実際はカード引き落としだったけど）。

そして、開幕前の春の日。巨人ファンクラブから小包が届いた。箱を開けて、本当に驚いた。オリジナルキャップにショルダー式の高品質エナメルバッグ。さらに、オリジナル液晶クリーナー（しかも2個！）にデータ満載のメディアガイド。さらに、4月から始まる壁掛け式のカレンダー。会報誌『G　FAN』は隔月で年6回発行。さらに、抽選による「東京ドームD指定席引換券」まで。4800円で、「これでもか」とグッズをくれる巨人のファンクラブ。もう、お腹いっぱいだよ！　そこまでしなくていいよ！　お金があるのは十分にわかったよ！

広島東洋カープ

【ジュニアカープ(2,300円)】カープ主催試合外野自由席入場無料/バッグ/キャップ/メンバーズ手帳/イヤーブック/ウエスタン入場無料/ファン感謝デー招待ほか【レディースカープ(3,600円)】広島市民球場外野自由席20試合入場無料他【シニアカープ(3,000円)】

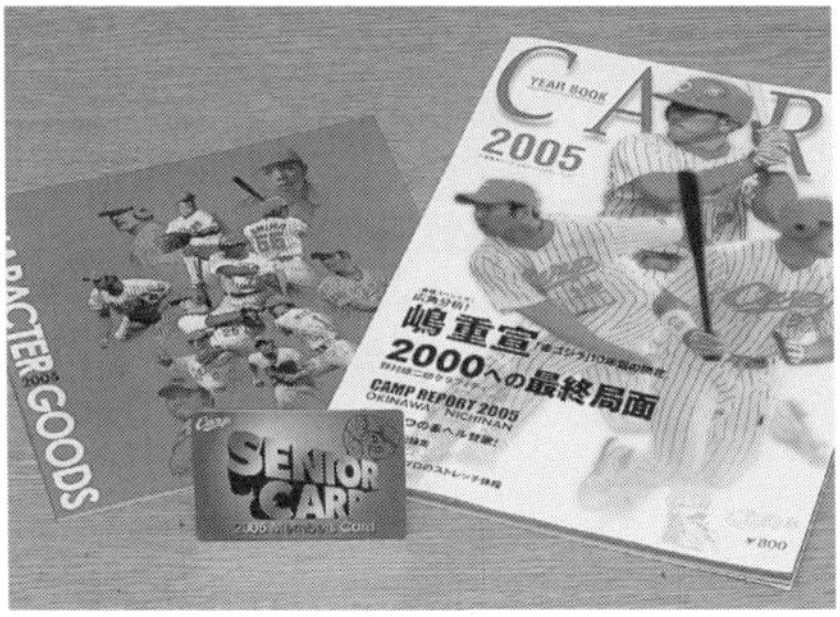

中日とともに広島は一般会員の枠がなく、写真はシニア(65歳以上)の会員特典

でも、打ち消しても、打ち消しても、(こんなにいろいろなものをくれるなんて……)と、なぜか嬉しい気持ちになったのも事実。うーん。自分でも説明できない不思議な感覚だった。この感覚は数年の間、引きずり続けるのだけれど、それはおいおい述べていくことにしよう。

中日ドラゴンズ

子どもへのケアが大充実

12球団ファンクラブ完全制覇——。

最初の難関が中日だった。なぜなら、「34歳(当時)・男性」の僕が入会できるカテゴリーがないのだ。05年の中日ファンクラブは0歳から5歳までのキッズ、新小学生から中学3年生までのジュニア、そして新高校生から20歳までのユース。この3つのコースしかないのだ。

(34歳、入れないじゃん……)

仕方ないので、甥っ子の名義でユースに入会。入会金3000円(送料700円)を支払ったのは僕だけど、厳密に言えば僕自身は会員ではない。最初の挫折。悔しいけれど仕方がない。

そして、届いたのは「ブルーのメッシュキャップ」と同伴者用の「お

ヤクルトスワローズ

【大人会員(5,000円)】オリジナルTシャツ／キャップ／ポストカード／ファンブック／外野自由席招待券5枚／入場チケット割引／会報誌(年4回)／イースタン入場無料／球団主催イベント参加他【子供会員(3,500円)】神宮球場外野自由席全試合入場無料／始球式抽選登板他

レプリカユニフォームに傘のマークが付いているのは、ファン心をくすぐる

となペア券」が1枚。しかし、この招待引換券。招待日があらかじめ指定されているのが難点。都合がつかない場合はかなり寂しい。結局、都合がつかずにムダにしちゃったよ。もうひとつの特典「スケジュールカレンダー」は勝敗によってシールを貼っていくもの。当然、勝ちシールの方が断然多い。デザインが子どもっぽくて嬉しくなかったけれど、これも仕方ない。そもそもが子ども向け特典なのだから。

中日さん、ぜひ早々に大人も入会できる「一般コース」の設立を！

広島東洋カープ

子ども、女性と老人に優しいファンクラブ

日本初のベースボール犬・ミッキーくんを採用した05年の広島。こちらも、中日と同様の悩みが生じた。カープファンクラブはジュニア、レディース、シニアの3種類。ジュニアは全試合、レディースとシニアは20試合無料観戦できる。でも、こちらも普通の大人が入会できる「一般コース」がないのだ。12球団ファンクラブ完全制覇への道は遠い……。

ということで、仕方ないので母の名義で「シニアカープ（3000円・

阪神タイガース

【大人会員(3,500円)】オリジナルイエローメッシュジャージ/会員証/始球式への参加/月間MVP表彰式への参加/公式戦入場券プレゼント/ウエスタンリーグ半額優待/全26回のファンクラブ応援デーでの先着順プレゼント/月間MVP直筆サイン入りグッズプレゼント他【キッズ(2,500円)】

前年秋に応募締め切りの阪神ファンクラブ。メッシュジャージは黄色基調のオリジナル品

送料込)」に入会した。特典はカープキャップをかぶった老人があしらわれた「会員証」と「05年度カープイヤーブック」。「シニア会員」だからって、わざわざ老人イラストにしなくてもいいのに。「老人は、老人扱いされることを非常に嫌う」ということがわかっていないのかな?

さらに、「1軍公式戦20試合入場無料」。しかし、母は広島に用事などないため、観戦特典を活用することはなかった。3000円払って、手元に残ったのは売価800円のイヤーブックのみ。高い買い物となった。

広島ファンクラブの考えは、子どもと女性と老人に手厚くすることで、一般男性を芋づる式に球場に引っ張り込もうという狙いなのだ。これは正しいビジネスプランとも言えよう。特にジュニアにはことのほか優しく、バッグ、キャップ、メンバーズ手帳がついて、5試合観戦するごとに選手のサイン入り写真付き表彰状がもらえる。広島県外の会員の場合、「2試合観戦ごと」というのも非常に優しい心遣い。

ヤクルトスワローズ

テーマは「BEAT PARK」

04年の「不信感」から、全球団に入会するきっかけとなったヤクルト

横浜ベイスターズ

【一般(4,000円)】トートバッグ／折りたたみミラー／バースデーカード／年賀状／チケット優先予約／イースタン入場チケット1試合(横須賀スタジアム)／イースタン入場割引(横須賀スタジアム)／好きな選手と自分の顔写真入り会員証発行／カレンダー、ファンブック割引販売他【中学生以下(2,500円)】

名物は好きな選手と自分の顔の写真入り会員証。写真のグッズの他に黒のトートバッグが付く

ファンクラブ。全部に入会してみての感想を言えば、「不信感を持ってスミマセン」というもの。他球団と比較すると、実に中身充実であった。交流戦を含む「5試合の招待」、オリジナルの「ユニフォーム」と「キャップ」。「ファンブック」に毎試合配られる「スワローズ通信」。そして、05年限定での「セ・パ交流戦ピンバッジ」。オレはコンプリートしたぞ！

05年の神宮球場のテーマは「BEAT PARK」。ヒップホップアーティストのZEEBRAが選手入場時のテーマを作曲。センタービジョンでも、ことあるごとに選手とジブラが映し出された。ジブラのファン層がほとんどいない神宮では、イマイチ効果が出ていないというのが正直なところだった。でも、成果はともかく、その試みは評価したい。

新マスコット・燕太郎《えんたろう》も登場し、改革への意気込みは伝わる。小学生による始球式を長年にわたって続けてきたヤクルトの今後に期待する。

阪神タイガース

イエロージャージが最高！

04年夏の時点で、早々に05年会員を募集していたタイガースファンクラブ。3500円で、ミズノ製の「イエローメッシュレプリカジャージ」

西武ライオンズ

【一般(3,000円)】オーバーシャツ、ウエストポーチから1つ選択／内野指定席引換券2枚／内野自由席招待券2枚／入場チケット割引券／ポイントアップサービス(入場回数に合わせて内野自由席招待券と選手ピンバッジをプレゼント)／ファンクラブニュース(年3回)／グッズ割引販売他

04年日本一チームのファンクラブ入会記念グッズ。ファンブックはなかなかの充実ぶりだ

と好きな選手の背番号が入った「会員証」がもらえる。毒々しいまでの黄色のジャージは個人的には絶対に着ないもの。しかし、着た。意外と似合うと自画自賛。何事も挑戦が大切だ。この特典、かなり気に入った。

あとは、月に数回の「応援デー」で、先着順にキーホルダー、モバイルクリーナーなどがもらえる。個人的にほしいのが、現役とOB全40枚のベースボールカード。掛布雅之、バース、江夏豊のカードなんかがあるのだろう。ほしいなぁ、ラインバックもあるのかな?

横浜ベイスターズ
プロデューサーはとんねるず・石橋貴明

TBS系列で牛島和彦監督と共演していた関係か、05年のベイスターズは、石橋貴明が「エグゼクティブ・アドバイザー(EA)」に就任。彼の打ち出した企画は、ネットが撤去された横浜スタジアムでの「グローブを持ってハマスタへ行こう!」や「週間MVP」の制定だった。

横浜だけのオリジナル特典が「好きな選手と自分の顔写真入りの会員証」。自分が写った証明写真を事務局に送り、「ガニマタ打法」の種田仁を指定する。後日、届いた会員証には、真剣な表情の僕と真っ白い歯が

福岡ソフトバンクホークス

【スタンダード会員(3,700円)】ユニフォーム／リストバンド／ピンバッジ他【ジュニア会員(1,500円)】キャップ／フォトフレーム／防犯ベル／リストバンド他【ゴールド会員(30,000円)】バブルヘッド人形10体他【プラチナ会員(150,000円)】【フリー会員(無料)】他

入会記念品の発送が遅れ、開幕時に手元に届いたのは仮会員証のみだった

やけにまぶしい種田の笑顔が並んでいる。たったこれだけのことなのに、なぜか嬉しいから不思議だ。実にいいアイディアだと思う。

しかし、それ以外の特典はいただけない。４０００円の会費を払って手にしたのは本当に安っぽい「トートバッグ」と「折りたたみミラー」のみで観戦特典ナシ。いや、正確に言おう。観戦特典はある。しかし、それは「イースタン1試合」の観戦のみ。「コレってどうよ?」と思っていたら、突然「オリジナルキャップ」が送られてきた。募集要項にはどこにもそんなことは書いていない。さすがに申し訳なくなって、急遽キャップを付け加えたのかと、ついうがった見方をしてしまう。

西武ライオンズ

３０００円は安すぎます!

西武のファンクラブは３０００円で会員になると、中学生以下なら、ホーム、ビジターともに全試合無料観戦できるという超お得感。

大人に関してもコストパフォーマンスは極めて高い。「ファンブック」も付いていて、僕としては大満足。開幕早々、インボイスＳＥＩＢＵドーム(当時)まで３回通った。オススメは、球場脇にある「西武ライオ

北海道日本ハムファイターズ

【ルーターズクラブ(3,000円)】ウインドブレーカー／公式戦入場チケット割引／来場プレゼント(ピンバッジ)／ガチャポン／会報誌(年3回)／応募抽選(始球式登板、ダッグアウト招待、試合前ベースランニング)／ポイントサービス他【キッズクラブ(2,000円)】野球教室参加他

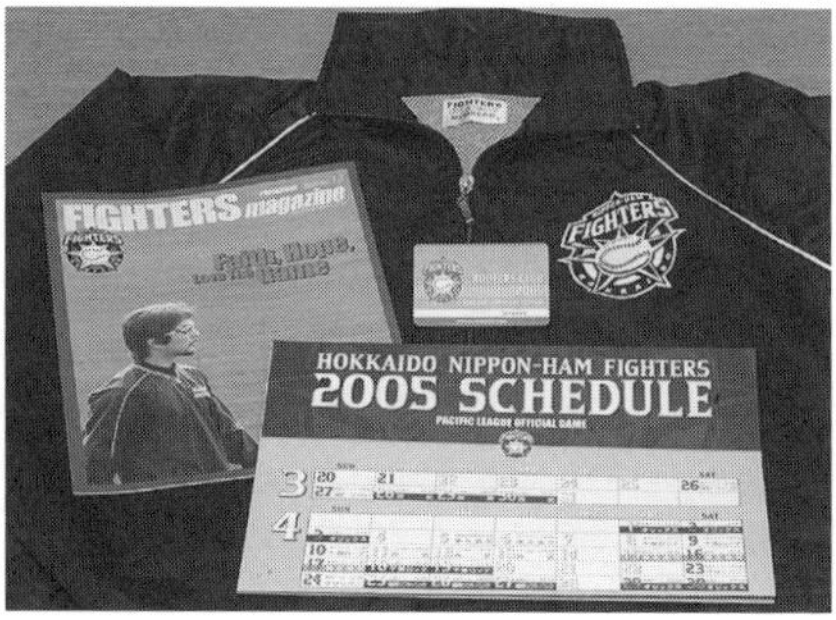

入会プレゼントがウインドブレーカーなのは本拠地が北海道ならではの気配り?

ンズのあゆみ」。ここでは黄金時代の優勝ペナント、歴代名選手たちのユニフォームなどが無料で閲覧できる。

福岡ソフトバンクホークス

「目標は世界一」と高らかに宣言!

親会社が変わると、前身の歴史を否定したがるもの。でも、ホークスに関しては、公式HPで鶴岡、広瀬、杉浦、門田と偉大なOBを紹介している。さすが「世界一」を目指すチームだ。歴史を尊重する姿勢がいい。それがひいては、ファンからの敬意を集めることにもなるのだ。

さて、「世界一」という大目標を掲げたチームのファンクラブは「会員数100万人」を目指しているのだという。ヤフオクで入会金額を決めた50名限定のダイヤモンド会員(落札額は30万1000円と30万207円)から、プラチナ、ゴールド、スタンダード、ジュニア、フリーと全6種類。ちなみに、この「ダイヤモンド会員」、やはりすごい特典の数々。「選手仕様ユニフォーム一式(会員氏名入り)」、バックネット側最上階にあるロイヤルルームでの「特別観戦パーティー招待」。「優勝パレードをゴール地点で出迎える権利」「選手直筆バースデーカード」などなど。

千葉ロッテマリーンズ

【マリーンズクラブ(3,500円)】ユニフォームシャツ、子ども用グローブ、マーくんぬいぐるみの中から1つ選択/入場チケット割引/内野自由席招待券2枚/情報誌(年3回)/球団主催行事参加への優遇/来場プレゼント(ピンバッジ)/野球体育博物館入場割引券他【レディスマリーンズ(3,500円)】【ジュニアマリーンズ(3,000円)】

子ども用グローブにはバレンタイン監督のメッセージが入っている

しかし、極めて標準《スタンダード》的な僕はスタンダードに入会。ただ、概要が発表されたのが開幕直前の3月。すぐに申し込んだけど、グッズ一式が届いたのが6月。球団譲渡でドタバタなのは理解できるけど、ちょっと寂しいよなぁ。まぁ、球団初年度ということで、本年は目をつぶろう。「世界一」まで、まだまだ道は遠いよ、孫さん。

北海道日本ハムファイターズ

着々と進む地域密着への道

05年のファンクラブの主だった特典は「会員証」と「ウインドブレーカー」のみ。あとは球場に行くともらえる「ピンバッジ」や来場ポイントによるプレゼント、会場限定ガチャポンなど、とにかく球場へ足を運ばせようと躍起だ。東京在住の僕はファンクラブ優先販売で、本年から導入された東京ドームのエキサイトシートチケットを購入。大迫力の野球観戦に加え、チームマスコットB・Bと握手して、年甲斐もなく感激。

千葉ロッテマリーンズ

12球団一のサービスを展開する熱意!

あの手この手で、12球団一のファンサービスを誇るチームではないだ

オリックス・バファローズ

【バファローズクラブ(2,100円)】ショルダーバッグ(ネイビー・ホワイト)、キャップの中から1つ選択/公式戦入場チケット割引/イベント情報案内(年3回)/グッズ割引販売/バファローズフォンプレゼント他【ジュニア(1,050円)】ゲームソフトプレゼント/野球教室参加他

著者はキャップを選んだが、ショルダーバッグとどちらか選ぶことができる

ろうか。球場で無料配布の「マッチカードプログラム」は、3連戦ごとに新刊が発行され、対戦相手の名鑑、選手ごとの対戦データがしっかりと解説されている。メインの特典グッズは「ユニフォームシャツ」と「子ども用グローブ」と、チームキャラクターである「マーくん特大ぬいぐるみ」の3点から好きなものを。で、僕は2口入会し、ユニフォームシャツとグローブを選ぶ。

僕はサウスポーだが、もちろん、ちゃんと左利き用もある。そこには、「タノシミマショウ」とバレンタイン監督の直筆メッセージが刻印。

ちなみに、もうひとつの特典「ロッテリア試食券」は、てりやきバーガーとポテトのSだった。

オリックス・バファローズ
12球団最安値の会費2100円!

エナメルのショルダーバッグかオリジナルキャップのどちらかを選べるファンクラブ入会特典。グッズは以上。年会費2100円は12球団で最も安いが、特典、サービスも最安値の感は否めない。

しかし、「ジュニア会員(1050円)」はスゴイ。「全試合無料招待」

東北楽天ゴールデンイーグルス

【一般(3,000円)】トートバッグ、外野自由席チケット1枚の中から1つ選択／イヤーブック／缶バッジ他【キッズクラブ(500円)】キッズイベント参加他【ゴールド会員(10,000円)】応援ユニフォーム他【ブースタークラブ(100,000円)】全選手・コーチ直筆サイン他

写真は一般会員がもらえるグッズ。年会費10万円のブースタークラブは豪華特典付きだ

に加えて、「プレゼントデー」に来場すると、PS2ソフト『桃太郎電鉄11』がもらえるのだ！　せめて、野球ゲームだったらよかったのに。

東北楽天ゴールデンイーグルス

僕は「創立会員」なのだ！

幻の球団・高橋ユニオンズ以来となる新球団・東北楽天ゴールデンイーグルス。球団創設早々、背番号「10」をファンのための永久欠番にしたように、ファンサービスに対する意識は既存の球団よりも強いはず。10万円の「ブースタークラブ」、1万円の「ゴールド会員」、3000円の「一般会員」「キッズクラブ」があり、僕は「一般」に入会。「トートバッグ」か「外野自由席1枚」のどちらかからバッグを選ぶ。厚手の生地にしっかりとした縫製。クリムゾンレッドのバッグはなかなか高品質。かなり気に入った。

そして、イヤーブックに「創立会員」として自分の名前が記載されるサービスも。小さい字でランダムに並んでいるので、自分の名前を探すのにひと苦労。でも、見つけたときは実に嬉しかった。この僕もまた、歴史の証人なのだ。そう、名誉ある「創立会員」なのだから！

観戦特典あるある

無料チケットを消化しないままシーズン終盤を迎えると、焦燥感に襲われる。

せっかく観戦特典に招待券が付いていても、忙しくてなかなか球場に行けない……。「損をしたくない」「元を取りたい」という思いが、日増しに募っていく。

入会 2年目

2006年

新サービスはロッテから！
会員情報システムを構築

2006年GOY ▶ 宮崎駿監督デザインのマスコットぬいぐるみ（中日）

2006 FAN CLUB

平成18年

全入会 2年目

首相
小泉純一郎
安倍晋三

第1回WBCの感動と興奮

トリノ五輪、荒川静香の興奮冷めやらぬ中、王貞治監督率いる日本代表チームが第1回WBC(ワールド・ベースボール・クラシック)で見事に優勝した2006年。前年日本一に輝いたロッテは本拠地・千葉マリンスタジアム(当時)の指定管理者になり、球場改修や球場でのアトラクションなど、積極的なファンサービスを行えるようになり、ますますファンサービス界のトップランナーとしてさまざまな施策を行うこととなった。

夏の甲子園で駒大苫小牧・田中将大と早稲田実業・斎藤佑樹の投げ合いが日本中を熱狂させたのもこの年だった。また、それまで地域密着感が皆無だったヤクルトは古田敦也選手兼任監督の就任とともに「東京色」を前面に打ち出すべく「F-PROJECT」を発足。手始めにチーム名を「東京ヤクルト」と改め、ユニフォームもBEAMSがデザインする。この年、一人の変わり者がまたも全球団のファンクラブに入会。2年目だ。

FAN CLUB 1 TOPICS
中日に一般コースがついに誕生!ジブリぬいぐるみなど豪華7大特典!

FAN CLUB 2 TOPICS
高級カテゴリーが各球団に浸透。複数カテゴリー制に

FAN CLUB 3 TOPICS
いいものはどんどん真似をする西武はさらに充実

FOY FAN CLUB of the YEAR
西武ライオンズ

「**FOY**」…ファンクラブ・オブ・ザ・イヤー。通称フォイ。
その年で最も優れた**ファンクラブ**

GOY GOODS of the YEAR
宮崎駿監督デザインのマスコットぬいぐるみ
(中日ドラゴンズ)

「**GOY**」…グッズ・オブ・ザ・イヤー。通称ゴイ。
その年で最も優れた**特典グッズ**

■2006年ファンクラブ・充実度ランキング

☆はファンクラブ・オブ・ザ・イヤー／★はグッズ・オブ・ザ・イヤー

Rank	チーム	ファンクラブ充実度 総合	観戦特典	グッズ特典	ポイント特典	入会したコース金額	チーム成績	リーグ順位	監督	開幕投手
☆ 1	西武	A↑	○	○	○	3,000円	80勝54敗2分	②	伊東勤	西口文也
2	巨人	A→	△	○	×	4,800円	65勝79敗2分	④	原辰徳	上原浩治
3	ロッテ	A→	○	○	○	10,000円	65勝71敗1分	④	B.バレンタイン	久保康友
★ 4	中日	A↑	△	○	×	3,800円	87勝54敗5分	①	落合博満	川上憲伸
5	ヤクルト	A↓	○	○	×	5,000円	70勝73敗3分	③	古田敦也	石川雅規
6	ソフトバンク	B↑	△	○	×	3,700円	75勝56敗5分	③	王貞治→森脇浩司	斉藤和巳
7	楽天	B↓	×	○	×	3,500円	47勝85敗4分	⑥	野村克也	一場靖弘
8	日本ハム	B↓	○	△	○	3,000円	82勝54敗0分	❶	T.ヒルマン	金村曉
9	阪神	B↓	△	△	×	3,500円	84勝58敗4分	②	岡田彰布	井川慶
10	オリックス	B↑	×	△	○	2,100円	52勝81敗3分	⑤	中村勝広	川越英隆
11	横浜	B↓	△	×	×	4,000円	58勝84敗4分	⑥	牛島和彦	三浦大輔
12	広島	C→	○	×	△	3,000円	62勝79敗5分	⑤	M.ブラウン	黒田博樹

ランキング、総合評価は著者による格付けです。
観戦特典、ポイント特典は○＝有り、△＝一部有り、×＝無し
グッズ特典は○＝最高、△＝まぁまぁ、×＝イマイチ
白抜き丸数字は日本シリーズ優勝チーム

入会金総額 49,400円

2006年のおもな出来事

1月 ライブドア事件で、堀江貴文社長と取締役ら3人が証券取引法違反容疑で逮捕。

2月 トリノオリンピックが開幕。荒川静香選手が女子フィギュアスケートで金メダルを獲得した。

4月 イランが低濃縮ウラン製造成功と発表。安保理決議の警告にも活動続行、制裁決議が採択された。

5月 インドネシア・ジャワ島中部でM6・3の地震が発生、約6000人が死亡。

6月 サッカーW杯ドイツ大会が開幕。イタリアが6大会ぶり4度目の優勝。

7月 イスラエル軍がヒズボラに拉致された兵士救出のためレバノンに侵攻。レバノンの死者・行方不明者は1000人超。

8月 冥王星が国際天文学連合の総会で惑星から格下げとなり、9個だった太陽系惑星が8個に。

福岡市職員の飲酒運転による幼児3人死亡事故など、飲酒事故が相次ぎ、厳罰化の動きが広がる。

9月 秋篠宮ご夫妻に長男・悠仁さまが誕生。男子の皇族としては41年ぶりとなる。

安倍晋三氏が戦後生まれ初の首相となり、安倍内閣が発足。

10月 北朝鮮による初の地下核実験実施をうけ、国連安保理が全会一致で北朝鮮制裁決議を採択。

12球団のファンクラブ全部に入る“暴挙”の2年目。春の訪れとともに続々と届くグッズに胸が高鳴る

06年は「中日に一般コース新設」と「カテゴリーの多様化」

06年最大のニュースは、前年まで「20歳まで入会可」のコースしかなかった中日に「一般コース」が誕生したこと。しかも、スタジオジブリ・宮崎駿監督デザインの「マスコットぬいぐるみ」や「ミズノ製ブルーメッシュジャージ」「カードホルダー」など、豪華7大特典という超大盤振る舞い。これで、広島だけが「ジュニア」「レディース」「シニア」のみで「一般」会員の募集が行われていないことになる（ということで、本年も母の名義で加入。スイマセン）。また、横浜はこれまでの「随時入会可能」システムから、シーズンごとの一斉募集へと制度を変更。

そして、ロッテはファンクラブ名を「TEAM26」として会員情報（観戦日、チケット、グッズ購入履歴など）を明確に把握するシステムを作り上げたのが大きな特徴。他のチームはおおむね入会金や特典には前年と変化はなかったものの、05年、僕が「ナンバーワン」と推したヤクルトでは「ファンブック」が特典から外れたのが、ちょっと残念。

また、05年のソフトバンク、楽天のように、会費によって「会員ランク」

衝撃のストライキから1年以上が経過し、12球団のファンサービスの向上ぶりが顕著になってきた

を分けるチームが増えたのも06年の特徴。ロッテ、オリックスとパ・リーグ4チームが複数カテゴリー制になっている。楽天の「ブースタークラブ（10万500円）」は「ブレザー」、または「グラウンドコート」などがもらえ、オリックスの「プレジデント会員（26万2500円）」はOBの生解説付きでの観戦特典が。さらに、ソフトバンクにいたっては、募集資格が「会からの通知が来た人のみ」という、超ミステリアスな「プレジデント会員」なるものが！　僕には知らせが来なかった……、残念！

中日ドラゴンズ
ついに登場した「一般コース」！

中日に高校生、大人を対象にしたファンクラブが誕生したことは06年ファンクラブ界最大のニュースだろう。それに伴い、前年までは「キッズ」「ジュニア」「ユース」とわかりにくかった子ども用の3つのカテゴリーも、6歳から15歳までの「ジュニア」に一本化。実にシンプルでわかりやすい構成となった。

さて、注目すべき「一般コース」だが、いきなりの大盤振る舞いだ！　スタジオジブリ・宮崎駿監督デザインの「マスコットぬいぐるみ」に

中日ドラゴンズ

【一般(3,800円)】ぬいぐるみ(宮崎駿デザイン)／ブルーメッシュジャージ／カードホルダー／ピンバッジ／ウエスタン入場無料他【ジュニア(3,000円)】▼幼児(0〜5歳)コース…ペア指定席券2枚他／▼小中学生(6〜15歳)コース…ペア指定席券3枚他

新設された影響かグッズが6月中旬まで送られてこず、開幕時は案内のみが発送されてきた

始まり、「ミズノ製ブルーメッシュジャージ」「カードホルダー」「会員証」「ピンバッジ」「応援グッズ」「ウエスタンリーグ全試合無料」と7大特典。さらに、入会先着2万5000人まではナゴヤドームの「パノラマ席ペア招待」もある。

なぜ突然、宮崎監督がデザインしたのか、疑問に思う人もいるだろう。一説によると、大の中日ファンであるスタジオジブリ・鈴木敏夫プロデューサーが盟友の宮崎氏を口説き、キャラクターデザインを実現させたのだという。後日、偶然にも別件で鈴木氏に取材をした際に、僕は真相を追及。「宮さんに頼んだら、目の前でサラサラって描いてさ。モデルは落合（博満）さんだよ」と鈴木氏。僕の中でなぜか、ガブリと息子の福嗣氏が一瞬重なり、すぐに消えた。理由はわからない。それにしても、これを一瞬で描き上げる宮崎監督はさすがだ。ちなみに、鈴木氏は中日ファンクラブの「名誉会員1号」でもある。で、グッズが届いて驚いた。このぬいぐるみ、全長34センチもある実に立派なもの。注意書きを見ると「対象年齢3歳以上」とある。36歳のオレも十分、対象範囲だ。

現物を手にすると、自然と笑顔に。迷うことなく、全球団中で06年度

スタジオジブリ、「世界の宮崎駿」がデザインした人形は全長34センチ。当時は名前がなかったが、公募によって2007年に愛称が決まった(59ページへ)

ナンバーワンのグッズに認定したい。よし、これからはナンバーワングッズのことを「GOY」と呼ぼう。そう、「グッズ・オブ・ザ・イヤー」の略だ。読み方はどうしよう？　まぁ、「ゴイ」と読んでほしい。

そうなると05年度のGOYも決めねばならない。しばし黙考。よし、18ページ上段写真の「阪神・イエロージャージ」を05年度GOYに決定したい。なぜなら、05年の特典グッズの中でもっともインパクトがあり、普段ならば絶対に着ないカラーリングだったにもかかわらず、実際に甲子園球場で着用したところ、実に爽快で、周囲との連帯感がとっても気持ちよかったからだ。ぜひ、18ページの余白に「今年のGOYは阪神のこのジャージだ！」と書き加えていただければ幸いである。

さて、この中日ファンクラブキャラクター。まだ名前がない。ということで、球団は「マスコットの愛称募集」を行うこととなった。どんな名前に決まったのかは、07年度の本項を読んでほしい。59ページに到達するまでに、ぜひ、このぬいぐるみの名前を想像してみてください。

創立1年目にして、実に完成度の高いファンクラブが登場した。会員

千葉ロッテマリーンズ

【レギュラー（3,500円）】ユニフォームシャツ、チームキャップから1つ選択／公式戦チケット割引／内野自由席引換券1枚／ポイントを貯めるとANAマイルに交換他【プラチナ(10,000円)】【ゴールド(10,000円)】【ジュニアマリーンズ(3,000円)】【一般(無料)】

「TEAM26」を発足し、新機軸を打ち出したロッテ。ファンクラブ界のトップリーダーだ

募集パンフレットの井上一樹のぎこちない笑顔もいいし、3800円は十分にリーズナブルでしょう!

千葉ロッテマリーンズ

12球団一のファンサービス!

ファンサービスでは独壇場といった感のあるロッテ。06年もその手をゆるめることなく、本拠地・千葉マリンスタジアム（当時）の「指定管理者」として、パーティールームとオープンテラスが併設されたフィールドテラス・スイートなど球場改修を積極的に敢行。

05年同様、連日のごとく「○○デー」と銘打たれたイベントがいっぱいで、京成バス、ちば興銀など、地元企業との提携も順調。「野球以外でも楽しい」球場作りにますます拍車が。広報担当いわく「すべての食事メニューも見直し中」とのこと。さらに期待できそう!

球団に取材したところ、93年に1万3000人だった会員数は04年に4万5000人に増え、日本一に輝いた05年には5万5000人となっている。強ければ会員は増え、ファンが増えればチームも強くなる。ロッテにはいい循環が芽生えつつあるようだ。

福岡ソフトバンクホークス

【スタンダード会員(3,700円)レプリカユニフォーム/ピンバッジ/オリジナルステッカー/会報誌(年4回)/メルマガ配信/オリジナルコンパクトミラー(女性限定)他【ジュニア会員(2,500円)】内野指定席ペア招待他【プレミアム会員(募集なし)】【メルマガ会員(無料)】

2006年から「倍返し」のフレーズを使っていたホークス。後に堺雅人がCMに出るのは必然だった?

「改革が叫ばれる前からファンと一体のチーム作りを進めてきましたが05年度より大幅にパワーアップし、イベント、演出などの大幅な改善と改革を図り、社員の意識改革が進みました」(ファンクラブ担当者)

この言葉を受けて、僕はある光景を思い出す。

05年の開幕直後。千葉マリンスタジアム(当時)で、「花見ナイト」が行われた。試合の合間にバズーカ砲を使って、球場内に無数の花びらを舞い散らせた。しかし、折からの海風の関係で、大量の花吹雪がグラウンド内を覆い尽くしてしまったのだ。大慌てでスタッフたちが花吹雪を掃除している間、試合は中断されてしまった。敵軍の王貞治監督は、試合後に「気持ちはわかるけれど、今後はぜひ気を付けてもらいたい」と苦言を呈するほどの事態に……。

この一件は、スタッフの情熱が空回りした出来事だけれど、球場で見ていた僕は、何とも言えないワクワクした思いを味わった。

まさに、ロッテはファンクラブ界のトップリーダーであり、各球団に対しての影響力も大きい。この流れは、ぜひ今後とも継続してほしい。

さて、新登場の「TEAM26」は、入会金無料の「一般」から1万円の「ゴ

西武ライオンズ

【一般(3,000円)】ジャージ、ショルダーバッグから1つ選択/内野指定席引換券2枚/内野自由席招待券2枚/入場チケット割引券/ファンブック/ファンクラブニュース(年3回)/中学生以下内野自由席、外野自由席入場無料/ポイントサービス(ピンバッジか内野自由席招待券プレゼント)他

充実した内容とコスパで見事06年のFOY(ファンクラブ・オブ・ザ・イヤー)を獲得

ールド」まで全5カテゴリー。「背番号《26》はあなたの番号」というキャッチフレーズとともに、さらに「ファン優先」の姿勢を鮮明に打ち出した。「ゴールド会員」は、オリオンズ時代かマリーンズ初代のピンクのレプリカユニフォームが特典として選べるものの、それ以外の特典は「レギュラー会員」と大差なくて寂しい。

僕は80年代の川崎球場時代が懐かしくて、「オリオンズのレプリカユニフォーム」がもらえるゴールドに入会。品質もいいし、何よりも懐かしさがたまらないので、この特典に関しては大満足。観戦チケット特典は「内野自由席1枚」と平日限定の「内野指定席1枚」。

でも、05年にあった、「ロッテリア試食券(てりやきバーガー!)」がなくなり、何気に緊縮財政気味なのはちょっと寂しい。それでも、ファンを大切にする姿勢は12球団ナンバーワン!

福岡ソフトバンクホークス

06年はロッテに「倍返し」!

05年のレギュラーシーズンを1位で通過したソフトバンクだったが、プレーオフで下克上を狙う公式戦2位のロッテに敗れ、リーグ優勝と日

オリックス・バファローズ

【レギュラー会員(2,100円)】ユニフォームジャージ／ファンクラブ手帳／ウエスタン入場無料／ピンバッジプレゼント他【ジュニア会員(1,050円)】【ステップアップ会員(4,200円)】来場回数が多ければ多いほど特典あり他【プレジデント会員(262,500円)】OB解説者と特別席で観戦他

12球団最安値の会費だが、05年に比べて品質が向上。新たに付いたファンクラブ手帳も嬉しい

本シリーズ進出を逃すことに。それがよっぽど悔しかったのだろう。06年は前年、日本一に輝いたロッテ戦に限って「倍返し」をコンセプトに、新キャラクター「スーパーハリー」を登場させ、勝利したら2倍の花火を打ち上げ、やたらと遺恨ムードをあおった。後に「倍返し」が流行語大賞を獲得するとは、このとき誰も知る由はなかった。

球団設立時に「世界一を目指す」と高らかに謳《うた》ったソフトバンクは「ファンクラブでも世界一を」と宣言。ヤフオクで入会金額が決まった前年までの「ダイヤモンド」「プラチナ」会員が消え、新たに「プレミアム」プランが登場。その中身は当該者への通知のみという秘密主義。うーん、気になる。ひとまず僕は「スタンダード」に入会。継続年数ピンバッジ「2」をもらい、少し誇らしい気分に。

女性には、コンパクトミラーも付いて女性ファン獲得にも積極的。

西武ライオンズ

いいものはすぐに取り入れる

球場入口に特設ステージを作り、カードごとにマッチカードプログラムを販売。さらにチアリーダーグループ「Blue Winds」結成

北海道日本ハムファイターズ

【ルーターズクラブ(3,000円)】ウインドブレーカー（新規会員）／デイバッグ、ブランケット、ティッシュボックスカバーから1つ選択(継続会員)／クラブ年数ピンバッジ／公式戦2試合招待／チケット割引／会員誌(年3回)／ポイントサービス他【キッズクラブ(2,000円)】内外野自由席入場無料他

結果的に、この年ファイターズは日本一に。防寒グッズが不要なほど熱いシーズンだった

など、前年にロッテがやって好評だったことをすぐに取り入れる、機を見るに敏な姿勢は評価できる。いいものはどんどん真似ればいいのだ。

さて、まことに僭越《せんえつ》ながら、06年の「ファンクラブ・オブ・ザ・イヤー（略してFOY）」は西武に贈りたい！ ちなみに読み方は「フォイ」です。会費3000円にして、「ユニフォーム（カッコイイ！）」に「ファンブック」に「4試合招待」などなど。ポイントアップデーを使えば、さらに数試合無料観戦が可能。12球団一のコストパフォーマンスだ。

会員限定のサイン会や撮影会も頻繁に行われ、夏休みには練習見学会も実施された。「観戦」「モノ」「ふれあい」の絶妙なバランスがいい。

オリックス・バファローズ
清原、中村の2大スター加入

清原和博、中村紀洋という2大「顔役」の入団で、華やかさがグッと増した06年のオリックス。

05年に引き続き、12球団最安値の「レギュラー会員（2100円）」に加えて、「ステップアップ会員（4200円）」「プレジデント会員（26万2500円）」を本年から新設。ちなみに、「プレジデント会員」では「プ

東北楽天ゴールデンイーグルス

【レギュラークラブ（3,500円）】トートバッグ／ファンブック他【キッズクラブ（1,000円）】外野自由席引換券2枚他【Mr.カラスコクラブ（10,500円）】デイバッグ／マスク他【ゴールドクラブ（10,500円）】レプリカユニフォーム他【ブースタークラブ（100,500円）】全選手直筆サイン入りカード他

入会コース差別化を図った先駆け的存在だが、2年連続トートバッグはいささか芸がないか

ロモデルユニフォーム（選手仕様）＆キャップ」「ＯＢとの交流試合」「専門家の解説付き特別席での観戦会」「全選手サイン入りオリジナルカード」など、「モノ」と「ふれあい」を兼ね備えた特典となっている。

05年度の項で、「サービス面も最安値」と書いたが、本年は会員証も入れられる「ファンクラブ手帳」が特典に追加。手帳に憧れた幼い日を思い出し、とても嬉しかった。

ただ、他のチームが「来場ごと」にピンバッジをもらえるのに対して、「3試合ごと」のピンバッジプレゼントはちょっと見劣りするなぁ。

北海道日本ハムファイターズ

北海道ならではの防寒グッズか？

今季の入会特典は新規の場合「ウインドブレーカー」、継続の場合「ブランケット」「ティッシュボックスカバー」「デイバッグ」から選べる。バッグはともかく、風邪をひいたときのティッシュも含めて、防寒、風邪対策グッズが多いような気がするのは、北海道ならではか？

さらに、来場ごとの「ピンバッジ」や来場ポイントによるプレゼントも充実。球場に足を運ばせるプランは本年もブレがなく、札幌ドームと

阪神タイガース

【大人会員(3,500円)】イエローメッシュジャージ/公式戦招待(抽選)/公式戦チケット抽選販売/メルマガ配信/会報(年3回)/月間MVP表彰式に参加(抽選)他
【キッズ(2,500円)】ペアチケットプレゼント(抽選)/野球教室&握手会参加(抽選)/キャラクター商品1割引他

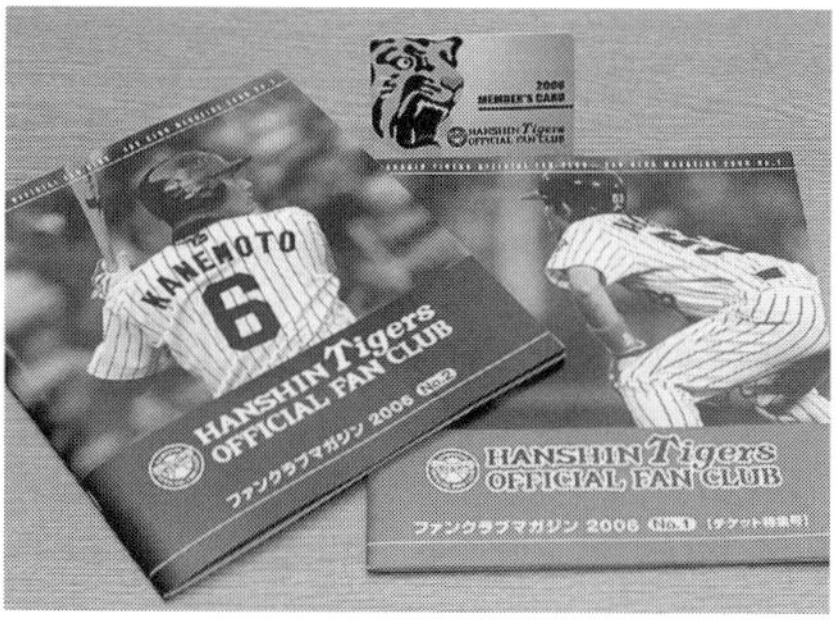

グッズが送られてくるのが早すぎて、著者が家のどこにしまったか忘れてしまったため会報のみ掲載

東京ドームで使える(日にち指定は不可)「2試合の観戦特典」も嬉しい。

東北楽天ゴールデンイーグルス

全試合のイベント化を目指す

真価が問われる球団創設2年目、06年の楽天ファンサービスはチーム・アドバイザーであるマーティ・キーナート氏による講演会「マーティ塾」や定期的な野球教室など地域密着化を推進中。

さらに、「全試合のイベント化を目指す」(広報)とのことで、野球以外の楽しさを提供する努力をさらに図るという。「勝利」だけが唯一のサービスだという考え方は、楽天には確かに当てはまらない。無料のネット中継や選手自身によるブログはさすがに充実。

05年に楽天が打ち出した「入会費による会員の差別化」が各球団に浸透。本家の「ブースタークラブ」はオンワード樫山製のブレザーかミズノ製の「グラウンドコート」という超本格的グッズで対抗。他にも「ポロシャツ」「名刺入れ」などなど。グラウンド上は野村克也新監督による「無形の力」、ファンクラブは「有形の力」で勝負だ。

さらに、06年は新機軸として「Mr.カラスコクラブ」も登場。このクラ

横浜ベイスターズ

【一般（4,000円）】オリジナルTシャツ／応援用カンフーバット／顔写真入り会員証／指定選手のサイン入りメッセージカード／オープン戦招待／ファンクラブニュース（不定期）／イースタン公式戦1試合招待／チケット優先予約／通販利用時に送料無料他【中学生以下（2,500円）】

好きな選手からのメッセージカードは嬉しい。著者はガニ股打法で人気を博した種田仁を選択

ブに関しては10年度の項で詳しく解説したい。「レギュラークラブ」の場合、特典が前年と同じ「トートバッグ（デザインは異なる）」なのは「？」だが、他球団に比べて品質は◎なので、ぜひ他のグッズも開発を！

阪神タイガース
会員数15万人の大所帯！

05年同様、ホームラン数、盗塁数に応じた、金本知憲の温泉旅行プレゼント、赤星憲広の車椅子寄付、さらに矢野燿大シート、桧山進次郎シートといった選手主導のファンサービスが多い阪神だが、交流戦での「フィギュアプレゼント」など、球団主導のサービスも着実に増加傾向にある。

出色は岡田彰布監督発案の「トラ保護活動」。絶滅寸前のトラを保護するレンジャーたちのために保護キットを勝利数に応じてプレゼントするのだという。ファンもトラも等しく大切にする阪神、さすがだ！

会員数15万人は12球団ダントツ。06年も早々に応募が締め切られた。500組1000名の試合招待プレゼントはあるものの、会員数の多い人気球団だけあって無料観戦特典はない。

それでも、月に数回の応援デーには会員限定のグッズプレゼントがあ

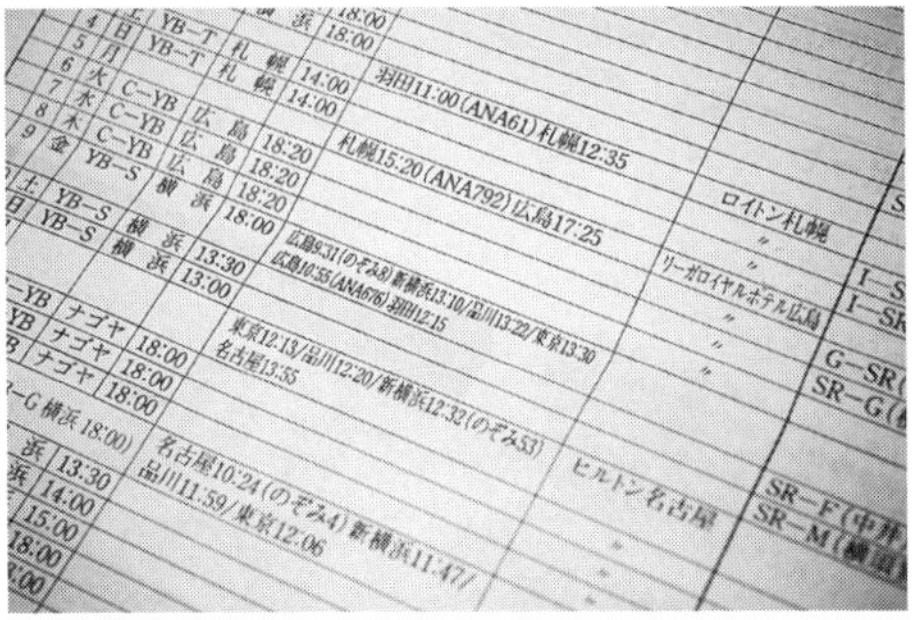

ベイスターズの会報(不定期発行)には、遠征時に選手が乗車する新幹線や飛行機の便、宿泊ホテルまでご丁寧に記されていた

ったり、公式ＨＰでは会員限定のベストシーン映像が見られたり、会員限定特典は充実。入会3年目の来季は継続3年目の「ゴールド会員」になり「ファンクラブの心得バンダナ」がもらえるので楽しみだ。

横浜ベイスターズ　ファンクラブと友の会の違いは？

05年に引き続き、タレントの石橋貴明がＥＡ（エグゼクティブ・アドバイザー）に就任。前年同様、石橋ＥＡが「週間ＭＶＰ」を選定し、系列局ＴＢＳの『アッコにおまかせ！』内で発表した。

横浜の場合、12球団で唯一「ファンクラブ」と「友の会」の2つが存在する。「友の会」には観戦特典があり、「ファンクラブ」にはオープン戦招待のみ。なぜ2つあるのか、その違いは何なのか？　ナゾの残るままファンクラブに入会。前年同様、入会時に希望した種田仁からの「メッセージ入り写真」や種田の横に自分の写真が並ぶ「会員証」など、横浜独自のサービスも多い。特に、不定期に届く会報が秀逸だ。

「ベイスターズ　スケジュール」と題された日程案内には「旅程」として、「新大阪10：53（のぞみ8）・名古屋11：45」、「宿泊」として、「ヒ

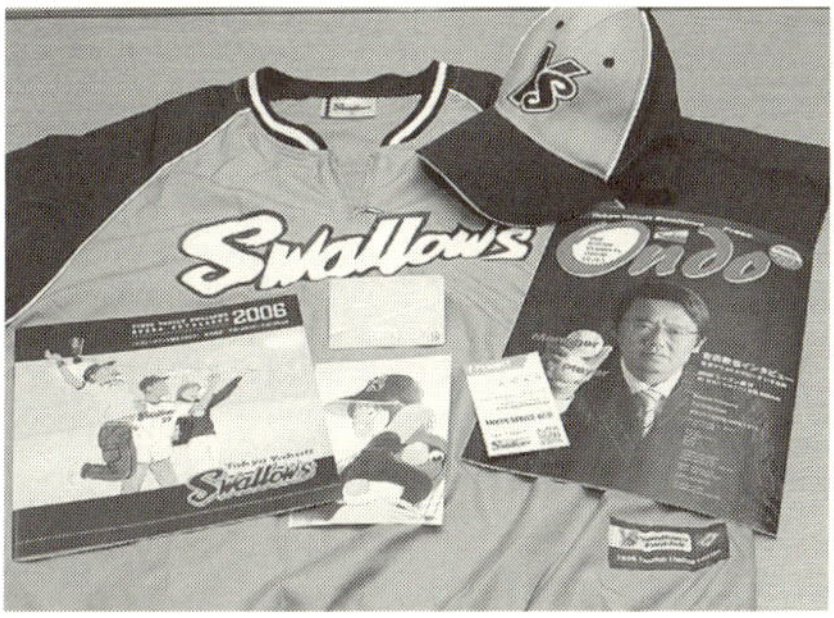

東京ヤクルトスワローズ

【大人会員(5,000円)】キャップ／ジップジャンパー／ポストカード／外野自由席招待券5枚／外野自由席全試合割引／イースタン入場無料／情報誌(年数回)／球団主催イベント優先参加他【子供会員(3,500円)】神宮球場外野自由席全試合無料／始球式登板(抽選)他

ファンブックがなくなったのは残念だが、依然充実した内容には変わりなし。子供会員の特典も充実

ルトン名古屋」など、移動交通手段の詳細、そして宿泊地が克明に記されており、球団公認で選手の追っかけ、入り待ち、出待ちができるのだ。さらに、ファームのシーレックス（当時）の宿泊地まで記されている。

これは誰も真似できない横浜独自のサービスだ！

東京ヤクルトスワローズ F-PROJECT、発進！

古田敦也兼任監督誕生とともにスタートした「F-PROJECT」。監督自ら、神宮球場長や地元・青山商店会長にあいさつに出向くなど積極的な活動によって、球場改修が可能になったり、選手の特大ポスターが球場周辺に飾られたりと目に見えて改革が進行中。

ユニフォームのデザインはBEAMS。続々とビームス製作のグッズが発売された。また、石井一久の復帰ニュースをどこよりも早く、メルマガで発信するなど、選手ブログとともに情報発信も充実。

05年の私的FOYだったヤクルトだが、本年は「ファンブック」が特典から外れたことで、その座は西武に。でも、「キャップ」と「ジップジャンパー」に加え、交流戦を含む「5試合の無料観戦特典」は他チームに負

読売ジャイアンツ

【一般コース(4,800円)】トートバッグ/キャップ/キーホルダー/メディアガイド/カレンダー/指定席チケット先行販売/東京ドームD席引換券(抽選)/会員限定集会に参加(抽選)/会報誌(年6回)/よみうりランド優待割引/地方球場公式戦自由席券(抽選)他【ジュニアコース(3,200円)】

トートバッグとキャップの品質の高さはさすがアディダス製。メディアガイドは分厚くて中身も抜群!

けない魅力がある。それは決して、ファンならではの贔屓目ではない。毎試合発行される、「ファンクラブ通信」や「ピンバッジプレゼント」は他チームに先駆けていたし、係員の対応もいい。さすが、12球団最高額(5000円)の価値はある。さぁ、後は勝つだけだ!

読売ジャイアンツ

「良質で大量」、それがこのチームだ!

05年にファンサービス部を立ち上げ、着々と野球振興に力を入れる「盟主」巨人。担当者いわく、「ファンの求めるものはサインであり、写真撮影である」との力強い言葉通り、毎試合前に、写真撮影会実施というサービスに打って出た。その潔さはさすがだ。

さらに3連戦の初戦には「ブルペントークショー」と題した、OBたちによるトークショーを三塁側ブルペンで開催。「プロジェクトヴィーナス」では、女性ファン獲得に努め、女子野球の後援をするなど、野球人気アップのためにさまざまなことを試みている。

05年度に「物欲大満足の特典の数々」と書いたが、06年もやはり大満足の4800円。本年から巨人のオフィシャルサプライヤーとしてユニ

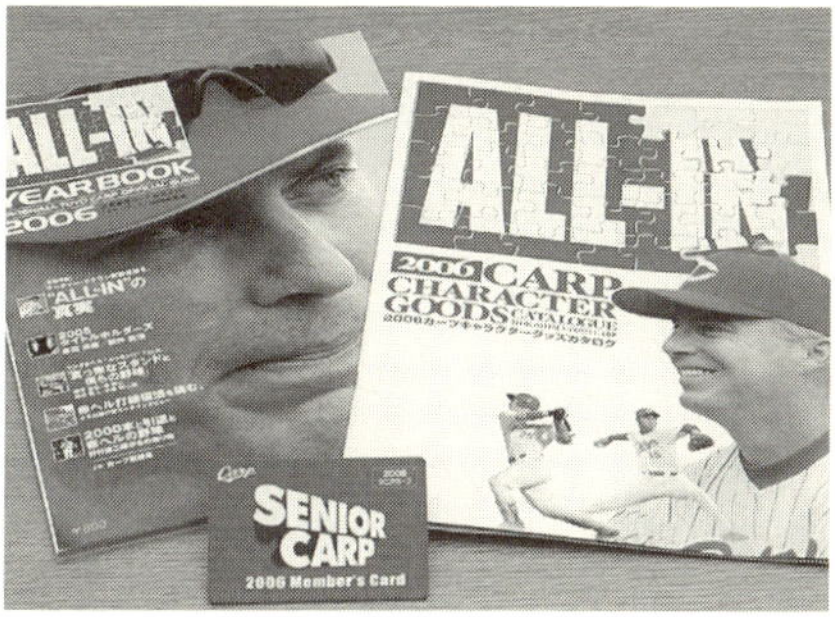

広島東洋カープ

【シニアカープ（3,000円）】外野自由席20試合入場無料／ウエスタン入場無料／ファン感謝デー招待／イヤーブック【ジュニアカープ（2,300円）】外野自由席1年間入場無料／バッグ／キャップ／メンバーズ手帳／5試合観戦ごとに選手サイン入り写真付きカード他【レディースカープ（3,600円）】

こちらは筆者の母が会員になったシニア用の特典。イヤーブックの充実度には目を見張るものあり

フォーム製作に当たっている「アディダス製のトートバッグ」と「オリジナルキャップ」。さらに、「キーホルダー」に「メディアガイド」に4月から始まる「壁掛けカレンダー」。会報誌『G　FAN』は隔月発行の年6回刊。抽選で「20試合まで主催ゲームのD席プレゼント」。さすがだ。

広島東洋カープ

「一般コース」がないのは広島だけに

06年も「ジュニア（中3まで）」「レディース（高校生以上の女性）」「シニア（65歳以上）」の3コースのみの限定募集。

仕方がないので本年も母の名義で入会。中日に「一般コース」ができたため、成人男性が入れないのは広島ファンクラブだけになった。これでいいのか、全国の男性成人カープファン！

ところで、「ジュニアカープ」は12球団一といってもいい超優良ファンクラブだ。本拠地全試合無料観戦特典はもちろん、さまざまなグッズの数々、選手のサイン入り写真も5試合観戦ごとにもらえる。だからこそ、ぜひ成人男性に向けてのファンクラブがほしいのだ。

もう一度言おう、07年こそは、ぜひ一般コースの新設を！

FAN CLUB COLUMN ▶ 01

僕とファンクラブの35年闘争(笑)

初めてファンクラブに入ったのは1980年。小学4年生、10歳のときのことだった。入会したのはヤクルトスワローズファンクラブ。それまで、特別ヤクルトファンだったわけではない。そもそも、野球のルールもよくわかっていなかったし、興味もなかったと思う。

きっかけは、『朝日小学生新聞』の一企画だった。父が編集者だったせいか、我が家では小さい頃から『小学生新聞』を購読していた。僕自身も、イヤイヤ読んでいるのではなく、意外と毎朝楽しみに読んでいたことを記憶している。

あれは80年の3月ぐらいのことだったと思う。その日、「キミもファンクラブに入って好きなチームを応援しよう!」といった内容の特集が組まれていた。この記事に夢中になったわけではないのだけれど、なぜか母が「晶一も入ってみれば?」と言い出した。予期せぬ申し出だったが、幼い僕は、その言葉がとても嬉しくて、夢中で記事を読み漁《あさ》った。そして、「このチームがいちばん特典が豪華だ」という動機、ヤクルトのチームカラーを「青は男子の色だ」という単純な理由から、僕はヤクルトファンクラブへの入会を決めたのだった。

このときの特典は今でもハッキリ覚えている。ヤクルトの帽子と、ウインドブレーカー、それに「チームの歴史」が細かく書かれた青い手帳が付いていた。以来、僕はその手帳を毎日学校に持っていった。このとき、金田正一という大投手のことや、佐藤孝夫というホームラン王のことを知り、当時現役だった若松勉、大杉勝男、松岡弘、大矢明彦らに夢中になった。あれからおよそ35年が経った。今も変わらず同じことをしている。

入会 3年目

2007年

移籍マネー還元で西武の「松坂FC革命」スタート！

2007年GOY▶鉄平ボブルヘッドフィギュア（楽天）

2007

FAN CLUB

平成19年

全入会 3年目

首相
安倍晋三
福田康夫

セがCS導入も賛否両論

松坂大輔が海を渡って、ボストン・レッドソックスへ移籍した2007年。この年の1月1日付けで西武の本拠地・インボイスSEIBUドームがグッドウィルドームに改称。この頃は「命名権ブーム」と呼ぶべき動きが活発で、毎年のように球場名が変わって、かえってわかりづらかった。

パ・リーグでは04年から導入されていたポストシーズンのプレーオフ制をセ・リーグも採用。両リーグともに、名称を「クライマックスシリーズ」と統一。この年から「CS」という表記が新聞紙上を躍るようになり、「クリンチナンバー」という耳慣れない言葉も頻繁に使われた。消化試合がなくなった利点がある一方、「3位チームが日本一になる可能性があるのはいかがなものか?」という批判もいまだに根強い。

さっそくこの年、セ・リーグ2位の中日が日本シリーズに進出し、物議を呼んだ。そろそろ40代が近づいた一人の変わり者が全球団に入会して3年目。

FAN CLUB 1 TOPICS
ついに広島に「一般コース」誕生! これで12球団すべて出揃う

FAN CLUB 2 TOPICS
西武ファンクラブ、「松坂革命」に着手。強烈なインパクト!

FAN CLUB 3 TOPICS
オリックス、コリンズ新監督がイメージキャラに

FOY FAN CLUB of the YEAR
西武ライオンズ

「FOY」…ファンクラブ・オブ・ザ・イヤー。通称フォイ。
その年で最も優れた**ファンクラブ**

GOY GOODS of the YEAR
鉄平ボブルヘッドフィギュア
(東北楽天ゴールデンイーグルス)

「GOY」…グッズ・オブ・ザ・イヤー。通称ゴイ。
その年で最も優れた**特典グッズ**

■2007年ファンクラブ・充実度ランキング

☆はファンクラブ・オブ・ザ・イヤー／★はグッズ・オブ・ザ・イヤー

Rank	チーム	ファンクラブ充実度				入会したコース金額	チーム成績	リーグ順位	監督	開幕投手
		総合	観戦特典	グッズ特典	ポイント特典					
☆ 1	西武	A→	○	○	○	3,000円	66勝76敗2分	⑤	伊東勤	西口文也
2	中日	A↑	△	○	×	3,800円	78勝64敗2分	❷	落合博満	川上憲伸
3	ヤクルト	A↑	○	○	×	10,000円	60勝84敗0分	⑥	古田敦也	石井一久
4	巨人	A↓	△	○	○	4,500円	80勝63敗1分	①	原辰徳	内海哲也
★ 5	楽天	A↑	△	○	×	3,500円	67勝75敗2分	④	野村克也	岩隈久志
6	ソフトバンク	B→	△	△	○	3,700円	73勝66敗5分	③	王貞治	斉藤和巳
7	ロッテ	B↓	○	△	○	3,500円	76勝61敗7分	②	B.バレンタイン	清水直行
8	日本ハム	B→	×	○	○	3,000円	79勝60敗5分	①	T.ヒルマン	ダルビッシュ有
9	オリックス	B↑	×	△	○	3,000円	62勝77敗5分	⑥	T.コリンズ	川越英隆
10	広島	B↑	△	△	△	3,500円	60勝82敗2分	⑤	M.ブラウン	黒田博樹
11	阪神	B↓	△	△	×	3,500円	74勝66敗4分	③	岡田彰布	下柳剛
12	横浜	B↓	△	×	×	4,000円	71勝72敗1分	④	大矢明彦	三浦大輔

ランキング、総合評価は著者による格付けです。
観戦特典、ポイント特典は○＝有り、△＝一部有り、×＝無し
グッズ特典は○＝最高、△＝まぁまぁ、×＝イマイチ
白抜き丸数字は日本シリーズ優勝チーム

入会金総額 49,000円

2007年のおもな出来事

1月
不二家による期限切れ原料の使用が発覚。その後も、白い恋人、赤福、船場吉兆など、相次いで賞味期限改ざんや食品表示偽装が表面化した。

2月
第1回東京マラソンが開催され、約3万人が参加した。

該当者不明の年金記録が約5000万件に上るなど、消えた年金問題が表面化。

5月
赤ちゃんポストが「こうのとりのゆりかご」の名称で熊本県熊本市の慈恵病院に設置された。

7月
最大震度6強の新潟県中越沖地震が発生。死者は15名、震源域にある柏崎刈羽原発にも被害が出た。

参院選で自民党が惨敗し、参院第一党の座を初めて民主党に明け渡した。

9月
安倍晋三首相が突然の辞意を表明し、自民党総裁選により福田康夫氏が後任に選出された。

ミャンマーで反政府デモが発生。ジャーナリストの長井健司氏が取材中に射殺された。

10月
北朝鮮の金正日総書記と韓国の盧武鉉大統領が7年ぶりに会談。

11月
防衛装備品調達をめぐる汚職事件で守屋武昌前防衛次官を逮捕。

テロ対策特別措置法が失効となり、インド洋で約6年にわたる海上自衛隊による米艦などへの燃料供給が終了。

かのイチローも「3年続ける」ということを重要視していたとか。とうとう今季で全球団に「一般」カテゴリーが揃った

ついに広島に「一般コース」が!

2度あることは3度ある——。

ということで、僕は07年も12球団すべてのファンクラブに入会した。これで3年連続ということになる。さすがに前年までのような、無邪気な興奮は薄れつつあるものの、それでもやはり3月になり、次々と特典グッズ類が届くのは嬉しいものだ。

初めはほんの遊び心で始めたけれど、3年続けてやってみて少しずつ見えてきたことがあるのも、また事実。何事も継続は力なりなのだ。まずは、前年までと比べた本年の特徴をご紹介しよう!

06年度の広島カープの項で「07年こそは、一般コースの新設を!」と僕は書いた。その願いが通じたのかどうかはわからないけれど、07年ついに球団公式の「カープファン倶楽部」が新設された。05年のソフトバンク、楽天、06年の中日に引き続いて、ついに12球団すべてに「一般コース」が作られたことになる。これまでずっと、母の名義で「シニア会員」に入会してきた後ろめたさからも、ついに解放されたよ!

松坂大輔の入札金は5,111万1,111ドル11セント（当時のレートで約60億円）。その一部がファンクラブに還元された

これまで広島は「ジュニア」「レディース」「シニア」とターゲティングを絞ったコース展開をし、これらのカテゴリーが本年もそのまま存在するだけに、一気に12球団で唯一、すべての属性をフォローできるファンクラブを持つ球団となった。

また、ファンクラブの価格破壊とでも言うべき「革命」が、西武ライオンズの「ジュニア会員」で断行されたのも大きな特徴。いわゆる「松坂マネー」のファンへの還元として、約5000万円を球団が負担することで、会費2000円引き、特典倍増という大胆なサービスを実現した。一連のこの流れは、後の世に「松坂FC《ファンクラブ》革命」として語り継がれることだろう。この動きに他球団が追随するのかどうか、興味深く見守りたい。

年々、質量ともに向上中！

また06年度の流れとして30ページで述べた「カテゴリーの多様化」は07年もさらに進み、ヤクルトに限定2000名の「プレミアム会員」という新カテゴリーが登場。会費1万円で、背中に自分の名前が入ったレプリカユニフォームがもらえるとなっては、ヤクルトファンの僕として

西武ライオンズ

【一般(3,000円)】メッシュユニフォーム、エナメルバッグから1つ選択／ブルーユニフォーム／内野指定席引換券2枚／内野自由席招待券2枚／チケット割引／ファンブック／会報誌(年3回)他【ジュニア(1,000円)】ブルーグラブ／内外野自由席入場無料他

「松坂マネー」効果でさらに充実度を増したファンクラブ。2年連続FOYの戴冠!

は、入らないわけにはいかないだろう! オープン戦の頃には、すでに定員に達していたので、早めに入会して本当によかった! 会費1万円で2000名。単純計算で2000万円の増収だ。

最初に述べたように、本年で3年連続12球団のファンクラブに入会したけれど、率直な感想としては「年々、質量ともに向上しているな」というものがある。実際に、06年シーズン中に配布された会報誌の中に「ファンサービスアンケート」が同封されていたり、球場でアンケートを実施していたり、各球団ともファンのニーズを吸い上げようと必死に努力している。特典グッズの質もよくなっているし、バリエーションも年々豊富になっていて、僕は毎年毎年、新しい楽しみと喜びを感じている。07年の入会費総額は4万9000円(送料、手数料は除く)。でも、それがちっとも高いと思えない。さぁ、07年の分析です!

西武ライオンズ

これはもはや、「革命」である!

07年1月28日付の日刊スポーツを読んで驚いた。

そこには、「西武Jr.会員料金2000円引き下げ」と見出しが打たれ、

オリックス・バファローズ

【レギュラー（3,000円）】ユニフォームジャージ、エナメルショルダーバッグ、エナメルトートバッグから1つ選択／チケット全席割引／来場会員限定プレゼント／来場ピンバッジプレゼント／ポイントサービス／当日券先行発売／ウエスタンリーグ入場無料他【ジュニア（1,000円）】

07年から「Bs CLUB」として生まれ変わったオリックス。著者はエナメルトートバッグを選択した

この年からボストン・レッドソックスへ移籍した松坂大輔のポスティングマネー約60億円から5000万円をファンクラブに充てることが書かれていた。ジュニア会員の年会費を3000円から1000円に値下げして、グローブを新たに特典に追加するという「革命」を断行したのだ。

06年、FOY（ファンクラブ・オブ・ザ・イヤー）に輝いたチームにここまでやられたら、もう他球団は太刀打ちできない。「一般会員」の場合も3000円で「指定席引換券」「自由席招待券」が2枚ずつ付いて、「メッシュユニフォーム（またはエナメルバッグ）」に、「ブルーユニフォーム」。選択次第ではユニフォームが2枚ももらえるのだ。さらに「ファンブック」も……。もう脱帽です。07年度もFOYは西武に贈りたい。

西武は来場ポイントごとの記念品の改善も断行。毎試合「オリジナルカード配布」、ポイントごとに「ピンバッジセット」や「カードホルダー」などがもらえるように。ただ、前年まで行われていた5、10、20ポイントでの内野自由席招待券2枚プレゼントは本年からなくなった。

今季からは某大学院の協力を得て、ファンのニーズを調査、分析し、ファンサービスに反映させる方針も決まったという。いいぞ、西武！

東北楽天ゴールデンイーグルス

【レギュラークラブ(3,500円)】鉄平選手フィギュア／シートクッション／ファンブック他【キッズクラブ(1,000円)】外野自由エリア引換券2枚他【Mr.カラスコクラブ(10,500円)】カラスコバイク型ラジコン他【ゴールドクラブ(10,500円)】【ブースタークラブ(100,500円)】特製グローブ他

鉄平フィギュアはボブルヘッド。シートクッションは折り畳みができて気軽に球場に持っていけそう

オリックス・バファローズ

なぜ、コリンズがイメージキャラに？

コリンズ新監督を前面に「ＢｓＣＬＵＢ」として生まれ変わったオリックスファンクラブ。新生球団として誕生して、05年の3万人から06年は5万人に会員数も増加し、この勢いで人気上昇につなげたいところ。

しかし、なぜコリンズがファンクラブのイメージキャラクターなのだろうか？　おそらく、ロッテのバレンタイン人気に刺激を受け、あやかりたいと思ったのだろう。後に、シルク姐さんとのラブロマンスだけが話題になって日本を去っていくとは、このとき誰も予見できなかったはずだ。

07年は前年までの豪華カテゴリーである「プレジデント会員」を廃止。シンプルに「レギュラー」と「ジュニア」の2種類に。加入特典よりも、「ブランケット」や「ワッペン」「キャップ」などがもらえる来場特典が充実しているのが他球団にはない特徴。

ジュニア会員のメイン特典である「内外野自由席招待」が本年から廃止。これまでは、年会費1000円という安さを誇っていたけれど、西武が同額で「革命」を起こした今、明らかに見劣りする。

北海道日本ハムファイターズ

【ルーターズクラブ（3,000円）】クッション、ブランケット、ティッシュカバーから1つ選択／ドッグタグ（継続会員）／ピンバッジ（継続年数入り）／チケット割引／来場ピンバッジプレゼント／会報誌（年3回）／ポイントサービス他【キッズクラブ（3,000円）】内外野自由席入場無料他

ドッグタグ（手前左）には前年の成績「1st PLACE」が記されている。ビーズクッションは手触りが最高！

東北楽天ゴールデンイーグルス

特典は、なんとラジコン！

有料会員だけで5つのカテゴリーが存在するのが楽天の最大の特徴。年会費も1000円から10万500円まで幅広い。

特に目を引くのが、球団《非》公認キャラクターをモチーフにした「Mr.カラスコクラブ」。3000名限定で年会費は1万500円なのだが、特典はカラスコが乗った「バイク型ラジコン」。これは新しい！　さすがに5つのカテゴリーがあるからこそ、こんな遊び心を発揮できるのだろう。今後も、ぜひこの方針を貫いていただきたい。

05年ソフトバンクの「ダイヤモンド会員（30万1000円）」や06年オリックスの「プレジデント会員（26万2500円）」のような「豪華カテゴリー」が続々と誕生しては消滅している中、楽天だけはチーム創設時から年会費10万500円の「ブースタークラブ」を維持している。

特典も、「全選手、コーチのサイン」や「特製ブレザー」や「グラウンドコート」と毎年変わり、本年は「特製グローブ」に「プロモデルユニフォーム」と超豪華。12球団唯一の存在として頑張ってほしい！

福岡ソフトバンクホークス

【スタンダード会員(3,700円)】レプリカユニフォーム(新規会員)/レプリカユニフォーム、Tシャツ、テディベア、リストバンドから1つ選択(継続会員)/ピンバッジ/ポイントサービス/会報誌(年4回)他【ジュニア会員(2,500円)】【プレミアム会員(募集なし)】【無料会員(メルマガなど)】

世界一を目指すファンクラブの特典。選択肢豊富なグッズから著者はTシャツをセレクトした

さて、「レギュラークラブ」特典の鉄平ボブルヘッドフィギュアは出色の出来で大満足。さっそく部屋に飾ったよ。07年のGOY(グッズ・オブ・ザ・イヤー)はこのフィギュアだ! 覚えていますか、「ゴイ」って読むんですよ。

北海道日本ハムファイターズ

日本一を機に、新アイテム登場!

06年、念願の日本一に輝いた日本ハムは、前年までの「ブランケット」「ティッシュカバー」に続いて、新アイテム・「ビーズクッション」が新登場。この3つの中から僕は、ビーズクッションをセレクト。

さらに継続会員には、本年から前年のチーム順位が刻まれた「ドッグタグ」が特典に追加され、今後も毎年特典となるという。06年は日本一に輝いたからいいものの、これが下位低迷ばかりだと、身に付けるのもイヤになるだろう。毎年の奮起を期待したい!

日本ハムの場合、入会継続年数によってカードデザインが変わる。3年目の僕は、本年から「ブロンズカード」に格上げ。Fポイントと呼ばれる会員向けサービスも50ポイント優遇されることに。

千葉ロッテマリーンズ

【レギュラー（3,500円）】ユニフォームシャツ、チームフラッグタオル、キャップから1つ選択／ピンバッジ／内野自由席招待券1枚／ベースボールカード（年6回）他【プラチナ（10,000円）】【ゴールド（10,000円）】【ジュニア（3,000円）】【マリーンズ（無料）】

写真はレギュラー会員の特典。ユニフォームシャツ、チームフラッグタオル、キャップの中から選択できる

ポイントを貯めると、200ポイントの「レターセット」から1450ポイントの「オリジナルスニーカー」まで幅広いラインナップの特典が。でも、10年目の「プラチナカード」まで、まだまだ道は遠い。ひとまずは入会5年目の「シルバーカード」を目指したい！

福岡ソフトバンクホークス

「選べる」特典が充実！

ソフトバンクの特徴は入会記念グッズの選択肢の豊富さだ。継続会員の場合は「レプリカユニフォーム（ホームかビジター）」「Tシャツ」「テディベア」「ロングリストバンドセット」の5種類から選べる。また、06年は「オリジナルキャップ」、球団創設1年目の05年には「リストバンド」など、毎年、グッズの見直しがなされている点も特徴だ。

これらは前年の会報誌内で、ファンへのアンケートを行っている賜物といえるだろう。パ・リーグ各球団は、総じて来場ポイント制の導入に熱心なのだが、ソフトバンクもまた、「クラブホークス」でのポイントサービスのデータから来場日時、回数、グッズ類の購入履歴など、ユーザー分析に励んでいる。05年のファンクラブ設立時に「会員数100万人

各球団とも球場でアンケートを実施するなど、あの手この手で集客しようという意欲が今まで以上に見えてきた

を目指します」と高らかにぶち上げたソフトバンクだが、この頃はメルマガ会員などの非有料会員を含めて約28万人。まだまだ道は遠い。

千葉ロッテマリーンズ

懐かしのレプリカは魅力的!

06年「TEAM26」というコンセプトで、本格的な顧客管理に乗り出し、さまざまな施策を打ち出したロッテ。インフラの整った07年は大きな改善点もなく、前年までの流れを踏襲する模様。

前年に引き続きロッテだけが12球団唯一、過去の「ユニフォームレプリカ」を特典としている点が大きな特徴。会費1万円の「ゴールド会員」になると、本年はオリオンズ時代のビジタータイプが選べる。

06年、公式HP《ホームページ》内の「TEAM26」で、顧客管理を徹底したロッテ。そこでは来場履歴やチケット購入、ポイント獲得履歴がひと目でわかるようになっている。ちなみに僕の千葉マリンスタジアム(当時)での観戦履歴は全9試合でロッテの8勝1敗。勝率・889。ロッテにとって、僕は「勝利の男神」と呼べるのではないか? そんなことないか。

中日ドラゴンズ

【大人(3,800円)】▶新規会員…宮崎駿デザインぬいぐるみ/メッシュジャージ/ピンバッジ/バンダナ/カードホルダー/チケット先行販売他/▶継続会員…ジャンパー、メッシュジャージから1つ選択他【ジュニア(3,000円)】パノラマ席ペア招待2試合(継続会員は3試合)/グラブ他

公式ファンクラブが誕生して2年目も物心両面で充実。オリジナルジャンパーは裏地付きで暖かい

中日ドラゴンズ

実に嬉しい「臨時特典」!

ファンクラブに一般コースができて2年目の中日。

前年の7大特典の大充実ぶりは本年も健在。継続会員の場合はミズノ製の「ブルーメッシュジャージ」か「オリジナルジャンパー」のいずれかがもらえる。さて、06年に登場し、名前を公募していた宮崎駿デザインのキャラクター。愛称は「ガブリ」と決まった。もちろん、その由来は「ジブリ」と「敵をガブリ」を掛けたもの。07年の特典は、その「ガブリ」のマスコットぬいぐるみやピンバッジなど、相変わらずの充実ぶり。ということで、前年12月にはすでに募集締め切り。

ちなみに球団によると、子ども向けカテゴリーしかなかった05年は1万7000人だった会員数が「一般コース」が誕生した06年には10万8500人に、そして07年は12万6500人と急上昇。恐るべし、全国の中日ファン。やはり、みんな「一般コース」を待ち望んでいたのだ。

さて06年11月、我が家に中日ファンクラブから封書が届いた。「何かな?」と思って開封すると、そこには優勝ペナントの前に全選手が揃っ

中日ファンクラブから届いた記念フォトシート。会員特典にはない粋なサービスに中日ファンでなくとも興奮！

た記念フォトシートが入っていた。額に入れてもいいし、マウスパッドとしても使えるA４サイズの立派な写真だった。

チームが優勝した年に、会員特典には入っていない「臨時サービス」をしてくれたのは、ここ3年では中日だけだった。こういうサービスは実に嬉しいものだ。モノと心の両立。12球団の白眉だ。

阪神タイガース ついに、3年目「ゴールド会員」に！

07年の継続会員のメイン特典は「ベースボールシャツ」。阪神のグッズは例年、ミズノ製でデザイン、品質ともに◎なのでオススメ。

さらに、甲子園球場での全主催試合（巨人戦は除く）に５０００組１０００名を抽選で招待というのも高確率！ さて、本年は3年連続入会者がなれるという「ゴールド会員」になり、「十番目の野手心得」の入ったバンダナをもらった。心得の一部をご紹介しよう。

一、公式ファンクラブ会員は、いかなる時も阪神タイガースを愛し、十番目の野手としての自覚と誇りを持って行動すべし。

阪神タイガース

【大人(3,500円)】イエローメッシュジャージ(継続会員はベースボールシャツも選択可)/主催試合招待(抽選)/主催試合抽選販売/会報誌(年4回)/メルマガ配信/ファンクラブ応援デーでグッズプレゼント他【キッズ(2,500円)】ペアチケットプレゼント(抽選)/甲子園球場でのスピードガンチャレンジ参加(抽選)他

3年連続入会者のみが手にできるバンダナ。「会員心得」にはマナーについての金言がしたためられている

一、神聖なる阪神甲子園球場はもちろん、他球場のグラウンドにもメガホンや応援バットなどの物を投げ込むべからず。
一、球場の乱れは阪神ファンの心の乱れと心得、ゴミは放置せずに球場のゴミ箱に捨てるか自宅に持ち帰り、聖地の美化に努めるべし。
一、阪神タイガースの選手はもちろん、対戦チームの選手に対しても、心なき野次を飛ばすべからず。
一、ライバルである対戦チームのファンに対して、同じ野球を愛する者として尊敬し、礼節をわきまえるべし。

……うーん、あんまり守っている人、多くないような気がする。一部の過激なファンのせいで、多くの良心的な阪神ファンは迷惑していることだろう。くれぐれもこの心得を大切にしてほしい。

東京ヤクルトスワローズ

「プレミアム会員」、新登場!

77年に「友の会」としてスタートしたファンクラブも07年で30周年。節目に当たる本年は「プレミアム会員」という新カテゴリーが登場し

東京ヤクルトスワローズ

【レギュラー（5,000円）】シャツ／キャップ／外野自由席招待券5試合、ファンブックから1つ選択／外野自由席割引／情報誌（年数回）他【キッズ（3,500円）】キャップ／傘／神宮球場外野自由席全席入場無料他【プレミアム（10,000円）】名前入りユニフォーム他

外野自由席招待券5枚かファンブックかを選べるようになったが、コスパ的に同列に並べるのはどうなのか？

た。年会費1万円を払うと、レプリカユニフォームに「好きな名前」を入れてもらえるという嬉しいサービスがメイン特典。僕は自分の名前「SHOICHI」と背番号「8」を入れた。これは当時、僕が所属していた草野球チームでの背番号が「8」だったからだ。

神宮球場には、選手名や（おそらくは）自分の名前を入れている人の姿が多く見られる。「ユニフォーム」はBEAMSデザイン、「キャップ」はNEW ERA製とデザイン性も品質も◎！

長年、「レギュラー会員」に「外野自由席招待券」を5試合分も提供してきたヤクルトだが、本年からは「ファンブック」か「5試合招待」かを選べるようになった。なかなか神宮球場に足を運べない地方会員には朗報でも、800円のファンブック1冊と1500円の外野自由席5枚（7500円）とを同列に並べるのにはコストパフォーマンス的にも疑問符が。そもそも、05年まではファンブックは全員共通の特典だったのだ。

キッズの神宮全試合無料招待や女性には先着2000名に「ハンドタオル」プレゼントなど、細かい心配りは例年通りで、さすが！

読売ジャイアンツ

【一般コース(4,500円)】オリジナルユニフォーム／メディアガイド／カレンダー／会報誌(年4回)／主催公式戦招待(抽選)／チケット抽選販売／甲子園球場ビジター応援席抽選販売／選手直筆サイングッズプレゼント(抽選)／選手表彰式にプレゼンターで参加(抽選)【ジュニアコース(3,200円)】

毎年豊富な特典の数々に加えて、07年よりポイントシステム「G-Po(ジーポ)」を新設した

読売ジャイアンツ

新ポイントシステム「G-Po」

06年に引き続き、オフィシャルサプライヤーであるアディダス製の強烈な「オレンジユニフォームTee」がメイン特典。

さらに、データ類が豊富で観戦時にかなり役に立つ「メディアガイド」「オリジナルカレンダー」など、相変わらず物量豊富な内容に。

観戦特典はないものの、主催全試合において抽選で200組400名を招待するというサービスも。ちなみに06年、試しに応募してみたら、交流戦の対オリックス戦のチケットが見事に当たって嬉しかった！

これはファンクラブ会員限定ではないけれど、本年からジャイアンツは「G-Po」という新サービスを開始。球場来場ごとにポイントが加算されるシステムだが、試合の勝敗、試合内容、選手の成績によって加算ポイントが変動する点が新しい。

広島東洋カープ

ついに「一般会員」募集開始！

ついに「一般会員」カテゴリーが誕生した広島。設立発表が06年12月

広島東洋カープ

【カープファン倶楽部(3,500円)】メッシュジャージ／会員限定グッズ販売／リレー小説参加／メルマガ配信／全国のカープファン検索(希望者のみ掲載)他【ジュニアカープ(2,300円)】バッグ／キャップ／会員手帳／主催試合外野自由席入場無料他【レディースカープ(3,600円)】【シニアカープ(3,000円)】

カテゴリーに合わせたサービスが充実。見た目より中身にこだわるのは野球もファンクラブも広島の伝統?

だったため、僕はすでに母の名義で「シニア会員」に申し込み済みだったものの、あわてて「一般会員」にも入ることにした。

「会員証」や「オリジナルメッシュジャージ」などは各球団と大差ないものの、出色なのは会員限定のHP。会員名簿、会員の運営するブログ一覧に会員限定グッズの販売などなど。特に、ファンの手による連作小説は他球団にはないユニークなものとなっている。冒頭の一文はブラウン監督だったというが、スミマセン、まったく記憶にない。どんな小説が完成したのだろう? ご記憶の方、お教えいただければ幸いである。できれば全文読みたいけれど、せめてあらすじだけでも知りたい。

カープのファンクラブは、「メルマガ」も、選手の声が豊富に盛り込まれており、他球団よりも内容が充実している。

第1回のメルマガテーマは「ここだけには負けたくないチームは?」というお題で、選手の意外なこだわりが垣間見える。ちなみに、東出、梵《そよぎ》の回答はともに中日。理由は「荒木、井端の二遊間には負けたくないから」とのこと。他球団のメルマガが単なる「イベント案内」に終始している中、広島の独自性は評価したい。できれば、もう少し頻繁に配信を!

横浜ベイスターズ

【一般(4,000円)】クッション型ブランケット/リストバンド/選手写真入り会員証/指定選手のサイン入りメッセージカード/会報誌(不定期)/チケット割引/主催試合招待(抽選)/イースタン公式戦1試合招待/ホテル横浜ガーデン宿泊割引他【中学生以下(2,500円)】

写真は「ファンクラブ」の特典。混乱を招く「友の会」との2本立てに、疑問という立ちが募る……

横浜ベイスターズ

ファンクラブと友の会の一本化は?

06年度で触れたように、横浜には「ファンクラブ」と「友の会」が個別に存在し、運営団体がそれぞれ異なる。「友の会」は球場招待特典に特化していて、会費800円で「12試合招待」なので、頻繁に横浜スタジアムに通う人なら、ぜひ入会したい。一方の「ファンクラブ」は、「会員証」や「直筆メッセージ入り生写真」など、自分の好きな選手の特典グッズが特徴となっている。しかし、どうにもこれがわかりにくく、ファンクラブと友の会を一本化することはできないのだろうか?

ファンクラブの主な会員特典は「クッション型ブランケット」と「リストバンド」の2つ。ブランケットは折りたたんで付属の袋に入れると座布団にもなり、球場観戦には役立つ優れモノ。

ところが、このブランケット、シーズン半ばで品切れに。でも、会費は変わらず4000円のままで、その後も入会を受け付けていた。

幸いにして僕はブランケットを手に入れたけど、もしシーズン途中に加入するとしたら、ためらってしまったことだろう。

FAN CLUB COLUMN ▶ 02

この本が生まれるまで……

本書のきっかけとなった「全球団のファンクラブに入会する」という企みは、２００４年の夏頃、東京・新宿のバーで呑んでいたときに、ふと思いついたものだ。酒が入った勢いもあり、僕は自分の考えにご満悦となり、「最高のアイディアだ」と心地いい酔いの中に自分の身をゆだねていた。普段の僕ならここで終わる。翌朝、二日酔いの頭を抱えながら、「昨晩、何かいい考えが浮かんだような気がするけど、何だったっけ？」で終わりだ。

でも、このときは翌朝になっても、僕の興奮状態は続いていた。二日酔いでグラグラする頭を抱えながらも、パソコンの前に座って、各球団の「ファンクラブ募集ページ」を熟読していた。

（なるほど、なるほど。実にいろいろな特徴があるんだなぁ……）

気がつけば、各球団の「05年度会員募集要項」をチェックし、すぐに申し込みを始めていたのだ。この間、この企みのことは誰にも話さなかった。言っても、誰にも共感を得られないと思ったし、「そんなバカなことやめなよ」と冷静、かつ的確な指摘によって、自分の気持ちが萎えてしまうことを恐れたのだ。

そして、05年の開幕時期になると、我が家には続々とダンボールが届き、仕事場の一角に小さな山ができた。

これは、自分でも驚くぐらい興奮すべき出来事だった。神宮球場での「５試合の観戦特典」目当てに、ヤクルトファンクラブには何年も入っていたけど、他球団のロゴマークが入ったグッズを見て、自分がこんなにも興奮するとは思わなかった。そこで、当時連載していたウェブサイト『ＮｕｍｂｅｒＷｅｂ』（文藝春秋）にこの顛末を書いた。この記事にど

れぐらいのアクセスがあったのかは知らない。でも、担当編集者が「長谷川さん、面白い試みですね。最高です」と言ってくれたことに僕は気をよくしていた。

　しかし、これだけでは終わらなかった。しばらくすると『野球小僧』（白夜書房）編集部の若手編集者から連絡が来た。

「長谷川さんが書かれた、『Ｎｕｍｂｅｒ Ｗｅｂ』の記事を読みました。あれをもっと詳細にうちで書きませんか？」

　これはまったく思いもよらない提案だった。もちろん、僕に異存はない。で、好き勝手に書かせてもらった。自分で書いていても、実に楽しい原稿だった。書いているうちに、自分が何を面白がり、何に興奮しているのかがよくわかった。

　しばらくして、その編集者から「あの記事の反響がすごいです」と連絡が来た。そして、翌春。「今年もあの企画をやりましょう」と提案を受け、僕はまたまた楽しみながら原稿を書いた。

　こうして、10年の月日が流れた。

　この企画は現在では『野球太郎』（廣済堂出版）に引き継がれ、今もまだ続いている。まさか、こんなに長く続くとは思わなかった。それだけでも驚きなのに、今度は「10周年を記念して、集大成の書籍を作りませんか？」と、またまた提案を受けた。それが13年年末のこと。そして、正式に出版が決定したのが翌14年3月末。締め切りはわずか10日間。無茶苦茶なスケジュールだ。でも大丈夫。僕には10年間の蓄積がある。10日間で書き上げた。ちなみに、「うちで書きませんか？」と提案し、以来10年間ずっと担当で、本書の編集もしてくれたのが、11年に『野球部あるある』で著者デビューし、ベストセラー作家となった「菊地選手」だ。

特典グッズあるある

球場外で特典グッズを身につけたファンを見かけると、初対面でも連帯感に包まれる。

電車の中などで特典のバッグを持っていたり、ピンバッジを付けた人を見かけると、たとえまったく知らない人であっても「おっ、同志だな」と、心強さを覚える。

入会

4年目

2008年

金満ジャイアンツ、ゴージャス路線を独走！

2008年GOY▶オリジナルバスタオル（日本ハム）

2008 FAN CLUB

平成20年

全入会 4年目

首相
福田康夫
麻生太郎

星野ジャパンとドラフト改革

1月1日、西武ライオンズが「埼玉西武」と改称して始まった2008年。同じく西武関連でいえば、「グッドウィルドーム」が、元の「西武ドーム」へと名前を変えたのもこの年のこと。7月には後に「統一球問題」や「東日本大震災開幕問題」で騒動を巻き起こすことになる加藤良三氏が第12代コミッショナーに就任。8月には北京オリンピックが行われ、日本代表を率いた「星野ジャパン」は準決勝、3位決勝戦でも敗退。まさかのメダルなしという結果に終わった。この大会を機にG・G・佐藤は暗く深いトンネルの中をさまようこととなった。一方、ドラフト会議に目を転じると、それまでの希望枠を廃止し、統一ドラフトを行うことにしたのもこの年のこと。黒田博樹はドジャースへ、福留孝介はカブスへ移籍。仕事が殺到し、浮かれていた一人の変わり者は4年連続で全球団のファンクラブに入会。しかし、この年の秋リーマンショックで仕事が激減。泣きを見る。

FAN CLUB 1 TOPICS
「義務感」から「習慣」へと移行。不満点は減り、各球団充実の流れ

FAN CLUB 2 TOPICS
広島「斬新路線」、ノースリーブジャージでいよいよ本領発揮

FAN CLUB 3 TOPICS
西武が高級カテゴリー「プラチナメンバー」を新たに創設!

FOY FAN CLUB of the YEAR
千葉ロッテマリーンズ

「**FOY**」…ファンクラブ・オブ・ザ・イヤー。通称フォイ。
その年で最も優れた**ファンクラブ**

GOY GOODS of the YEAR
オリジナルバスタオル
(北海道日本ハムファイターズ)

「**GOY**」…グッズ・オブ・ザ・イヤー。通称ゴイ。
その年で最も優れた**特典グッズ**

■2008年ファンクラブ・充実度ランキング

☆はファンクラブ・オブ・ザ・イヤー／★はグッズ・オブ・ザ・イヤー

Rank	チーム	ファンクラブ充実度 総合	観戦特典	グッズ特典	ポイント特典	入会したコース金額	チーム成績	リーグ順位	監督	開幕投手
☆ 1	ロッテ	A↑	○	○	○	3,000円	73勝70敗1分	④	B.バレンタイン	小林宏之
2	中日	A→	△	○	×	3,800円	71勝68敗5分	③	落合博満	川上憲伸
3	ヤクルト	A→	○	○	○	10,000円	66勝74敗4分	⑤	高田繁	石川雅規
4	西武	A↓	○	○	○	3,000円	76勝64敗4分	❶	渡辺久信	涌井秀章
5	巨人	A↓	△	○	○	4,800円	84勝57敗3分	①	原辰徳	高橋尚成
6	広島	A↑	△	○	△	3,500円	69勝70敗5分	④	M.ブラウン	大竹寛
7	楽天	B↓	△	△	×	3,500円	65勝76敗3分	⑤	野村克也	岩隈久志
8	ソフトバンク	B↓	×	△	○	3,700円	64勝77敗3分	⑥	王貞治→秋山幸二	杉内俊哉
9	オリックス	B→	×	△	○	3,000円	75勝68敗1分	②	T.コリンズ→大石大二郎	金子千尋
★ 10	日本ハム	B↓	×	○	○	3,000円	73勝69敗2分	③	梨田昌孝	ダルビッシュ有
11	阪神	B→	△	△	×	3,500円	82勝59敗3分	②	岡田彰布	安藤優也
12	横浜	B→	△	×	×	4,000円	48勝94敗2分	⑥	大矢明彦	寺原隼人

ランキング、総合評価は著者による格付けです。
観戦特典、ポイント特典は○＝有り、△＝一部有り、×＝無し
グッズ特典は○＝最高、△＝まぁまぁ、×＝イマイチ
白抜き丸数字は日本シリーズ優勝チーム

入会金総額 48,800円

2008年のおもな出来事

1月 中国製冷凍ギョーザを食べた人から中毒症状の訴えがあり、製品から高濃度有機リン系殺虫剤が検出された。

2月 海上自衛隊のイージス艦「あたご」と漁船「清徳丸」が千葉県沖で衝突。漁船の父子が海に投げ出され死亡。

4月 暫定税率期限切れによりガソリン価格が値下がりとなるが、1カ月だけで再び値上がりへ。

5月 中国・四川省でM8の大地震が発生し、死者・行方不明者は合わせて8万人を超えた。

6月 東京・秋葉原で無差別殺傷事件が発生し、犯人は7人を殺害、10人に重軽傷を負わせた。

7月 世界的な人気商品だったiPhone 3Gが日本で初めての発売となり、販売店では発売前から長蛇の列ができた。

8月 北京オリンピックが開幕。史上最多となる204の国と地域が参加し、日本は金9個を含む計25個のメダルを獲得。

9月 福田康夫首相による突然の退陣表明を受け、後任の首相として麻生太郎氏が就任した。

サブプライム問題でアメリカの大手投資銀行リーマン・ブラザーズが経営破綻。これを契機に世界的不況へと発展。

10月 ノーベル賞が発表となり、南部陽一郎氏、小林誠氏、益川敏英氏が物理学賞、下村脩氏が化学賞を受賞した。

全12球団に「一般ファンクラブ」が創設され、各球団の"色"が今まで以上に表れてきた

「義務感」ではなく、「習慣」に!

毎年、シーズンオフになると各球団から発表される、翌年のファンクラブ情報が気になってしまって仕方ない。それはもはや「義務感」ではなく、僕にとってはもはや「習慣」なのだ——。

……ずいぶん大仰に書いてしまったけれど、08年もまた僕は何のためらいもなく、全球団のファンクラブに入会することに。1年目の05年には楽天とソフトバンクが、そして2年目の06年には中日、3年目の07年は広島と、毎年「一般ファンクラブ」が創設され、07年までに12球団すべてが揃ったため、本年は新規に作られたファンクラブはない。

その大枠は前年までとほぼ一緒だが、細部で各チームがそれぞれの特色を見せている。08年の傾向として言えるのは、前年に引き続き入会する「継続会員」に対するもてなしの厚さが、これまでと比べて充実してきていること。

東京ヤクルトが06年に特典としては撤廃された「ファンブック」を継続特典として復活させたのを皮切りに、千葉ロッテが「ヘルメットキー

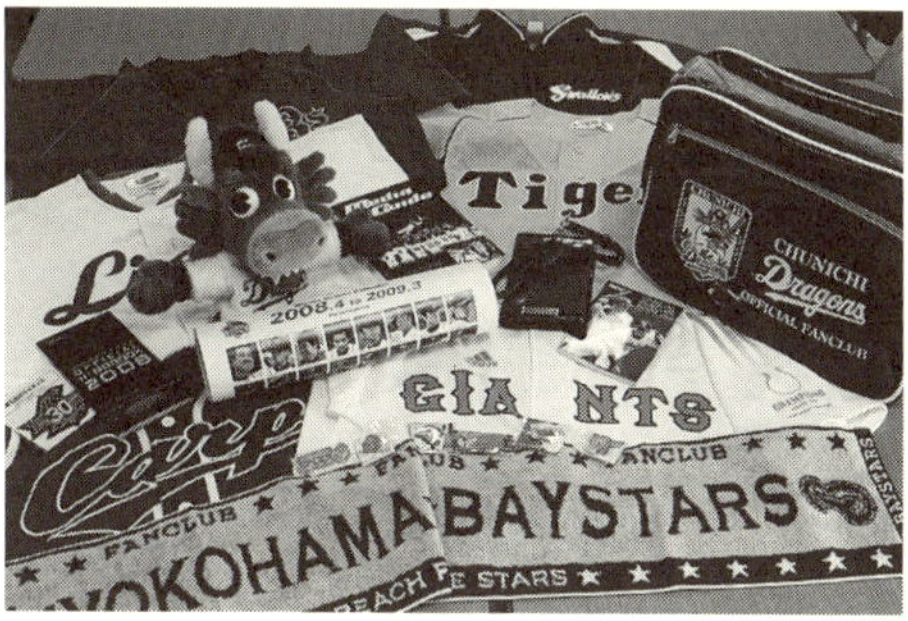

もはや義務感ではなく、習慣と化したファンクラブ生活4年目。「継続会員」へのフォロー強化を実感する

ホルダー」、楽天、オリックスが「ピンバッジ」、北海道日本ハムが「ドッグタグ」を継続特典にしている。この流れは09年以降も続くだろう。

12球団すべてのファンクラブに入っていれば、例年、何かしら不満点や改善すべき点のようなものが目についたのだけれど、本年はそうしたものがほとんどなかった。各球団、それぞれに年々改善に努めているのがよくわかる。この4年間で大きく変わったのが、

・募集告知が早くなった。
・特典グッズのバリエーションが多くなり、選択肢が増えた。
・ウェブや携帯から、簡単に申し込み手続きができるようになった。
・「会員限定」サービスや商品が、かなり充実するようになった。

ざっと思いつくだけでもこれぐらいのことが改良されている。

04年の球界再編騒動以来、各球団が本腰を入れてファンサービスに取り組んでいる姿勢が、ファンクラブの特典やサービスに如実に表れていると言えよう。だから08年は、まるで小姑《こじゅうと》のように多少の「問題点」を

北海道日本ハムファイターズ

【ルーターズ(3,000円)】オリジナルバスタオル／ピンバッジ(継続年数入り)／来場ピンバッジプレゼント／会員のみ利用できるガチャポン(有料)／チケット割引／会報誌(年3回)／ポイントサービス他【キッズ(3,000円)】主催公式戦の内外野自由席入場無料他

複数のグッズの中から選択できなくなり残念……と思いきや、6年後に意外な展開が待っていた

指摘しつつも、各球団が懸命に趣向を凝らした「長所」をきちんと紹介できれば、と思う。

08年の入会費総額は12球団でしめて4万8800円(送料、手数料は除く)。本年もまた、例年通りそれがちっとも高いと思えない。

やはり、義務感ではなく、もはや習慣なのだ——。

北海道日本ハムファイターズ なぜかアイテム数が減少……

多くのファンクラブが、複数アイテムの中からファンが好きなものを選択できる風潮の昨今。なぜか、08年の日本ハムは、前年までの3アイテム制から「オリジナルバスタオル」、1アイテムだけとなった。07年までは、「ティッシュカバー」や「ビーズクッション」など、毎年新しいアイテムが登場し、僕も毎年楽しみにしていたのに……。

07年から始まった継続特典、前年の成績が刻印された「ドッグタグ」が秀逸なだけに、ちょっと残念な気がする。

……と、08年当時は書いたのだが、それから6年、僕の考えは変わった。

この「オリジナルバスタオル」を手に入れたとき、ハッキリ言って期待

2014年に撮影した日本ハムのタオル。6年の月日が経っても使える寿命の長さを評価してGOYに！

外れで残念だった。でも、このタオルを手に入れてからの6年間、僕はこのバスタオルを日常的に使い続けている。

バスタオルの平均寿命がどのくらいなのかは知らないけれど、6年間使い続けていても、いまだに吸水性抜群で何も不自由していない。

もらった当時はガッカリしたものだが、6年後、このグッズの真の価値を理解するに至った。急《せ》いては事をし損じる。これは05年から始まる「ファンクラブ道」において、僕が学んだことのひとつだ。というわけで、このバスタオルを08年度「GOY」とさせていただきたい。

読売ジャイアンツ

「CLUB G-Po」誕生！

08年、大きくシステムを変更したジャイアンツ。

前年から始めたポイントチャレンジシステム「G-Po」とそれまでのファンクラブが一体化することとなった。これによって、チケット購入時、来場時の選手の活躍やチーム勝利などで、どんどんポイントが貯まり、ポイント数に応じて、さまざまな特典を受けることが可能になる。

でも、いわゆる会員証である「ステータスカード」と「G-Po」用の「メ

読売ジャイアンツ

【プライム・メンバー（4,800円）オリジナルユニフォーム／メディアガイド／カレンダー／内野席チケット割引／チケット優先販売／主催公式戦招待（抽選）／グラウンド体験ツアー（事前応募）／試合終了直後グラウンドに降りるイベント（抽選）他【ジュニア・メンバー（3,500円）】【エンジョイ・メンバー（無料）】

ユニフォームは相変わらず高品質で、分厚いメディアガイドやカレンダーも嬉しい。大満足の内容

ンバーカード」の2枚が存在することになった。

さて、これまで繰り返し述べてきたように、毎年のことながらジャイアンツの特典は本当に「これでもか」の物量的満足度が高い。今季、僕が選んだ「オリジナルユニフォーム」は、07年優勝エンブレムが刺繍された高級感溢れるものだし、この他に、「カレンダー」「メディアガイド」が特典として付く。しかし、人間の欲求とは際限のないもので、もはや、巨人のファンクラブについては「豪華なのが当たり前」という感覚になってしまった。こうしたファンの傲慢を、いい意味で裏切るような「さらなるサプライズ」を期待してしまうのだ。

その一方で、05年に感じていた「ヤクルトファンなのに巨人のグッズで喜んでしまう自分」という背徳感が薄れつつある事実も指摘しておかねばならないだろう。（それでいいのか、自分？）と自問自答してみる。……答えはまだない。

横浜ベイスターズ

特典グッズが3点に大増量！

08年、目に見えて改善されたのがベイスターズかもしれない。

横浜ベイスターズ

【一般(4,000円)】タオルマフラー／ネックストラップ／ストラップ／選手写真入り会員証／指定選手のサイン&メッセージ入りカード／会報誌(年10回程度)／内野指定席500円割引(一部)／イースタン公式戦1試合招待／ベイブルーシート招待(抽選)他【中学生以下(2,500円)】

例年よりもグッズの品数がアップ。サイン&メッセージ入りカードは種田仁が移籍したため石井琢朗に変更

これまで毎年、「グッズ類のセンスが……」とか「素材が悪い」とか、不満ばかり感じていたけれど、本年の特典はアイテム数が、「タオルマフラー」「ネックストラップ」「ストラップ」と3つに増えた。

例年通りの、選手との「2ショット会員証」、選手からの「サイン入り写真」など、他球団にない特徴は本年も健在。種田仁が西武に移籍したため、08年は同い年の石井琢朗を指名。ともに38歳同士（当時）の中年男性2人が一枚に並ぶ会員証。タクローは満面の笑み。一方の僕は神妙な顔。なぜならば、パスポート用の余った写真を使っているからだ。シュールな光景だけど、やっぱり嬉しいなぁ。

これまであまりきちんと触れてこなかったけれど、ベイスターズの会報「FAN CLUB NEWS」は、A4用紙1枚というシンプルなものだが、ほぼ毎月発行されていて、会員限定イベントや会員のためのプレゼントが充実している。そして、本年ももちろん、移動時に選手が乗車する新幹線の時刻、宿泊ホテル名まで克明に記されている。この情報を頼りに、選手を追いかける熱烈なファンもいることだろう。

カラーでページ数も多い他球団の豪華な会報と比べると、一見、見劣

中日ドラゴンズ

【大人(3,800円)】▶新規会員…宮崎駿デザインパペット人形/メッシュジャージ/ピンバッジ/カードホルダー/チケット先行販売他/▶継続会員…バッグ、ジャンパー、メッシュジャージ&カードホルダーから1つ選択他【ジュニア(3,000円)】オリジナル双眼鏡他

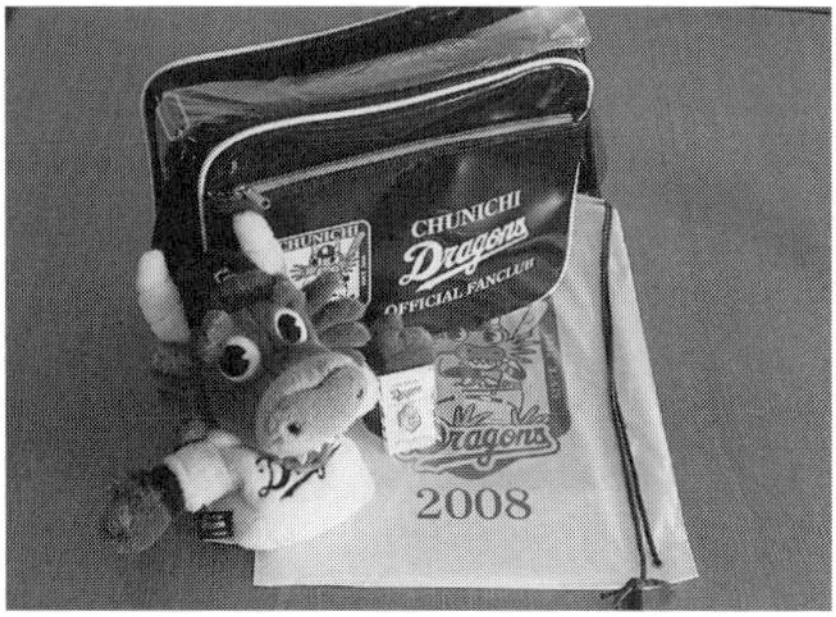

この年のガブリはパペット型。ちなみに当選したペアチケットは著者がすぐに使ってしまったので撮影できず

りするものの、その内容では決してひけをとらない。いや、むしろ充実しているとさえ思う。

質のいい高級な紙でなくてもいい。高い印刷費をかけなくてもいい。十数ページもなくてもいい。そこに、アイディアと誠意と真心があればいい。自分の身の丈に合ったことを、ただ愚直にやり続ければいい。これもまた「ファンクラブ道」を通じて僕が学んだことだ。

中日ドラゴンズ

日本一チームの贅沢なファンクラブ

06年に一般コースが創設されてからまだ3年目ながら、すでに12球団有数のサービスを誇るドラゴンズファンクラブ。毎年恒例となった、スタジオジブリ・宮崎駿監督デザインのガブリ人形は08年も健在。

個人的には、ぬいぐるみを飾って喜ぶ年齢ではないので「代わりのグッズを選択できればなぁ」とは思うが、それは贅沢な悩みだろう。

何よりも嬉しかったのが、神宮球場でのヤクルト対中日戦のペアチケットが2試合分も抽選で当たったこと。

特典グッズは、06年の「ブルーメッシュジャージ」、07年の「オリジ

阪神タイガース

【一般(3,500円)】イエローメッシュジャージ／主催試合招待(抽選)／主催試合先行販売／会報誌(年4回)／ファンクラブ応援デーでグッズプレゼント／メルマガ配信／継続会員限定特典他【キッズ(3,500円)】ペアチケットプレゼント(抽選)／イベント参加(抽選)

特定の選手をあしらったグッズが存在しないのは、早期会員募集する球団ならではの事情か?

ナルジャンパー」がそのまま残り、08年の新作として「エナメル製バッグ」の中から1つを選択することに。いずれも、ミズノ製の高品質グッズばかり。強いて不満点を挙げるとすれば、例年同様、「会員証」が紙製で耐久性に欠けることと、メルマガがないことかな。

阪神タイガース

12球団一の組織力を誇る!

08年度の「継続案内書」は07年7月30日に届き、8月1日から募集スタートと書かれていた。前年シーズン中から募集を始める球団は阪神以外にはない。ということで、僕もその日に継続手続きを済ます。

そして、グッズが届いたのが12月15日。これもまた12球団中、ダントツ1位の早さ。募集もグッズ到着も前年中にすべて終わらせ、翌年2月からは、さらに新規のみの追加募集をかける。さすが、会員数15万5000人を誇る大ファンクラブの組織力。

したがって、阪神ファンクラブグッズには特定の選手をあしらったグッズは存在しない。何しろ、前年中にすべてのことを終了してしまうのだ。選手の移籍や新入団など、まだ何も決まっていないのだから選手を

広島東洋カープ

【ファン倶楽部(3,500円)】メッシュジャージ/ランドリーバッグ/会員限定サイト/メルマガ/会報(月1回)【ジュニア(2,300円)】バッグ/キャップ/イヤーブック/主催試合外野自由席入場無料/会員手帳他【レディース(3,600円)】【シニア(3,000円)】

一瞬たじろぐノースリーブジャージ。この年の会員証は免許証タイプのユニークな出来栄えだった

モチーフにしたグッズなど作りようがないのだ。後に触れることになるが、ヤクルトや日本ハムのファンクラブはその点で痛い目を見ることになる。「すでにいない選手」が笑顔で微笑むグッズ。作ったほうも、もらったほうも、かなりバツの悪い思いをすることになるのだ。

08年で入会4年目の僕は、前年に引き続き「ゴールド会員」。そして、翌09年は5年目からの「プラチナ会員」になれる。

さて、08年のメイン特典は、新しくなった「イエローメッシュジャージ」か、3種類の「エナメルバッグ」から1点を選ぶというもの。05年にジャージをもらっていたのだけれど、本年はニューバージョンとのことで、再びイエローメッシュジャージを選択。会員限定商品のラインナップも年々充実中。

広島東洋カープ

継続手続きが意外と面倒……

07年、ようやく「レギュラー会員」を新設した広島。以前からあった「ジュニアカープ」「レディースカープ」「シニアカープ」はそのまま存続し、相変わらずすぐに定員締め切りとなる人気ぶりを誇る。

東京ヤクルトスワローズ

【レギュラー（5,000円）】Vネックジャケット／ペンライト／ファンブック（継続会員のみ）／外野自由席招待券5枚／情報誌（年数回）他【キッズ（3,500円）】キャップ、リュック、神宮球場外野自由席全試合入場無料【プレミアム（10,000円）】ジップジャンパー他

08年から継続会員にはファンブックが付くように。09年はプレミアム会員の「プレミアム度」アップなるか……

しかし、せっかく「HP受付」があるのに、なぜか受付のみで、会費は郵便振替のみというのが面倒で残念。住所などもいちいち入力せねばならず、他チームのように会員番号の入力のみで、すぐに継続手続きができるようになればいいのに……。広島のオリジナリティは、会員限定のHPが大充実しているところ。本年もまた各選手の幼少期をレポートする「この町が僕を育てた」や本年がラストイヤーとなる市民球場内の各スポットを紹介する「市民球場探検」はかなり面白い。一塁側ブルペンに掲げられていた、故津田恒美投手のプレートももちろん紹介している。

07年の「オリジナルメッシュジャージ」はあまり品質がよくなく、数回着用しただけで、ヨレヨレになってしまった。本年の「ノースリーブジャージ」はいかに？　それにしても、今回のメッシュ地のノースリーブジャージ。まるでゲイファッションのような出来栄えに一瞬ひるんだ。でも、「それもまたカープらしくていいな」とすぐに思い直した。

東京ヤクルトスワローズ
プレミアム感が少ないかな……

07年からスタートした年会費1万円の「プレミアム会員」に本年も入

千葉ロッテマリーンズ

【レギュラー（記念品有3,500円）】マフラー、キャップ、トートバッグから1つ選択／ピンバッジプレゼント／内野自由席招待券1枚／ロッテリア試食券他【レギュラー（記念品無2,500円）】【ジュニア(3,000円)】【ゴールド(10,000円)】【プラチナ(10,000円)】【マリーンズ(無料)】

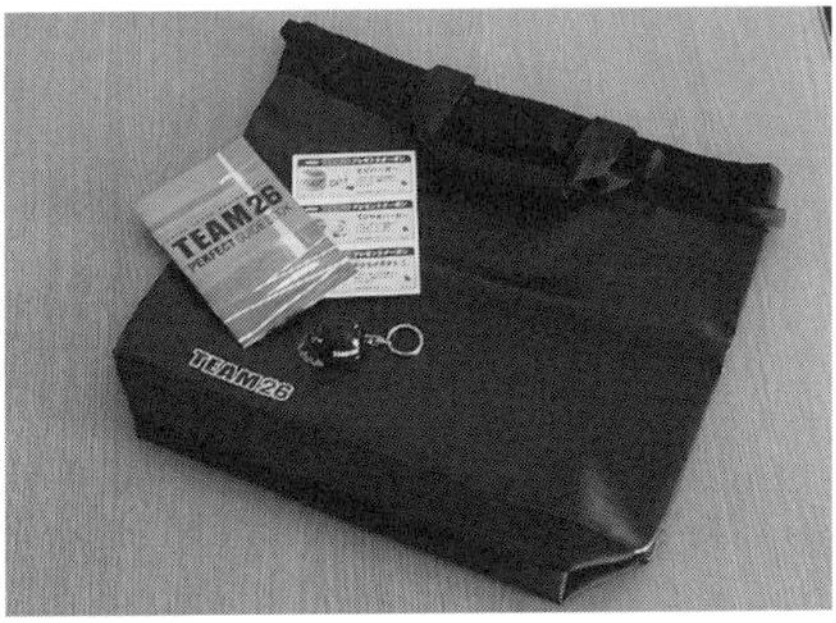

レギュラー会員を「記念品有」と「記念品無」に分け、ファンのニーズに応えた。08年のFOYを進呈!

会。ただ、5000円の「レギュラー会員」と比べると、「ジップジャンパー」と「Vネックジャケット」という違いはあるけれど、その他の特典はまったく一緒。ともに「観戦チケット5試合分」なのはどうかな？　でも、本年から継続特典として、「ファンブック」が復活したのは嬉しいところ。神宮で観戦するたびに発行される「スワローズ通信」も球場観戦時のひそかな楽しみ。ここには、前日の試合についての選手コメントやその日の試合の見所が丁寧に書かれている。

神宮球場が大幅にリニューアルして、監督もメンバーも大きく変わった08年のスワローズ。本年の注目すべき特典は、来場ポイントサービスを充実させたこと。5回来場ごとに「特製ピンバッジ」「オリジナルグッズ」「外野自由席招待券」などがもらえる。秋田やいわき、ひたちなかなどの地方主催試合でも記念グッズがもらえるという。地方ファンへのケアも視野に入れた、いい試みだと思う。

千葉ロッテマリーンズ

改革はいつも、ロッテから

06年に「TEAM26」というコンセプトで入会金無料の「一般」から、

福岡ソフトバンクホークス

【スタンダード会員（3,700円）】レプリカユニフォーム（新規会員）／レプリカユニフォーム（ホーム、ビジター）、Tシャツ、テディベア、バスタオルから1つ選択（継続会員）／年度ピンバッジ／会報誌（年4回）／イベント参加権他】【ジュニア会員（2,500円）】【プレミアム会員（100,000円）】

継続会員の著者は5つのグッズの中からTシャツを選択。ピンバッジ、会報誌も充実した内容になっている

入会金1万円の「ゴールド」、さらに選ばれた会員のみが入れる「プラチナ会員」とセグメントを明確にしたロッテが08年も新たな改革を断行。

なんと「レギュラー会員」を、記念品あり（3500円）と記念品なし（2500円）の2種類に分けたのだ。これは記念グッズはいらないけれど、チケットは安く買いたい、そして来場ピンバッジはほしいという客のニーズに応えたもの。うーん、さすがだ。地味ではあるけれども、痒《かゆ》い所に手が届く気遣いに敬意を表して、08年度のFOYはロッテだ！

入会記念グッズで特筆すべきは、「ゴールド会員」の特典で、「毎日オリオンズ」の復刻ユニフォームが登場したこと。これまでもオリオンズ時代の復刻ユニフォームがあったけれど、ついにここまで来たか！ 申し込み時には「1万円」という会費が惜しくて、僕はレギュラー会員に入会した。しかし、後々になって「やっぱり毎日オリオンズのユニがほしい」と考えが変わってきた。後悔先に立たず。本当に「ファンクラブ道」はいろいろなことを僕に学ばせてくれる。

さらに、今季からは「継続入会特典」として「特製ヘルメットキーホルダー」が付き、さらにさらに、05年まであった「ロッテリア試食券」が、

東北楽天ゴールデンイーグルス

【レギュラークラブ(3,500円)】ピンバッジコレクションホルダー／田中将大選手ピンバッジ他【キッズクラブ(1,000円)】オリジナルグラブ他【Mr.カラスコクラブ(10,500円)】ファイティングキット他【ゴールドクラブ(10,500円)】【ブースタークラブ(100,500円)】全選手直筆サイン入りカード他

レギュラークラブの特典ピンバッジホルダー。当時入団2年目の田中将大のピンバッジは貴重！

えびバーガー、てりやきバーガー、ポテトSと大幅にパワーアップして復活したのにも驚いた。うーん、さすがだ。すぐに食べちゃったよ。でも、マリンスタジアム内のロッテリアではこの試食券は使えないから注意が必要なのだ。

福岡ソフトバンクホークス

08年はバスタオルが新たに登場！

定番の「レプリカユニフォーム2種類（ホーム、ビジター）」に加え、毎年新たな特典グッズを展開するソフトバンク。

本年は、「08年版Tシャツ」に、前年大好評ですぐに品切れになったという「オリジナルテディベア」、さらに初登場の「バスタオル」と、5つのアイテムから好きなものを選べるようになっている。継続会員しか手に入れられないグッズも、シーズン終了間際には安価で販売するのもファンに優しいし、充実のグッズ類を見ているだけでも楽しい。

本年から復活したのが来場記念のピンバッジ。一方で、12球団でソフトバンクのみ、「会員証」は前年のカードを流用し「08」シールを貼るだけと変更に。これって、エコなのだろうか？

楽天の継続案内書には、高須洋介の「継続は力なり」という直筆メッセージが。妙に説得力のある、粋な演出だ

東北楽天ゴールデンイーグルス

高須選手のメッセージが◎

楽天からの継続案内書には、高須洋介の直筆メッセージで「継続は力なり」と大きく書かれていた。確かにその通り、ということで迷わず手続き。これもまた「ファンクラブ道」で学んだことだ。

キッズ会員を含む5カテゴリーは、08年も楽天の大きな特徴。

本年もやはり注目は、「Mr.カラスコクラブ」。大阪プロレスに出場し、バトルロイヤルで見事優勝した偉業を記念した「ファイティングキット」がメイン特典。これは電動式の紙相撲。付属の4体の人形をリングの上に置き、スイッチを入れると人形が互いを押し合いロープ際に追い詰めたり、相手を倒したりするもの。「野球、関係ないじゃん」と思いつつ、その斬新さに感動してしまった。ほしいな。

埼玉西武ライオンズ

「プラチナメンバー」を創設！

81年以来のBクラスという屈辱を経験した西武は前年に続いて、ファンクラブ革命を断行。HP内にロッテと同形式の会員限定「マイページ」

埼玉西武ライオンズ

【レギュラー（3,000円）】レプリカオールドユニフォーム、トートバッグから1つ選択／内野席観戦引換券2枚（指定・自由選択）／オフィシャルハンドブック／ポイントサービス他【ジュニア（1,000円）】内野自由席入場無料他【プラチナ（35,000円）】カードストッカー他

著者は懐かしのレプリカオールドユニフォームを選択。07年に続き、ファンクラブ革命が進む

を導入し、来場履歴や、ピンバッジの配布履歴が一目でわかるようになった。思えば、これまでも対戦ごとのマッチカードプログラムの作成やスタジアム正面でのステージ開設、そして本年のHPの改善など、西武はファンサービスで先行するロッテのいい面を貪欲に取り入れているのがよくわかる。学びは真似ることから。これもまた「ファンクラブ道」で……。

今季の西武は、年会費3万5000円の「プラチナメンバー」という高級カテゴリーを新設。「レプリカオールドユニフォーム」、毎試合来場時にもらえるカードをコレクションする「カードストッカー」「オリジナルバッグ」に加え、本人の顔写真入りの入場券で内野自由席がフリーパスになるという。熱狂的西武ファンなら、本当にお得な特典だろう。限定500名のためすぐに募集は締め切られたものの、球場に通い詰める熱心なファンには、ぜひオススメ!

オリックス・バファローズ

近鉄ピンバッジ、ほしい~!

06年まではレギュラー会員2100円という激安ぶりを誇っていた

オリックス・バファローズ

【レギュラー（3,000円）】ユニフォームジャージ、エナメルショルダーバッグ、エナメルトートバッグ、ゲーマージャケットから1つ選択／チケット全席割引／ピンバッジ（継続年数入り）／ポイントサービス／ウエスタンリーグ入場無料／会員限定イベント／Bs CLUB手帳他【ジュニア（1,000円）】

著者はゲーマージャケットを選択した。当時は12球団で唯一、会員手帳が会員証になっていた

が、07年からは3000円に。メイン特典の記念グッズは、07年までの「ユニフォーム」「エナメルバッグ（2種類から選択）」に加えて、本年から試合前のアップ時に選手が着用する「ゲーマージャケット」が追加。

さらに、継続特典として継続年数が入った「ピンバッジ」も加わった。特に注目したいのが、来場ポイントを集めるともらえる「ピンバッジ」。そこには、近鉄やブルーウェーブ時代のユニフォームバッジも。

07年に引き続き、球場来場プレゼントが特に多いのもオリックスの特色。「ピンバッジ」や、「プレーヤーズカード」は、各チーム実施していることだけれど、オリックスの場合はそれらに加えて、08年も「ブランケット」や「応援用ハンドクラッカー」「北川選手のフィギュア」など、それだけで、ファンクラブ特典にしてもいいほどの豪華グッズがずらりと並ぶ。ちなみに、今季からは従来の会員証を廃止し、「会員手帳」と一体化させた。これは12球団唯一の試みである。

さらに蛇足。この年5月、コリンズ監督が電撃辞任。07年のファンクラブイメージキャラは、あっけなく日本を去った。あまりにも予想通りの展開に、僕は何も驚かなかった。

FAN CLUB COLUMN ▶ 03

ファンクラブのある生活

10年間も全球団のファンクラブに入り続けていると、特典グッズだけでかなりの場所をとる。当初はこんなに長く続けるとは思っていなかったので、巨人ファンや中日ファンの友だちに特典グッズをあげていた。しかし、数年経ってから「ひょっとしたら、この愚挙は本になるかもしれないぞ」と思い始めてからは、後々のために特典グッズや入会案内書類の類《たぐい》を、きちんと保管しておくことにした。

とは言え、「本になるかどうか」の確約はない。むしろ、こんな馬鹿げた企画が通る可能性は限りなく低い。

であるならば、捨てたり、人にあげたりはしないけれども、できるだけ普段使いを心がけるようになった。

改めて僕の周りを見渡してみる。

部屋着は「オリジナルスウェットジャケット（西武・11年）」や「オリジナルパーカー（ロッテ・12年）」で、買い物に行くときは「ミズノ製トートバッグ（阪神・12年）」をエコバッグ代わりに使用している。風呂から上がると「オリジナルバスタオル（日本ハム・08、14年）（ソフトバンク・13年）」、さらに「バスマット（巨人・14年）」で身体を拭いている。

お腹が減ったら近所の「ロッテリア」に行き、「ロッテリア試食券（ロッテ・14年など）」で腹を満たす。運動不足のときには「Vネックジャケット（阪神・09年）」を着てランニングをしたり、「記念バット（阪神・14年）」を持って屋上に行き、素振りをしたりしている。疲れて眠くなったら、「オリジナルTシャツ（中日・10年）」に着替えて、「つば九郎クッション（ヤクルト・11年）」を抱き枕代わりにベッドにもぐり込む……。

僕は日々、こうして生きている。

入会

5年目

2009年

血迷ったか、ベイ!?
まさかの改悪で時代に逆行

2009年GOY▶「カオシマ」ユニフォーム(広島)

2009 FAN CLUB

平成21年

全入会 5年目

首相
麻生太郎
鳩山由紀夫

原ジャパン、WBC制覇！

原辰徳監督率いる日本代表・侍ジャパンが見事に第2回WBC（ワールド・ベースボール・クラシック）を制した2009年。西武は球団創立60周年の節目を迎えた。そして、広島関連では2つのビッグニュース。グッドニュースは長年親しんだ市民球場を離れ、この年からマツダスタジアムへと本拠地を移転し、さまざまな球場改革、来場サービスを実現したこと。バッドニュースは05年に登場し、球界の人気者となっていたベースボール犬・ミッキーが老衰でひそかに亡くなったこと。ご冥福を祈りたい。その一方で、この年、名球会のゴタゴタが発覚。金田正一会長が退任し、後任に王貞治新会長が就任。名球会関連では幼い頃からの僕の憧れの大ヒーロー・若松勉氏が殿堂入りしたのもこの年だった。そして、全球団のファンクラブに入会して5年目になる一人の変わり者もついに39歳。40代を目前にし、いまだ迷いの中にあることを自覚して途方に暮れる。

FAN CLUB 1 TOPICS
横浜、「B☆SPIRIT」発足。改革に着手するも、迷走中

FAN CLUB 2 TOPICS
ソフトバンク、継続特典DVDが出色の出来！

FAN CLUB 3 TOPICS
節目の5年目。ここまでの会費総額は24万100円！

FOY FAN CLUB of the YEAR
読売ジャイアンツ

「**FOY**」…ファンクラブ・オブ・ザ・イヤー。通称フォイ。
その年で最も優れた**ファンクラブ**

GOY GOODS of the YEAR
「カオシマ」ユニフォーム
（広島東洋カープ）

「**GOY**」…グッズ・オブ・ザ・イヤー。通称ゴイ。
その年で最も優れた**特典グッズ**

■2009年ファンクラブ・充実度ランキング

☆はファンクラブ・オブ・ザ・イヤー／★はグッズ・オブ・ザ・イヤー

Rank	チーム	ファンクラブ充実度 総合	観戦特典	グッズ特典	ポイント特典	入会したコース金額	チーム成績	リーグ順位	監督	開幕投手
☆ 1	巨人	A↑	△	◯	◯	4,800円	89勝46敗9分	❶	原辰徳	S.グライシンガー
★ 2	広島	A↑	△	◯	△	3,500円	65勝75敗4分	⑤	M.ブラウン	C.ルイス
3	西武	A↑	◯	◯	◯	5,000円	70勝70敗4分	④	渡辺久信	涌井秀章
4	ヤクルト	A↓	◯	◯	◯	10,000円	71勝72敗1分	③	高田繁	石川雅規
5	ソフトバンク	A↑	△	◯	◯	3,700円	74勝65敗5分	③	秋山幸二	和田毅
6	中日	A↓	△	◯	×	3,800円	81勝62敗1分	②	落合博満	浅尾拓也
7	ロッテ	B↓	◯	△	◯	3,500円	62勝77敗5分	⑤	B.バレンタイン	清水直行
8	阪神	B↑	△	△	×	3,500円	67勝73敗4分	④	真弓明信	安藤優也
9	オリックス	B→	△	△	◯	3,000円	56勝86敗2分	⑥	大石大二郎	小松聖
10	楽天	B↓	△	×	×	3,500円	77勝66敗1分	②	野村克也	岩隈久志
11	日本ハム	C↓	×	×	◯	3,000円	82勝60敗2分	①	梨田昌孝	ダルビッシュ有
12	横浜	C→	×	×	◯	4,000円	51勝93敗0分	⑥	大矢明彦→田代富雄	三浦大輔

ランキング、総合評価は著者による格付けです。
観戦特典、ポイント特典は◯＝有り、△＝一部有り、×＝無し
グッズ特典は◯＝最高、△＝まぁまぁ、×＝イマイチ
白抜き丸数字は日本シリーズ優勝チーム

入会金総額 **51,300円**

2009年のおもな出来事

1月 バラク・オバマ氏が第44代アメリカ合衆国大統領に就任し、アメリカ史上初の黒人大統領が誕生。

2月 アメリカ・アカデミー賞で『おくりびと』が外国語映画賞を、『つみきのいえ』が短編アニメーション作品賞を日本映画として初めて受賞した。

3月 自動料金収受システム（ETC）を利用すれば地方高速道路料金が一律1000円となる割引がスタート。

4月 北朝鮮が国連安保理議長のミサイル発射非難声明に反発して、6カ国協議を離脱。

5月 この月に国内初の感染者が出て、以降、新型インフルエンザが大流行。

6月 足利女児殺害事件で無期懲役となり服役中だった菅家利和さんがDNA不一致により釈放となった。

マイケル・ジャクソン氏が急死。死因は麻酔薬による急性中毒と鎮静剤の投与によるものとされた。

7月 日本国内では46年ぶりとなる皆既日食が観測された。

8月 裁判員裁判制度がスタート。全国で初めてとなる裁判員裁判が、東京地方裁判所で始まった。

衆院選で民主党が308議席を獲得して圧勝。政権交代となり、民主党政権が誕生し、鳩山由紀夫氏が首相に就任。

11月 円高が加速して、一時1ドル＝84円台まで上昇した。

節目の5年目を迎えた全入会。4年間で24万を超える会費を払い、気づけば121試合を観戦していた

5年間の総額、24万100円！

ついに節目の5年目を迎えた。改めてこの5年間で要した全入会金の額を計算してみた（送料や手数料は除く）。自分でもいくらぐらいになるのか見当もつかなかった。当時の入会資料を片手に電卓を叩く。

その額、24万100円。1年につき5万円弱の計算になる。

そして、08年までの4年間で「観戦特典チケット」、あるいは「会員割引特典」で購入したチケットで、実際に球場で何試合を観戦したのかも計算してみた。取材で球場に行って観戦した数は除外してある。

その数、4年間で実に121試合。年間にして30試合余り。

つまり、5年間で24万円ほどの金額を費やし、さまざまなグッズを手に入れた。さらに、無料観戦特典で何十試合かを観戦し、別料金を払ってさらに数十試合を観戦して僕の5年間は過ぎていったということだ。

基本的には、球場に行き、ホームチームのレプリカユニフォームを着ながらビールを呑み続けるという日々だった。35歳から39歳までの5年間。働き盛りの成年男子が、毎日のようにプロ野球とビールにうつつを

横浜ベイスターズ

【レギュラー（5,000円）】内野指定席500円割引／ポイントサービス／限定メルマガ配信／会員限定イベント参加権／イースタンチケット割引【モバイル（4,000円）】携帯電話を会員証として使用【ジュニア（2,500円）】ポイントサービス（スピードガンコンテスト、親子キャッチボール）

ポイント制によって、来場すればするほど特典が増える方式に移行。しかし、写真を見ての通り、寂しい……

抜かしていてもいいのだろうか？　いいんです。では5年目です！

横浜ベイスターズ
大革命、大断行も……

05年の入会以来、「グッズのセンスがない」、「素材が悪い」とマイナス面ばかりを書いてきたけれど、08年の項では地味ながらも充実した内容の「会報」や、「メッセージ入りの生写真プレゼント」「選手との2ショット会員証」など、横浜独自のサービスについて、賞賛すべき点はきちんと賞賛してきた。

しかし本年、これらの手作り感溢れる「横浜らしさ」は失われた。ついに、横浜はこれまでの利点をすべて捨て去ってまで、新たな方向性を模索するべくファンクラブ改革を断行したのだ。

その名を「B☆SPIRIT」と言い、チケット購入、来場、チームの勝利によって獲得できるポイント（BP）制度を立ち上げた。これらのポイントを貯めることで各種イベントに参加できたり、オリジナルグッズがもらえたりするようになった。

こうしたポイント制度については、すでに多くの球団が採用している

埼玉西武ライオンズ

【レギュラーA(5,000円)】ダブルジップパーカー、メッセンジャーバッグから1つ選択他【レギュラーB(3,000円)】マフラータオル、ホルダーから1つ選択他【ジュニア(2,000円)】内外野自由席入場無料他【プラチナ(35,000円)】エアラージショルダーバッグ他

著者はメッセンジャーバッグを選択。デザイン・品質ともに大満足だった。内野指定席引換券も嬉しい

ので、特別、目新しい動きではない。オリックスのように「球場に来れば来るほど得をする」というコンセプトで、観客動員を増やして球場内での消費活動を推進したいという狙いもよくわかる。けれども、本年の横浜ファンクラブの「特典」は、このポイント制だけなのだ。これ以外の「観戦特典」、そして「入会記念グッズ」などは何もない。細かく言えば、「チケット割引販売」や「会員限定グッズ販売」などの特典はある。しかし、それは他球団のほとんどが取り入れている「その他の特典」だ。

他球団と比較して、通常のレギュラー会員としては最高値タイとなる5000円でありながら、率直に言ってそのコストパフォーマンスは非常に悪い。僕は継続会員だったから入会金1000円は免除され、早期入会ということで、内野指定席の招待券ももらった。それでも、4000円払って、手元に会員証一枚というのはかなり寂しい。

そして、09年3月――。あるニュースが報じられた。見出しはこうだ。

「横浜ベイがファンクラブ一新　会員1万人を目指す」

記事によれば、横浜は「現在の会員3500人を21年度中に1万人に増やしたいとしている」とある。

オリックス・バファローズ

【レギュラー（3,000円）】オリジナルユニフォーム、エナメルトートバッグから1つ選択／チケット全席割引／ピンバッジプレゼント（継続年数入り）／ポイントサービス／ウエスタンリーグ入場無料／会員限定イベント他【ジュニア（1,000円）】【ゴールド（10,000円）】オリジナルグローブ他

グッズはオリジナルユニフォームとピンバッジのみだが、来場特典の充実が売り。価格の安さにも注目

――本気か？

思わず目を疑った。本年はかつての「横浜らしさ」を一切、排して「改革」を行った。しかし、どうしてもそれは「改悪」にしか思えない。

これで「1万人を目指す」という、その自信はどこから生まれてくるのだろう？　本気で言っているのだとしたら、あまりにも現実を知らなすぎるし、本心では「無理だろう」と思って宣言しているのなら、あまりにも誠意がない。いずれにしても、荒唐無稽《こうとうむけい》すぎる目標だ。

翌10年以降もこのままであるはずがないと信じたい。今は改革途中の迷走期にあると思いたい。正直言って、他の11球団と比べたとき、このままでは横浜ファンがあまりにも気の毒だ。地方在住で、なかなか球場に足を運べないファンにとって、「球場に来れば来るほど得をする」という特典だけでは、あまりにも魅力に乏しすぎる。

埼玉西武ライオンズ

09年、Lポイント制度の拡充！

ここ5年間における西武ファンクラブの転換点は、何と言っても07年の「松坂FC《ファンクラブ》革命」に他ならない。

北海道日本ハムファイターズ

【ルーターズ(3,000円)】スタジアムバッグ(クッション付き)／ピンバッジ(継続年数入り)／来場ピンバッジプレゼント／会員のみ利用できるガチャポン(有料)／チケット割引／会報誌(年5回)／ポイントサービス他【キッズ(3,000円)】スクール巾着セット／給食ナプキン他

グッズの目玉はクッション付きのスタジアムバッグ。しかし、その使い心地は正直言って微妙……

08年には高級カテゴリー・「プラチナメンバー」を発足させ、さらにポイント制の本格導入により12球団有数のシステム構築に成功。大規模な球場改修を含めて、飲食でのポイント付与など「松坂FC革命」の炎は本年も燃え盛っている。

09年の目玉は「Lポイント」サービスの拡充だろう。08年までも、ロッテが始めた「ポイント管理制度」をいち早く導入していたが、本年の西武はロッテ同様、チケット購入だけでなく、球場内での弁当やグッズ購入でもポイントが貯まるように。球場で何杯もビールを呑む僕は、この恩恵を最大限に受けている。おかげでこのLポイントだけで「トートバッグ」や、ベースボールカードを整理するための「カードストッカー」など、実に多くのグッズを手にしている。

ちなみに、球場内を回っているビール売りのお姉さんからビールを買ってもポイントはつかない。どうしてもポイントを貯めたいセコイ僕は、ビール売りのお姉さんとのささやかな会話やふれあいを断念し、わざわざ一杯ごとに売店までビールを買いに行っている。面倒だけれども、ポイントのためだ、仕方がない。

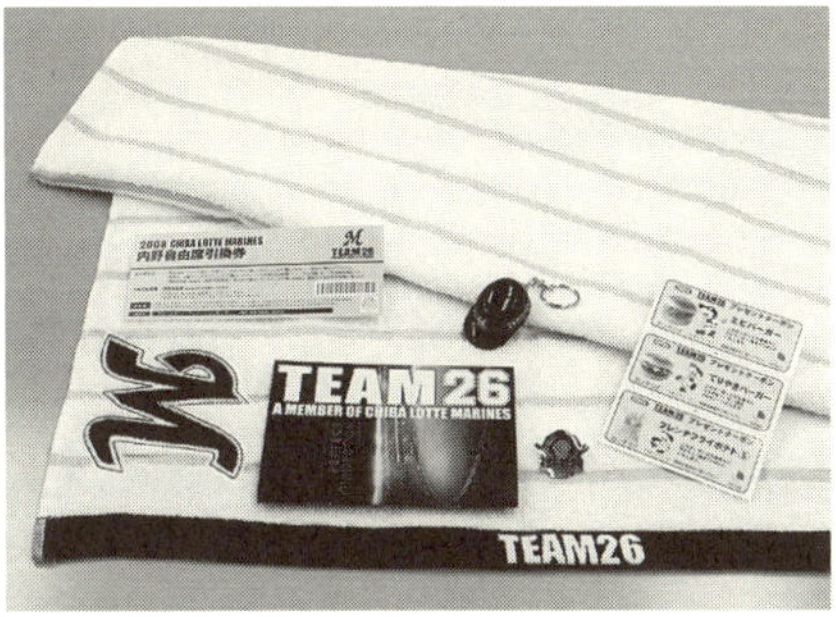

千葉ロッテマリーンズ

【レギュラー（記念品有3,500円）】マフラー、キャップ、タオル、公式練習球から1つ選択／ピンバッジプレゼント／内野自由席招待券1枚／ロッテリア試食券他【カジュアルレギュラー（2,500円）】【ジュニア（3,000円）】【ゴールド（10,000円）】【プラチナ（10,000円）】【マリーンズ（無料）】

著者はタオルを選択したが、様々なグッズから選ぶことができる。毎年新たな試みを見せる急先鋒ぶり

オリックス・バファローズ

来場特典が大充実！

07年、テリー・コリンズ監督の誕生と歩を合わせるかのように生まれ変わったファンクラブ「BsCLUB」も本年で3年目。しかし、そのコリンズも、すでにいない。そして忘却の彼方に……。

チケットは会員限定で割引販売し、入会記念品以上のクオリティを誇る来場グッズは12球団有数の充実ぶりで「球場に来れば来るほど得をする」というコンセプトが明確。08年からは、それまでもあった「手帳」に、会員証の機能も持たせて、そこに来場ポイントを押せるようにするなど、運営コンセプトをより鮮明にさせているのも特徴。

本年の新機軸は、年会費1万円の「ゴールド会員」の新設だ。オリジナルの「グローブ」と「ユニフォーム」に加え、「指定席引換券」が1枚。定員1000名ながら、募集早々に定員に達する人気ぶりのため、本年の西武のように、10年はさらに定員を増やして募集することになるだろう。

そして、地味だけど、毎年「面倒くさいなぁ」と思っていた「引換券」を郵送してのグッズ到着という手間が、本年から「送料込年会費」を事

2006年から千葉マリンスタジアム(現QVCマリンフィールド)の指定管理者となったロッテは球場内外で着々とサービスを強化した

前設定してくれたので、わずらわしさが大幅に軽減されたのも◎。

北海道日本ハムファイターズ
5年目は「シルバーカード」!

07年までは複数のアイテムから特典グッズを選択できるシステムだったが、08年、そして本年とアイテムは指定の1アイテムのみ。

一方、チケットやグッズの購入などによるポイント制はかなり早い段階から取り組んでおり、すでにファンの間では定着した模様。

さらに、現在のファンクラブ界の潮流である「継続特典」についても、日本ハムは早くから独自色を打ち出し、07年から前年の成績を刻印した「ドッグタグ」を特典として、好評を博している。

継続年数に応じて、そのランクが変わる日本ハム。5年目の僕は、前年までの「ブロンズ」を経て、本年から「シルバーカード」をゲット。

ということで、今季からさらに充実した「FANSポイント」は70ポイント付与された。内・外野自由席との引き換えやグッズ購入、さらに球場でのイベント参加などは300ポイントから交換可能。

会員限定のサイトには、今季より自分だけのオリジナルキャラが作れ

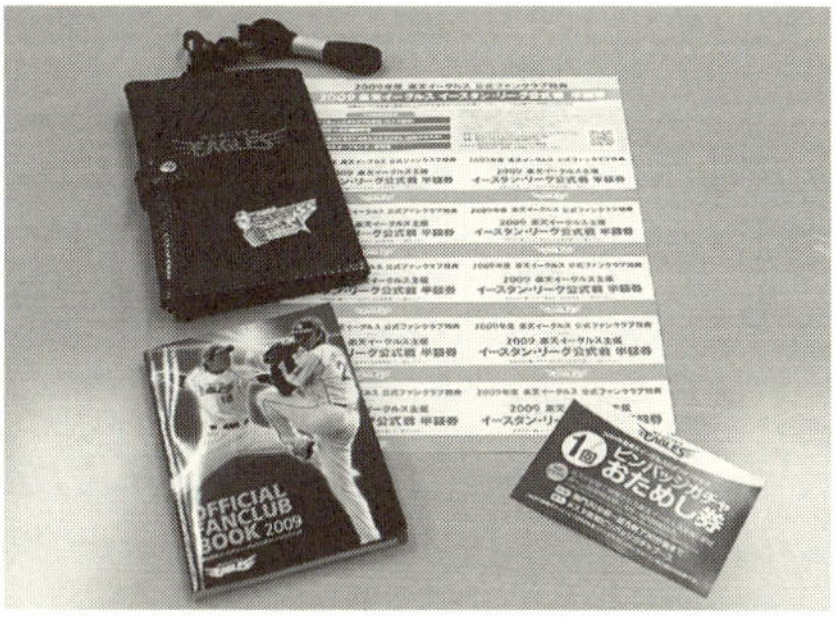

東北楽天ゴールデンイーグルス

【レギュラー（3,500円）】ピンバッジホルダー他【キッズ（1,000円）】オリジナルデザイングローブ他【Mr.カラスコ（10,500円）】ラジコンヘリコプター他】【ゴールドA（10,500円）】【ゴールドB（10,500円）】【ブースター（100,500円）】全選手直筆サイン入りカード他

目玉グッズが2年連続でピンバッジホルダーというのは残念。でも、毎試合ピンバッジが球場でもらえる

る「ファイターズアバター」が登場。これは12球団で唯一のサービス。自分を模した仮想人形に、ポイントに応じてユニフォームを着せたり、応援グッズを持たせてみたり……。

僕にとって、特に嬉しい特典ではないけれど、何事も「12球団初」とか「12球団唯一」の試みについてはどんどん評価していきたい。それがひいてはファンクラブ界の発展、向上につながるのだと信じているから。

千葉ロッテマリーンズ

顧客のニーズを完全に掌握

思えば、この5年間の12球団のファンクラブ界を常に引っ張ってきたのは、間違いなくロッテだった。

アジアチャンピオンに輝いた翌年の06年に、「TEAM26」を発足させてからは、来場ポイント制度を本格化させ、観客の一人一人が、球場で「何に金を使うのか」を完全に把握。おそらく、僕が何の銘柄のビールを好み、つまみは何が好きなのかまで丸裸にされていることだろう。

僕は毎秋、ロッテファンクラブの概要が発表されるのを楽しみにしている。それぐらい、このチームはいつも斬新な特典、新機軸のサービス

Mr.カラスコクラブの特典はラジコンヘリコプター。操作が意外と難しく、多少コツを要するという

を展開してくれるからだ。本年は迷った末に「箱付きタオル」を選択。10年もぜひ楽しみに待ちたい。そして、12球団に先駆けて本格化した公式HP内の「マイページ」もすごい。

06年から09年にかけての僕の「来場履歴」と「その勝敗」などがひと目でわかるようになっているのだ。ちなみに06〜09年にかけて、僕は全14試合を観戦。ロッテの通算成績は10勝4敗だった。

さて、この年のロッテ。実はファンクラブ界最大の事件を起こした。詳しく書くには文字数が足りない。詳細はカラー口絵4ページと218ページを見てほしい。まさか、あんな悲劇が起きるなんて……、あぁ……。

東北楽天ゴールデンイーグルス 2年連続同じ特典……

チーム結成5年目の09年、もちろんファンクラブも5年目に突入。05、06年と特典に「トートバッグ」が続き、「このままトートバッグが増え続けたらどうしよう?」と心配していたのだが、07年は「鉄平フィギュア」など趣向の変わったグッズになってひと安心。

……と思っていたら、08年、09年と2年続けて「ピンバッジホルダー」

福岡ソフトバンクホークス

【スタンダード(3,700円)】レプリカユニフォーム(ホーム、ビジター)、キャップ、メッセンジャーバッグなど7種類から1つ選択/年度ピンバッジ/会報誌(年4回)/イベント参加権他【ジュニア(2,500円)】【ファミリー(家族構成による)】家族全員分の公式戦入場券他】【プレミアム(100,000円)】

7アイテムから好きなものを1つ選べるグッズの選択肢の多さ。球界屈指のボリューム感

が特典に。さすがに3年続けて同じものだとちょっとイヤなので、10年は複数アイテムの中から「選択可」としてほしいなぁ。

もし、また「ピンバッジホルダー」だったら、今度こそ異色アイテム満載の「Mr.カラスコクラブ」に入ろう。ちなみに本年の「カラスコクラブ」の特典は、ラジコンヘリ! この斬新さ、すばらしい。

さて、本年の「改悪点」がひとつ。

今季から「継続手続き」は七十七銀行かゆうちょ銀行からの口座引き落とし、もしくは楽天カードでの自動継続のみ。両銀行に口座がなく、楽天カードも持っていなかったため、僕は継続入会を断念した……。

福岡ソフトバンクホークス
特典DVDの川崎が最高!

ソフトバンクのファンクラブは、毎年「特典グッズ」が豊富で、その中から選択でき、さらに毎年、新製品が登場するのも嬉しい限り。

設立2年目の06年には4アイテム、07年には5アイテム、そして本年は実に7アイテムの中から、好きなものを1点選べるまでに充実。他チームと比べて群を抜いているこの傾向は、ぜひぜひ、これからも続けて

この年から特典になり、その後も名物として続いていくソフトバンクのDVD。そしてある球団もいずれ模倣することに

ほしい。僕は本年、「メッセンジャーバッグ」を選択。球場に行くときには、対戦カードに応じて、西武のものと使い分けるつもり。

そして、09年から新たに「ファミリー会員」が新設されたソフトバンク。家族構成によって年会費が変わる仕組みで、後述する本年の中日同様、家族を一網打尽にする狙いか?

本年の出色は「継続特典DVD」。08年シーズンを振り返る内容が中心で、特に「試合前の円陣」にカメラが潜入した特集は最高。川崎宗則のリーダーシップに惚れ惚れした。

連敗が続いていたときの試合前の円陣。川崎は言う。

「みなさん、誰でも失敗はあります。昨日は(井手)正太郎が失敗しました。僕もエラーをして交代させられたこともあります。でも、失敗を切り替える必要はありません。切り替えずに引きずったままやりましょう。失敗を切り替えずに、胸を張って正々堂々と。さぁ、行こう!」

また、別の日の川崎のコメント。このときも連敗が続いていた。

「七転び八起きという言葉がありますが、今回は《四転び八起き》です。倍返し。今日はみんながここに来てくれたことに感謝します。ロッテに

読売ジャイアンツ

【プライム(4,800円)】オリジナルユニフォーム(08年バージョンも選択可)、トートバッグ、ジャビット目覚まし時計から1つ選択／メディアガイド／カレンダー／内野席チケット割引／チケット優先販売／主催公式戦招待(抽選)／ポイントサービス他【ジュニア(3,500円)】【エンジョイ(無料)】

栄えある第5回FOYは盟主・巨人。グッズ、観戦特典ともに白眉の内容で、強い意気込みが感じられる

も感謝しています。今日は感謝デーです。ありがとう、ありがとう、ありがとう。これ以外にありません。感謝の気持ち、これで行きましょう！」

言っている内容は意味不明なものもあるけれど、気合いの入った声で、何とかみんなを鼓舞しようとする姿勢はカッコよかった。

収録時間95分のこのDVDだけでも、十分、年会費の元を取ったような、実に得した気分になった。ぜひ、今後も続けてほしい！

読売ジャイアンツ

「お気に入り選手登録」開始！

初めて巨人のファンクラブに入った05年。特典数の多さ、豪華さに驚かされた。以来、5年。相変わらず12球団一、二を争う贅沢な特典が続いている。やっぱり球界の盟主を自任するだけのことはある。

また07年にポイント制度「G-Po」を導入すると、08年にはファンクラブと一体化した「CLUB G-Po」が発足し、2年目となる本年はさらに進化しつつある。球団によればファンの特徴に沿った情報を個別に発信する予定だという。今後の動きにも注目したい。

09年の特典は「ジャビットの目覚まし時計」など、全4点の中から1

阪神タイガース

【一般(3,500円)】イエローメッシュジャージ(継続入会の場合はVネックジャケットも選択可)/主催試合招待(抽選)/主催試合先行販売/会報誌(年4回)/ファンクラブ応援デーでグッズプレゼント他【キッズ(2,500円)】ペアチケットプレゼント(抽選)/イベント参加(抽選)他

オリジナルパスケースは5年継続記念品。熱狂的なファンたちに後押しされ、リピート率も驚異的だ

つ選べるのだが、僕は「09年版ユニフォーム」を選択。

本年から始まった、お気に入り選手登録制「My HERO」では、大道典嘉、越智大祐、大田泰示の3選手を指名。我ながら地味な人選だけど、彼らが活躍してくれれば僕のポイントも貯まる。頑張れ、「3人のO」！

……しかし、結果は無残だった。この年、彼らがヒーローインタビューに登場することはなく、全然ポイントは貯まらなかった。

すべてにおいて、万遍《まんべん》なく平均点以上の巨人ファンクラブに09年度のFOY(ファンクラブ・オブ・ザ・イヤー)を差し上げたい。

阪神タイガース ついにプラチナ会員に！

05年の入会以来、ついに本年、「5年継続記念」として、僕は念願の「プラチナ会員」となった。特別特典は、革の質感が最高のミズノ製「オリジナルパスケース」。うーん、「継続は力なり」を実感する至福の瞬間。次は10年継続の「ダイヤモンド会員」を目指すしかない！

阪神ファンクラブの最大の特徴は「リピート率90%」という驚異の継続率だろう。実際、募集告知、応募手続き、特典グッズ発送、いずれも

中日ドラゴンズ

【シニア(3,800円)】マフラータオル／キャップ／ガブリエコバッグ／ピンバッジ／主催試合先行販売／家族会員特典(ナゴヤドームパノラマ席か神宮球場外野自由席招待券)他【ジュニア(3,400円)】ユニホーム型リュック他【ゴールド(3,800円)】【リトル名誉(無料)】

毎年コストパフォーマンスの高い中日。エコバッグは品質は別として、デザイン的には賛否両論かも?

12球団一の迅速さを誇り、実に使い勝手のいいファンクラブだ。

中日ドラゴンズ

「家族会員」コース新設!

06年に一般コースが誕生して4年目。中日ファンクラブはすでに球界を代表する存在となった。08年には会員数11万人を突破。さらに本年はすでに12万人を超え、なお増え続けているという。

さらに本年からは、ソフトバンク同様に新カテゴリー「家族会員」を新設。人数分の観戦チケットを特典にし、関東在住者には神宮の中日戦チケットをプレゼントするなど緻密なサービスがウリ。特典アイテムも質量ともに豪華で豊富。今後もますます発展していくことだろう。

ここ数年「文句のつけようがない」と書き続けた中日ファンクラブ。仕方がないので、他球団のプラスチック製の「会員証」と比べて、「紙製の会員証が残念」と書いてきたが、09年も「紙製」は健在。ここまで来ると、「紙製」にも何かしらのこだわりがあるのかもしれない

恒例のスタジオジブリグッズは、ボールの縫い目が刺繍されたエコバッグ。もちろんオリジナルキャラ「ガブリ」の刺繍入り。

広島東洋カープ

【ファン倶楽部(3,500円)】メッシュジャージ／ロールフラッグ／会員限定サイト／メルマガ／会報(月1回)他【ジュニア(3,000円)】バッグ／キャップ／イヤーブック／主催試合内野自由席入場無料／会員手帳他【レディース(3,800円)】【シニア(3,200円)】

ホームとビジターを融合させた衝撃的なデザインのメッシュジャージ。ファンクラブ史に残る逸品だ！

さて、本年の最大の目玉は、会員のみ限定参加できるＳＮＳの新設。掲示板、日記など、連日熱心なファンの書き込みが目立つ。「ファンクラブのＩＴ化」もまた、この５年間で急速に進化した側面である。

広島東洋カープ

斬新すぎるデザイン……

新球場が誕生し、意気上がる本年の広島。会員特典は、ホームとビジター用のユニフォームを一枚にした「オリジナルメッシュジャージ」！……うーん、斬新すぎる。だって、胸のロゴが「カープ」と「ヒロシマ」が混じって「Ｃａｏｓｈｉｍａ」だよ。「カオシマ」って、何？アバンギャルドすぎる広島ファンクラブ。これもまた立派な「球団カラー」だ。これからはこうした一連のセンスのことを「ＣＱ（カープクオリティ）」と呼ぼう。もちろん本年度のＧＯＹはこの「カオシマ」ユニだ。過去５年を見渡してもベストかも？　完全に僕のツボだ。

もう１つの特典、オリジナルロールフラッグも独特。ロール状に巻かれたフラッグの両端を引っ張って、応援するというアイテムだ。このジャージを着てこのフラッグを持って、新球場の外野席でビールを呑みたい！

東京ヤクルトスワローズ

【レギュラー（5,000円）】パーカー／外野自由席招待券5枚（希望者のみ。希望しない場合はグローブ、キャップ、タオルマフラーから1つ選択）他【キッズ（3,500円）】グローブ、神宮球場外野自由席全試合無料招待券他【プレミアム（10,000円）】ジャンパー他

充実した観戦特典の恩恵にあずかれない地方在住者には、グッズをもう1つ選べるサービスがある

東京ヤクルトスワローズ

なぜ右利き用のみ？

07年に年会費1万円の「プレミアム会員」が発足。以来、僕は毎年、「プレミアム会員」となっている。年会費5000円の「レギュラー会員」と比べると、観戦特典がともに5試合ずつで格別なプレミアム感はない。

09年の注目点は「観戦特典」か「アイテム」か、どちらかを自由に選べるようになった点。以前にも同様の試みをしていたけれど、今回は前回よりも、地方在住者の待遇を大切にしている姿勢が伝わってくる。

本年の「プレミアム会員」の特典は、「5試合の観戦特典」「ナイキ製のジャンパー」の他に「グローブ」「キャップ」「タオルマフラー」の中から1アイテムが選べる。僕は「グローブ」を選んだ。

だが、難点がひとつ。僕は左利きなのに、用意されているのは右利き用のみ。これまで、ロッテも、楽天もグローブを特典に付けたことがあったが、いずれも左利き用は準備されていた。ヤクルトには「左腕」の概念がないのだろうか？　今季から八木亮祐、日高亮、赤川克紀とイキのいいサウスポー新人が入団したばかりのチームなのに……。

ファンクラブあるある▶03

限定品あるある

ファンクラブ限定品を「どこで売ってるんですか?」と聞かれたときの優越感。

「いや、これファンクラブ限定品なんで……」と答えるときの顔は、あなたが想像する以上にイヤな顔になっている。特に高級カテゴリーに入会している方は注意！

入会 6年目

2010年

生き残りのキーワードは「レディース会員を獲得せよ！」

2010年GOY▶つば九郎プレミアムフィギュア（ヤクルト）

2010 FAN CLUB

平成22年

全入会 6年目

首相
鳩山由紀夫
菅直人

「SBO」から、「BSO」に

バンクーバー五輪が行われ、関西を中心に女子プロ野球が発足した2010年。1月19日、加藤良三コミッショナーは「使用球を1社に統一すべき」と発言。ここから、その後さまざまな問題を引き起こした「統一球」をめぐる一連の駆け引きがスタートした。また従来の「SBO」方式ではなく、世界基準となる「BSO」にカウント表示を改めることにしたのも、この年の出来事。3月には甲子園球場に併設された「甲子園歴史館」が開館。

阪神ファンのみならず、多くの高校野球ファンを喜ばせた。

日本ハムコーチの小林繁氏、そして巨人コーチの木村拓也氏が帰らぬ人となった。木村コーチは試合前のグラウンドで、ファンの眼前で倒れた。その衝撃は大きく、彼の死は多くのファンに悲しみを与えた。全球団のファンクラブに入会し続ける一人の変わり者もついに40歳。「いつまでこんなことを続けるのか?」という悩みも迷いもないまま不惑に突入した6年目。

FAN CLUB 1 TOPICS **伝説の名(迷?)カテゴリー、楽天・カラスコクラブが消滅……**

FAN CLUB 2 TOPICS **女性ファン獲得へ、各球団が様々な策を講じるように**

FAN CLUB 3 TOPICS **なぜか、特典にメッセンジャーバッグが大流行!**

FOY FAN CLUB of the YEAR

福岡ソフトバンクホークス

「**FOY**」…ファンクラブ・オブ・ザ・イヤー。通称フォイ。
その年で最も優れた**ファンクラブ**

GOY GOODS of the YEAR

つば九郎プレミアムフィギュア(東京ヤクルトスワローズ)

「**GOY**」…グッズ・オブ・ザ・イヤー。通称ゴイ。
その年で最も優れた**特典グッズ**

■2010年ファンクラブ・充実度ランキング

☆はファンクラブ・オブ・ザ・イヤー／★はグッズ・オブ・ザ・イヤー

Rank	チーム	ファンクラブ充実度 総合	観戦特典	グッズ特典	ポイント特典	入会したコース金額	チーム成績	リーグ順位	監督	開幕投手
☆ 1	ソフトバンク	A↑	△	○	○	3,700円	76勝63敗5分	①	秋山幸二	杉内俊哉
2	西武	A↑	○	○	○	5,000円	78勝65敗1分	②	渡辺久信	涌井秀章
3	巨人	A↓	△	○	○	4,800円	79勝64敗1分	③	原辰徳	内海哲也
★ 4	ヤクルト	A→	○	○	○	15,000円	72勝68敗4分	④	高田繁→小川淳司	石川雅規
5	広島	A↓	△	○	△	3,500円	58勝84敗2分	⑤	野村謙二郎	前田健太
6	ロッテ	A↑	○	○	○	3,500円	75勝67敗2分	❸	西村徳文	成瀬善久
7	中日	A↓	△	△	×	3,800円	79勝62敗3分	①	落合博満	吉見一起
8	日本ハム	B↑	×	△	○	3,000円	74勝67敗3分	④	梨田昌孝	ダルビッシュ有
9	オリックス	B→	×	△	○	3,000円	69勝71敗4分	⑤	岡田彰布	金子千尋
10	阪神	B↓	△	△	×	3,500円	78勝63敗3分	②	真弓明信	安藤優也
11	横浜	C↑	△	×	○	5,000円	48勝95敗1分	⑥	尾花髙夫	S.ランドルフ
12	楽天	C↓	△	×	×	3,500円	62勝79敗3分	⑥	M.ブラウン	岩隈久志

ランキング、総合評価は著者による格付けです。
観戦特典、ポイント特典は○＝有り、△＝一部有り、×＝無し
グッズ特典は○＝最高、△＝まぁまぁ、×＝イマイチ
白抜き丸数字は日本シリーズ優勝チーム

入会金総額 **57,300円**

2010年のおもな出来事

1月 ハイチでM7の大地震が発生。約30万人が死亡したと伝えられる。

2月 バンクーバーオリンピックが開幕。日本は浅田真央選手の銀メダルなど、合計5つのメダルを獲得した。

4月 宮崎県で家畜伝染病の口蹄疫が確認され、その後、被害が拡大。殺処分の対象となったのは20万頭以上。

6月 サッカーW杯南アフリカ大会が開幕。スペインが初優勝し、日本は日韓W杯以来のベスト16へ進出した。

小惑星探査機「はやぶさ」が7年ぶりに地球へ帰還、イトカワの微粒子を回収。

普天間基地移設問題で迷走を続けた鳩山由紀夫首相が辞任し、後継の首相に菅直人氏が指名された。

7月 参院選で民主党が大敗。与党は参院の過半数を割り込み、ねじれ国会となる。

8月 チリ鉱山で落盤事故が発生、作業員33人が地下700メートルに閉じ込められたが、その後、全員無事救出。

9月 尖閣諸島周辺の日本領海内で中国漁船衝突事件が発生。衝突時のビデオ映像流出も話題となった。

10月 ノーベル賞が発表となり、化学賞に北海道大の鈴木章名誉教授と米・パデュー大の根岸英一特別教授が選ばれた。

11月 北朝鮮軍が韓国・延坪島を砲撃。これにより民間人と兵士の計4人が死亡した。

09年の西武、ソフトバンクに端を発したファンクラブ界の「メッセンジャーバッグ・ブーム」

これでついに6年目! 2010年のトレンドは?

12球団すべてのファンクラブに入会するようになって、本年で6年目。「毎年、毎年、よく飽きないね」と嘲笑を浴びたことも一度や二度ではない。でも、僕は逆に問いたい。「どうやったら、こんなに楽しいことを飽きることができるの?」と。

6年目を迎えていれば、毎年、その年のトレンドのようなものも見えてくる。本年はヤクルトが「ファミリー会員」、楽天が「レディースクラブ」を新設したが、10年のトレンドは「女性ファン獲得」にあると言えるだろう。楽天の「レディースクラブ」の他に、広島は90年から「レディースカープ」を作っていたし、本年から巨人は「ガールズジャイアンツ」というコンセプトを打ち出した。そして、中日は「レディースユニフォーム」を特典に加えた。他にも日本ハム、西武、ロッテ、オリックスなど、各球団が女性ファン獲得に向けて、あの手この手で策を講じ始めている。

さらに、地味ながら決して見逃してはいけないのが、「メッセンジャーバッグの流行」である。

東北楽天ゴールデンイーグルス

【レギュラー（3,500円）】レプリカユニフォーム他【キッズ（1,000円）】ユニフォーム上下セット、オリジナルグローブから1つ選択他【レディース（2,000円）】レプリカピンクユニフォーム他【ゴールド（10,500円）】【ブースター（100,500円）】全選手直筆サイン入りカード他

レプリカユニフォームはKスタ宮城（当時）での引き換えに。著者は東京在住のため、結局、引き換えできず……

09年に西武とソフトバンクが特典として付けたメッセンジャーバッグを、10年は巨人、ヤクルト、オリックスが特典に採用した。これで12球団中5球団がメッセンジャーバッグを特典としたことになる。「レプリカユニフォーム」以外では、これだけ引っ張りだこのアイテムは他にはない。一体どうしてなんだろう？　今後、残りの7球団がメッセンジャーバッグを特典として採用するのか、ぜひ注目してほしい！

他には09年のトレンドだった「ファミリー会員」カテゴリーが本年も増え、現在、中日、ヤクルト、ソフトバンクの3球団で採用されている。

本年の合計入会金額は5万7300円（送料、手数料は除く）。これが高いのか、安いのか？　まぁ、いいや、6年目の分析です！

東北楽天ゴールデンイーグルス

さらば「Mr.カラスコクラブ」！

本年、楽天に新カテゴリーが創設された。

それが「レディースクラブ」。やはり、ここにも女性ファン獲得の潮流が押し寄せている。入会金2000円でレプリカの「ピンクユニフォーム」が特典に付くというのは、コストパフォーマンス的にもかなり◎。

消滅してしまった楽天の名物カテゴリー・
Mr.カラスコクラブ。寂しさを埋めるため、
著者は「禁断の果実」に手を出した……

難点は、「レギュラークラブ」の特典の「レプリカユニフォーム」と同様、Kスタ宮城（当時）での「球場引換」であること。

なかなか球場に行けない遠方在住者にとって、それは殺生だ。送料を徴収してもいいから、ぜひ今度こそ、「郵送可」にしてほしい。

さて、楽天の最大の注目点は、唯一無二の存在だった「Mr.カラスコクラブ」がなくなったこと！

特典に「ラジコンヘリコプター」が付いたり、なぜかプロレスの「フィギュアセット」が付いたり、毎年「斬新すぎる！」と驚かされていただけに残念。ちなみに、09年の楽天の項で僕は「来年こそ入ろう」と書いていただけに無念は募る。「来年でいいや」と思っているとチャンスを逃すのだ。やはり「今は今しかないのだ」と、少し哲学的な思いになった。

そして――。

２０１４年、僕はついに禁断の果実に手を出してしまった。ファンクラブのことを考え続けているうちに、どうしても「カラスコクラブ」のグッズの現物を見てみたくなった。どうしてもほしくなってしまった。

そこで、手を出してしまったのが「ヤフオク！」だ。

北海道日本ハムファイターズ

【ルーターズ(3,000円)】レジャーシート／応援シェード／ピンバッジ(継続年数入り)／継続ドッグタグ(継続会員のみ)／来場ピンバッジプレゼント／会員のみ利用できるガチャポン(有料)／チケット割引／会報誌(年5回)／ポイントサービス他【キッズ(3,000円)】文房具セット他

10年の目玉は応援シェード。油性ペンで文字を書き込むことができる。ありそうでなかったアイディアグッズ

これが、ファンクラブ道にもとる行為だということは重々理解している。しかし、中二の性欲並みに僕の欲望はとどまるところを知らない。

そんな葛藤の末、僕は「ヤフオク!」にアクセス。検索キーワードは「カラスコクラブ」。1つもヒットしない。続いて「カラスコ」で検索。

すると、出てきた! 06年の「カラスコマスク」、08年の「ファイティングキット」、09年の「ラジコンヘリコプター」! もちろん、全部入札。ライバルがいても、金に糸目を付けるつもりはない。気がつけば「ファイティングキット」を2つも落札してしまった。07年の「バイク型ラジコン」が出品されていなかったのは残念だが、それでも僕は大満足。

そして数日後、ついに届いた。

梱包を解き、中身を取り出す。一人静かに鏡の前でマスクをかぶる。

(うーん、なかなかいいぞ……)

ファイティングキットに電池を入れてスイッチを入れる。慣れない手つきでラジコンの操作をする。

(なんてすばらしい特典なのだ……)

僕は感動のあまり、しばらく動くことができなかった……。

読売ジャイアンツ

【プライム(4,800円)】オリジナルユニフォーム(08、09年バージョンも選択可)、メッセンジャーバッグ、タオルマフラー&チケットホルダーなど6種類から1つ選択/カレンダー/ウェルカムチケット(抽選)/チケット優先販売/ポイントサービス他【ジュニア(3,500円)】【エンジョイ(無料)】

著者が選択したメッセンジャーバッグはアディダス製で高品質。メディアガイドが特典から外れたのは残念

北海道日本ハムファイターズ

地球温暖化が特典にも影響!?

某球団のファンクラブ担当者が「日本ハムの入会特典ロジスティクスに注目している」と語るように、毎年、他球団にない独自特典が特徴。

本年は、折りたたみ式の「レジャーシート」と車のサンシェードとしても使える「応援シェード」が付いた。これは、油性マジックを使って、思い思いの応援メッセージを書き、それを広げて応援に使うというもの。両特典とも、これまでどの球団でも採用されたことのないオリジナル。さらに「キッズ会員」には、「文房具セット」がオマケに付く。

日本ハムもまた、女性ファン獲得に熱心な球団。09年に話題になった「婚活シート」に続いて、本年は「シンデレラシート」を創設。ブランケットのついた高級シートに座り、荷物が置けるように1人で2席使用できたり、美容アイテムをお土産でもらえたり、至れり尽くせりのサービスを展開。他にも、毎週水曜日は「レディースデー」として、定期的にチケットの割引サービスを行っているし、ハンドマッサージやストレッチサービス付きのチケットを販売したりもしている。この試みが、女

中日ドラゴンズ

【シニア(3,800円)】ユニフォーム(継続会員は4種類から1つ選択)／ハンドタオル／ピンバッジ／主催試合先行販売／家族会員特典(ナゴヤドームパノラマ席か神宮球場外野自由席招待券他)／会報誌(年2回)／イベント参加(抽選)他【ジュニア(3,400円)】【リトル名誉(無料)】

継続会員が選択できる「Tシャツ」は半袖と長袖の2枚1組！　ハンドタオルに描かれたキャラクターがガブリだ

性ファン獲得、観客動員増として実を結ぶことを期待したい。

さて、改めて本年の日本ハムの特典は「レジャーシート」と車のサンシェードにもなる「応援シェード」。思えば日本ハムの特典は、05年は「ウインドブレーカー」、06年「ブランケット」と北海道ならではの（？）「防寒グッズ」が多かった。けれども、07年からブランケットに加えて「ビーズクッション」が登場すると、「防寒色」が薄れ始め、ついに10年は「レジャーシート」と「サンシェード」！　地球温暖化の影響なのか、「防寒」ではなく、「日よけ」が特典に付くなんて。地球が心配。

読売ジャイアンツ

My HEROでポイント稼ぎ！

07年に始まったポイント制度「G−Po」は、08年にファンクラブと一体化。3年目の本年は、よりシステム化され使い勝手もよくなった。

09年から始まった「My　HERO」では、自分のお気に入りの選手3人を登録し、彼らがヒーローインタビューに登場するたびにポイントが貯まる仕組み。09年は大道典嘉、越智大祐、大田泰示の「3人のO」を登録したものの、全然ポイントが貯まらなかったので、今回は小笠原道大、

東京ヤクルトスワローズ

【レギュラー（5,000円）】メッセンジャーバッグ／チケットホルダー／外野自由席招待券5枚／チケット割引／ファンブック他【キッズ（3,500円）】キャップ／外野自由席全試合無料招待券／始球式の権利（抽選）他【ファミリー（家族構成による）】【プレミアム（15,000円）】キャラクターフィギュア他

著者が入会したプレミアム会員の特典。チケットホルダーの手触りはスライムのような感触で賛否両論ありそう

内海哲也、長野久義と無難な3人でポイント狙いに徹することにした。前年とは比較にならないほどポイントがバンバン貯まり、ウハウハだった。

本年は、今までついていた「メディアガイド」が特典から外れた。資料的にも価値があり、使い勝手もよかっただけに残念。

さて、今季の巨人は「ガールズジャイアンツ」と題して、女性ファン獲得に本腰を入れ始めた。女子学生を対象に、ブルペンやベンチの見学や、G戦士との2ショット撮影など盛り沢山。さらに「ジャイアンツシート」と称して、ピンクのシートカバーやひざかけが利用できたり、特製観戦ガイドを作成したりするなど、女性向けの新たな試みにも積極的。

中日ドラゴンズ　ターゲットは、女性！

本年の注目点は、継続特典に「レディースユニフォーム」が加わったこと。楽天や巨人同様、やはり女性ファンの獲得が、本年のファンクラブ界のトレンドになっているようだ。

さらに、ファンサービスの一環として、ファンクラブ会員のみが有料で参加できる「婚活観戦ツアー」が実施されたり、特定の試合日に限定

GOYに輝いたヤクルトのキャラクターフィギュア。ちなみに2014年に撮影した際、今度は著者自身が誤って踏み、燕太郎の手を折ってしまった……

して、女性専用の「プリンセスシート」が新設されたりもした。婚活観戦ツアーは、第1弾、第2弾ともすぐに完売。もし、カップルになりゴールインすれば選手からの寄せ書きが贈られるという。

さて、継続入会の10年、僕は「Tシャツ」を特典に選んだ。普通、Tシャツといえば1種類だけなのに、本年の中日は何と、半袖と長袖の2枚1組という太っ腹。06年に誕生以来、5年目にしてすでに球界を代表するファンクラブとなったのは間違いない。ガブリという「ファンクラブ公式マスコット」を持つのは、12球団で唯一、中日だけ。

それでも、ファンクラブ担当者は「ファンサービス業務などが、まだ不安定」と、まだまだサービス強化に努める姿勢を表明している。

東京ヤクルトスワローズ
うーん、「プレミアム」かなぁ？

07年からスタートした「プレミアム会員」が、本年から5000円値上げして1万5000円に。確かに、「キャラクターフィギュア」の完成度は高いし、「オリジナルユニフォーム」は嬉しいけど、観戦チケット特典は「レギュラー会員（5000円）」と同じ5枚というのは、あ

阪神タイガース

【一般(3,500円)】イエローメッシュジャージ(継続入会の場合はジップアップウェアも選択可)/主催試合招待(抽選)/主催試合先行販売/会報誌(年4回)/ファンクラブ応援デーでグッズプレゼント他
【キッズ(2,500円)】ペアチケットプレゼント(抽選)/イベント参加(抽選)他

著者は継続会員のためジップアップウェアを選択。年4回発行される会報「T-magazine」は出色の出来だ

まりプレミアム感がない気がする。
本年のヤクルトのニュースは「ファミリー会員」カテゴリーが新設されたこと。大人・子ども合わせて10名まで申し込むことができ、1家族に1個、実際にヤクルトが練習で使っている公式練習球がプレゼントされる。ところが、僕が加入した「プレミアム会員」は「レギュラー会員」よりも高い会費を支払っているにもかかわらず、どういうわけか「ファミリー会員」にカウントされないことが判明した。それでもどうしても練習球がほしかった僕は、別口で「レギュラー会員」に大人2人分、追加加入。これでさらに1万円の出費だ……(※注)。
本年の「プレミアム会員」特典の「キャラクターフィギュア」は重量感溢れる本格的なもの。しかし、到着してみたら、つばみちゃんの足の部分が折れていた。ヤクルトファンの僕としては「いきなり、縁起が悪いなぁ〜」と思いつつ、事務局に電話。電話口に出てくれた女性はとても丁寧で「大変失礼いたしました。すぐに交換いたします」と優しく対応してくれた。翌日、足の部分を厳重に梱包して新品が届いた。というわけで、我が家には2体のフィギュアがある。このフィギュアが本年のGOY。

※たとえば父と子で加入する場合、父が「レギュラー会員」、子が「キッズ会員」に入会すれば、「ファミリー会員」となり、公式練習球がプレゼントされる。しかし、もし父が「プレミアム会員」に入っていると、「ファミリー会員」とはならず、公式練習球はもらえない。(ファミリー会員は12年度をもって終了した)

広島東洋カープ

【ファン倶楽部(3,500円)】地域名入りメッシュジャージ／ブランケット／イヤーブック／会員限定サイト／メルマガ他【ジュニア(3,000円)】バッグ／キャップ／主催試合自由席入場無料／会員手帳他【レディース(3,800円)】ズムスタ自由席20試合入場無料他【シニア(3,200円)】

毎年、アイディアにうならされるカープの特典。地域名入りメッシュジャージは背中にも自分の在住地が入る

阪神タイガース

相変わらずの初動の早さ！

相変わらず阪神は初動が早い。継続会員の場合、10年度の募集を前年の7月27日にスタートさせ、12月3日にはすでにグッズが到着していた。また、年に4回発行される会報の完成度も12球団トップクラス。特に、開幕直前に発行される第2号は例年、上質の紙を用いて選手名鑑が掲載されているのだが、ここまできちんとした作りのものは他球団にはない。蛇足だけれど、鳥谷インタビューを読んで、すでに子どもが2人いることを知ってとても驚いた。

さて、阪神の場合は3年継続で「ゴールド会員」、5年継続で「プラチナ会員」となる。6年目の僕は「プラチナ会員」ということに。阪神ファンクラブでは、10年継続すると「ダイヤモンド会員」になれる。あと4年か、道はまだまだ長いなぁ〜。

広島東洋カープ

やっぱり、カープはやってくれた！

毎年、毎年、ユニークな切り口でファンを楽しませてくれる「カープ

横浜ベイスターズ

【レギュラー（5,000円）】マフラータオル／内野指定席500円割引／ポイントサービス／チケット先行抽選販売／会員限定メルマガ／会員限定ネットショップ／会員限定イベント参加権／シーレックス公式戦1試合招待他【モバイル（4,000円）】携帯電話を会員証として使用【ジュニア（2,500円）】

前年は特典グッズゼロも、10年はマフラータオルが付いた。球場に行けば行くほど得するポイントサービスが充実

ファン倶楽部」。09年はホームとビジターのユニフォームを一枚にした「オリジナルメッシュジャージ」が特典で、その胸のロゴは「Caoshima（カオシマ）」。衝撃のデザインだった。その広島は本年もやってくれた！

10年はオリジナルメッシュジャージの左袖に会員の出身地、または在住地の都道府県の地図がプリントされているのだ。僕の場合は、東京都の地図！　球場に着て行きたい気分になったよ、ホントに。

もうひとつ、「カープファン倶楽部」の最大の特徴が会員専用HP《ホームページ》の充実ぶり。その白眉は、選手インタビュー企画。今春のキャンプでのインタビュアーは、何とこの年からスカウトに転身した尾形佳紀氏と、同じく球団広報に転身した比嘉寿光氏が務めている。

昨年まで現役だった両氏の選手目線でのインタビューはとても新鮮で読み応えもバッチリ。比嘉氏が行ったルーキー・今村猛へのインタビューは、ラストを「じゃあ、今日のところは休んでいいよ」と、豪快に結んでいる。僕も一度でいいから、こんな強気なインタビューをしてみたい。絶対にできないよな……。

福岡ソフトバンクホークス

【スタンダード(3,700円)】レプリカユニフォーム(ホーム、ビジター)、キャップ、トートバッグ、メッセンジャーバッグなど8種類から1つ選択/ピンバッジ/会報誌(年4回)他【ジュニア(2,500円)】【ファミリー (家族構成による)】家族全員分の公式戦入場券他【プレミアム(100,000円)】

8種類から著者が選択したのはトートバッグ。ご覧の通りデザイン的に普段使いも十分できる

横浜ベイスターズ

改善の兆しは見えるものの……

09年、「B☆SPIRIT」を発足し、ファンクラブ改革を断行した横浜。僕は09年度の本項において「コストパフォーマンスは悪い」と書き、「改善の余地大アリ」と書いた。そして、注目の10年、その状況はやや改善された。あくまでも、「やや」だけど……。

前年は特典グッズが1つもなかったけれど、本年はマフラータオルが付いた。これが改善点。さらに、08年までの横浜の長所だった手作り感溢れる会報が「B☆SPIRIT」として復活。A4用紙一枚ながら、コンパクトに情報がまとめられていて読みやすい。

さて、横浜の最大のウリが「BP」こと、B☆POINT。これは、ファンクラブ加入、チケットやグッズ購入、さらに、球場来場時やチームが勝利したときに付与されるポイントサービスだ。

ポイントを貯めると交換できるグッズ類は「プロコレクションユニフォーム」や「ウインドブレーカー」など、12球団一と言ってもいいほどの豪華さと充実ぶり。前年から推し進めている「球場に来れば来るほど得

埼玉西武ライオンズ

【レギュラーA(5,000円)】フルジップパーカー、ショルダーバッグから1つ選択/内野指定席引換券/チケット割引他【レギュラーB(3,000円)】ニットマフラー他【ジュニア(2,000円)】内外野自由席入場無料他【プラチナ(35,000円)】記念品、内野自由席フリーパス他

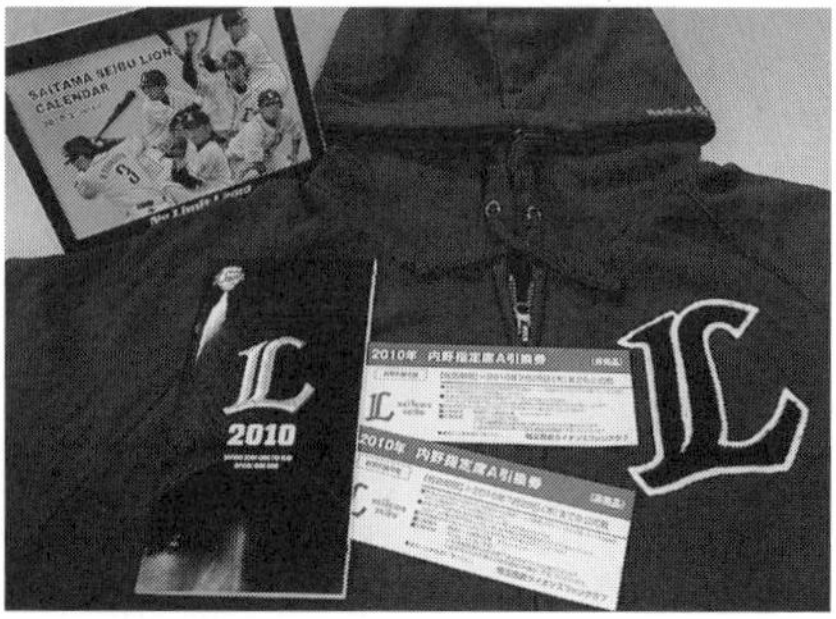

07年「松坂FC革命」以来、ファンクラブ界を熱くする。フルジップパーカーは古着を思わせるデザインが魅力

をする」というコンセプトがより鮮明になり、交換特典も増えつつある。

それでも、まだまだ他球団並みになるには時間がかかりそうだ。

福岡ソフトバンクホークス

今年は何と8アイテムから!

毎年書いていることだが、ソフトバンクファンクラブの最大の特徴は「特典グッズ」の品数の多さ。自分の好きなものを一点選ぶのだけれど、06年の4アイテムから始まり、07年は5種類、そして09年は7アイテムになり、ついに10年は8アイテムの中から選べるようになった。

ちなみに、本年から加わった「ワンショルダーバッグ」「オリジナルトートバッグ」はともに、すぐに品薄になったほどの人気ぶり。

09年に初めて「継続特典」として作成された継続会員限定のDVD「若鷹の変革」は本年も健在。09年に「ぜひ、来年以降も続けて」と書いたけれど、願いがかなって嬉しい!

さて、その内容。09年シーズンダイジェストやヤフードーム(当時)で勝利したときにしか見られない「勝利の花火」映像集、そして特別映像「キャプテン小久保裕紀の雄姿」は出色の出来。オリジナルコンテン

西武が試合後に実施する「サラリーマンナイト」。元プロ野球選手に打ってもらうノックは最高！

ツばかりで合計1時間41分のDVDは、これだけで年会費3800円の価値がある。この特典、ぜひ他球団にも追随してほしい。総合力で今年の「FOY（ファンクラブ・オブ・ザ・イヤー）」はソフトバンクに。

埼玉西武ライオンズ 「Lポイント」サービスが拡充！

09年の「メッセンジャーバッグ」といい、本年の「フルジップパーカー」といい、西武のファンクラブは高品質、高デザインが最大の特徴。また、08年から始まったポイントサービス「Lポイント」は、本年からはチケットだけでなく、グッズ交換やお立ち台に上がった選手のサインボールとの交換もできるように。

さらに会員限定イベントも充実。個人的には昨年、抽選に当たり、7回裏にグラウンドに立ち、応援フラッグを振ったこともいい思い出。07年の松坂大輔の移籍金を投入した「松坂FC《ファンクラブ》革命」の炎は消えてはいない。

さて、当然西武も女性ファン獲得に余念がない。

女性ファン限定の「やきゅウーマン応援隊」と題して、女性に限りマウンドから投球をしたり、ノックを受けたり、セカンドへの盗塁体験が

千葉ロッテマリーンズ

【レギュラー（3,500円）】ユニフォームシャツ、オリジナルTシャツ、エナメルバッグから1つ選択／ピンバッジプレゼント／内野自由席招待券1枚他【カジュアルレギュラー（2,500円）】【ジュニア（3,000円）】【ゴールド（10,000円）】【プラチナ（10,000円）】【マリーンズ（無料）】

著者が選択したのはオリジナルTシャツ。恒例のピンバッジプレゼントなど、来場サービスも充実している

できたりと盛り沢山の内容。さらに女性用にオリジナルスイーツを販売したりもしていて、実に熱心な活動を展開中。

一方、僕を含めた成人男性には「サラリーマンナイト」がメチャクチャ楽しい。試合終了後のグラウンドを開放して、西武OBたちがノックをしてくれるのだ。09年は4回参加したが、OBの小関竜也氏にノックをしてもらい、それをキャッチャー目がけて返球する。この「レーザービーム体験」は刺激的だったし、小関氏に「ナイスキャッチ!」と褒められたのは、ささやかな自慢だ。

千葉ロッテマリーンズ

前年に引き続き、まさかの事態が……

09年はまさかの「LOTE（ロテ）事件」が勃発したが、10年5月には新たなトラブル（「デサント騒動」）が発生した。

ロッテファンクラブ事務局から届いた手紙によれば、この年の特典「ユニフォームシャツ」（デサント製）を誤配してしまったとのこと。手紙を詳しく読むと、特典のユニフォームシャツは「編み目が荒く、少しメッシュ調の素材（A）」だったのだが、「若干、編み目の細かい素材（B）」

オリックス・バファローズ

【レギュラー（3,000円）】メッセンジャーバッグ（大・小）、オリジナルユニフォームから1つ選択／チケット全席割引／ピンバッジプレゼント（継続年数入り）／ポイントサービス／ウエスタンリーグ入場無料他【ジュニア（1,000円）】【ゴールド（10,000円）】オリジナル遠征バッグ他

来場サービスの充実は目を見張るが、メッセンジャーバッグの品質は他球団のものと比べると若干、劣るか……

の製品を誤配。着払いで返送すればAと交換してくれるという。しかし、繊維生地の拡大写真を見ても、AもBも大した違いはなかった。ロッテの誠意が表れた出来事として、僕は好意的に受け止めた。

オリックス・バファローズ

「選手への100の質問」が秀逸

09年7月に開催されて好評を博した「レディースデー」は10年も7月に開催。女性向けのイベントや売店メニューが話題となった。さらに、本年から「アヴァンスシート」と呼ばれるフィールドレベルの席もできた。

オリックスの「会員専用サイト」で読むことのできる会報「BsTIME」が実に面白い。出色なのは「選手への100の質問」。

第1号は金子千尋で、第2号は坂口智隆が登場。100問も質問があるので、普段聞けないような内容も多く読み応えはバッチリ。「コンプレックスは？」という質問に対して、金子は「顔の形」と答え、「もし野球選手になっていなかったら？」という質問に、坂口は「幼稚園の先生」と答えている。坂口が幼稚園の先生なんて、想像ができない（笑）。意外な一面ばかりで、とてもいい企画だと思う。

FAN CLUB COLUMN ▶ 04

宅配便配達員の困惑

毎年2～3月にかけて、僕の家には12球団のファンクラブグッズが届く。かつて、恒例行事だったのが宅配業者のお兄さんとのやり取りだった。

「長谷川さん、ロッテファンクラブさんからのお荷物です」

印鑑を持って玄関に出ると、配送員の若いお兄さんが笑顔で言う。

「僕もロッテファンなんです」

あまりにもまぶしい笑顔を前に、僕は「今年のロッテはやりそうですね」と笑顔で応える。「本当はヤクルトファンなんです」とは、どうしてもカミングアウトできなかった。

しかし、その数日後、同じお兄さんが「中日ファンクラブからです」「横浜ファンクラブからのお届けです」、とやってくると、彼の顔には明らかに不信感が浮かんでいる。

おまけに、僕が着ているのは、胸に「ライオンズ」とあしらわれたパーカーや、「ソフトバンクのTシャツ」だ。それ以来、お兄さんはロッテの話どころか、僕と視線を合わそうともしなくなった。

しかし、また翌年——。

別の担当者になると、「僕も広島ファンなんですよ!!」と、前年と同じようなやり取りが繰り返される。これは、僕にとっては毎年春の風物詩だった。

ところが、ここ数年は担当者が変わっても、このようなやり取りがなされることはなくなった。

おそらく、先輩から新担当者へ、「あの長谷川の家には毎年春になるといろんなファンクラブから荷物が届くんだ。要は変わり者だ、関わるな」という申し送りがなされているのだろう。失ってみて初めてその大切さに気づいた春の風物詩。

入会

7年目

2011年

震災と野球――見せましょう、ファンクラブの底力を！

2011年GOY▶オリジナルスウェットジャケット（西武）

2011 FAN CLUB

平成23年

全入会 7年目

首相
菅直人
野田佳彦

震災と野球、そして日本人

3月11日——。

この日を境に日本人の考え方、価値観は大きく変わった。もちろん、プロ野球だってその影響を受けないはずがない。改めて「日本人とプロ野球」という大命題を突きつけられた2011年。開幕時期を延期すべきか否かで足並みが揃わない中、この年から、加藤良三コミッショナーの肝煎りで統一球が導入された。本塁打数は大きく減少し、「投高打低」の時代が訪れた。また日本シリーズ前日には巨人で内紛が勃発。いわゆる「清武の乱」で、球界はさらに混乱した。11月にはTBSがDeNAに球団譲渡。横浜は12年から再スタートを切ることになった。

出版界に目を転じると本書の編集者である菊地選手の処女作『野球部あるある』が大ヒット。野球文学の新たな地平を拓いた。そして、全球団のファンクラブに入会したうだつの上がらない一人の変わり者は41歳に。バカボンパパの心境が少しだけわかった気がした7年目の春。

FAN CLUB 1 TOPICS
東日本大震災……巨人の誠意ある対応に感動！

FAN CLUB 2 TOPICS
楽天に新カテゴリー、星野仙一監督の「1001CLUB」発足

FAN CLUB 3 TOPICS
西武のメイン特典スウェットジャケット歴代最高の完成度

FOY FAN CLUB of the YEAR
読売ジャイアンツ

「**FOY**」…ファンクラブ・オブ・ザ・イヤー。通称フォイ。
その年で最も優れた**ファンクラブ**

GOY GOODS of the YEAR
オリジナルスウェットジャケット（埼玉西武ライオンズ）

「**GOY**」…グッズ・オブ・ザ・イヤー。通称ゴイ。
その年で最も優れた**特典グッズ**

■2011年ファンクラブ・充実度ランキング

☆はファンクラブ・オブ・ザ・イヤー／★はグッズ・オブ・ザ・イヤー

Rank	チーム	ファンクラブ充実度 総合	観戦特典	グッズ特典	ポイント特典	入会したコース金額	チーム成績	リーグ順位	監督	開幕投手
☆ 1	巨人	A↑	△	○	○	4,800円	71勝62敗11分	③	原辰徳	東野峻
2	ヤクルト	A↑	○	○	○	5,000円	70勝59敗15分	②	小川淳司	石川雅規
★ 3	西武	A↓	○	○	○	5,000円	68勝67敗9分	③	渡辺久信	涌井秀章
4	ロッテ	A↑	○	○	○	3,500円	54勝79敗11分	⑥	西村徳文	成瀬善久
5	ソフトバンク	A↓	○	△	○	3,700円	88勝46敗10分	❶	秋山幸二	和田毅
6	広島	A↓	△	○	△	3,500円	60勝76敗8分	⑤	野村謙二郎	前田健太
7	日本ハム	B↑	×	△	○	3,000円	72勝65敗7分	②	梨田昌孝	ダルビッシュ有
8	中日	B↓	△	△	×	3,800円	75勝59敗10分	①	落合博満	M.ネルソン
9	阪神	B↑	△	△	×	3,500円	68勝70敗6分	④	真弓明信	能見篤史
10	オリックス	B↓	×	△	○	3,000円	69勝68敗7分	④	岡田彰布	木佐貫洋
11	横浜	C→	△	×	○	4,000円	47勝86敗11分	⑥	尾花高夫	山本省吾
12	楽天	C→	△	×	○	3,500円	66勝71敗7分	⑤	星野仙一	岩隈久志

ランキング、総合評価は著者による格付けです。
観戦特典、ポイント特典は○＝有り、△＝一部有り、×＝無し
グッズ特典は○＝最高、△＝まぁまぁ、×＝イマイチ
白抜き丸数字は日本シリーズ優勝チーム

入会金総額 46,300円

2011年のおもな出来事

1月 チュニジアで政変が発生。これを契機に民主化要求運動「アラブの春」が中東全域に広がった。

2月 ニュージーランドでM6.3の直下型地震が発生。日本人留学生28人を含む180人余りが犠牲となった。

現役関取らによる八百長メールが発覚。関与した力士、親方らが引退勧告などの処分となり、春場所は中止に。

3月 国内観測史上最大となるM9の東日本大震災が発生。死者、行方不明者は合わせて約2万人。

震災に伴い東電福島第一原発事故が発生。チェルノブイリ原発事故と同じ最悪のレベル7と判定された。

5月 焼肉酒家「えびす」の集団食中毒で5人が死亡。ユッケが原因で、患者から腸管出血性大腸菌「O-111」が検出。

7月 サッカー女子W杯で「なでしこジャパン」が米国を破り初優勝。その後、チームには国民栄誉賞が贈られた。

8月 菅直人首相が辞任し、後継の首相に野田佳彦氏が指名された。

10月 円が戦後最高値を更新し政府が単独介入。一時1ドル＝75円台前半となる。

タイ各地で大規模な洪水が発生。日系企業の工場が操業停止に追い込まれた。

12月 北朝鮮の金正日総書記が急性心筋梗塞のため急死。

楽天・嶋基宏選手会長のスピーチに日本中の野球ファンが奮い立った2011年。著者の心境にも変化が……

見せましょう、野球の底力を!

11年3月11日――。

多くの日本人が、これまで誰も経験したことのない試練に見舞われた。プロ野球開幕は予定よりも大幅に遅れ、人々の胸の奥には、何とも言えぬ重苦しい思いが今もなお居座り続けている。

それでも、やはりプロ野球は開幕し、選手たちは全力プレーを見せてくれている。被災地となった東北を本拠地にする楽天の嶋基宏は4月2日のチャリティーマッチで力強く宣言した。

「今、スポーツの域を超えた野球の真価が問われています。見せましょう、野球の底力を。見せましょう、野球選手の底力を。見せましょう、野球ファンの底力を。ともに頑張ろう東北! 支え合おう日本!」

見せてやろうじゃないか、野球ファンの底力を。

こうして野球を見られる喜びを噛みしめ、全力プレーを続ける選手に、そして野球そのものに感謝をし、過剰な自粛ムードや沈滞ムードを吹き飛ばすべく、これからも野球を楽しもうじゃないか!

11年に届いた各球団の主なグッズ。毎年の積み重ねもあり、著者の家には各球団のバッグが溢れている……

当初は「各チームのファンサービスへの取り組みを探りたい」と、もっともらしい小理屈を並べていたものの、今では「今年のグッズは何だろう?」と純粋な楽しみに変わりつつある。

個人的には幼い頃からのヤクルトファンであるにもかかわらず、12球団すべてのファンクラブに入会したことで、他の11チームの情報も多く入ってくるようになり、「特典チケット」を活用して、多くの球場に足を運ぶようになった。すると、自然に12球団すべてに愛着を感じるようになるから不思議だ。プロ野球に関して言えば、今の僕は博愛主義者だ。この7年間で、僕の心は少しだけマザー・テレサに近づいたのだ。

読売ジャイアンツ

誠意ある対応に大感動!

10年に「ガールズジャイアンツ」と銘打って、女性ファンのためのさまざまな方策を打ち出した巨人。スペシャルシートにオリジナルチョコやスイーツ、さらには女性用入門ガイドまで至れり尽くせりだった。

この流れを受けて、今季のファンクラブ特典に、本格的な女性向けグッズ、アディダス製の「オリジナル・バッグ・イン・バッグ」が付いた。

読売ジャイアンツ

【プライム(4,800円)】オリジナルユニフォーム、メッセンジャーバッグ、タオルマフラー&リストバンド、バッグ・イン・バッグ、ビーズクッションから1つ選択／カレンダー／ウェルカムチケット(抽選)／チケット優先販売／ポイントサービス／グラウンド体験ツアー（抽選）他【ジュニア(3,500円)】【エンジョイ(無料)】

開幕延期に際しては批判にさらされた巨人だが、球団内部の人は誠意を持ち一生懸命働いていることを実感する

僕はこれを選択。実物を手にして、その完成度の高さに驚いた。これは、ファンクラブ界のひとつの到達点ではないか？　好評だったようで早々に規定数量に達して受付終了。

さて、会員特典の1つ「全主催試合を抽選でペア招待」。これが意外と当選確率が高いのだが、僕は11年3月25日の開幕戦チケットが当たったものの、ご承知の通り震災の影響で開幕は延期。せっかくのチケットは無効になった。選手会と同様、僕もまた「延期したほうがいい」と思っていたので、この決断には何の不満も文句もなかった。

しかし、驚いたのはこの後だ。

開幕延期決定後、しばらくして巨人から封書が届いた。

中を見ると、バット型のボールペンが。そして、同封された書面には「試合中止のご案内」と書かれている。一部を抜粋したい。

先日当選のご案内とウエルカムチケットを送付させていただきましたが、東日本巨大地震を受け、該当試合の東京ドーム開催が中止となりました。これに伴い、お送りしましたチケットは無効となりますので、ご

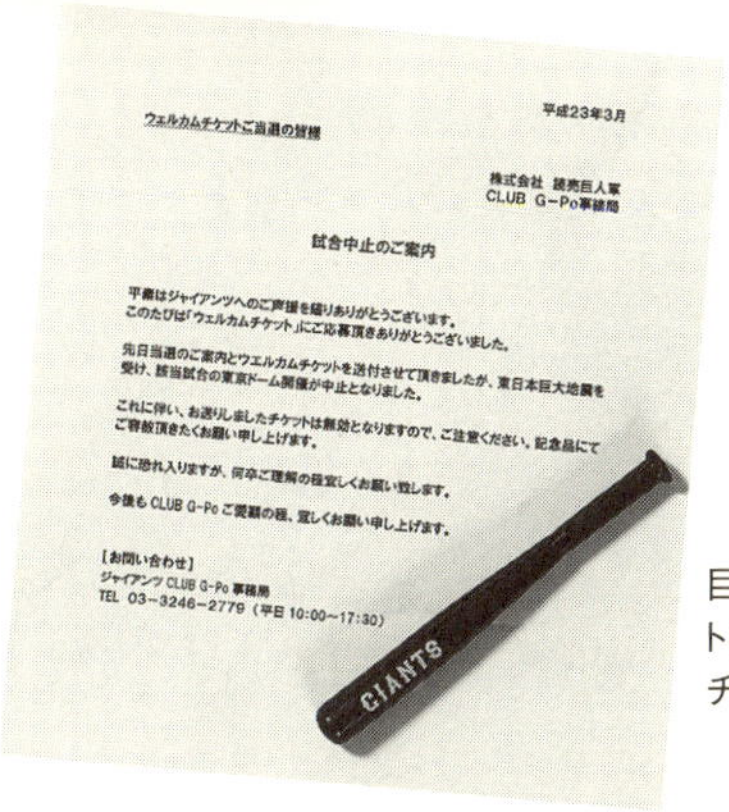

巨人から届いた試合中止によるウェルカムチケット無効のお詫びと、記念品のバット型ペン。アンチ巨人だった著者もこの対応に大感激！

注意ください。記念品にてご容赦いただきたくお願い申し上げます。

一読して、本当に驚いた。「ご容赦」も何も、そもそもタダでもらったチケットだ。それに、巨人サイドに何も落ち度のない不可抗力の延期。それなのに、お詫びの手紙と記念品のボールペン。

物量自慢が大きな特徴だった巨人ファンクラブだが、「モノではなく心」が如実に表れた誠意ある対応。本当に感動した。

……と同時に、これまでずっと僕の胸の奥に巣くっていた違和感、いや背徳感が一気にスーッと軽くなっていくような気がした。全球団のファンクラブに入会した05年に感じた、「ヤクルトファンのオレが巨人のファンクラブに入ってもいいのか?」という思い、あるいは「ヤクルトファンだった亡き父に顔向けできないのでは?」という思い……。

そんなものが一気に吹き飛んでしまったような気がした。

やはり巨人のファンクラブは優秀であり、優良なのだ。そして、「いいものはいい」と認める度量が大切なのだ。そこには「アンチ巨人だから」という狭量な思いがあってはいけないのだ。

福岡ソフトバンクホークス

【スタンダード(3,700円)】レプリカユニフォーム(ホーム、ビジター)、ビーチタオル、キャップ、トートバック、バットリュック(キッズ)など8種類から1つ選択他【ジュニア(2,500円)】【ファミリー(家族構成による)】【ハイグレード(10,000円)】ミズノ製チーム仕様遠征バッグ他【プレミアム(100,000円)】

8種類の中からグッズを選べるのは何とも贅沢。継続会員特典のDVDはこの年も充実した出来だった

本項の前振りで、「僕の心は少しだけマザー・テレサに近づいた」と書いたのは、そんな思いからだ。もちろん、本年のFOY(ファンクラブ・オブ・ザ・イヤー)は迷うことなく巨人だ!

福岡ソフトバンクホークス

今年はアオダモ募金特典を選択

例年、「選べる特典グッズ」が豊富なソフトバンク。本年はレプリカユニフォームなど全8種類。その中から僕が選んだのは、「アオダモ募金ピンバッジ」。これは、年会費の一部をバット材であるアオダモの育成に寄付できるというもの。ホントは「SH(ソフトバンクホークス)モノグラムのオリジナルハット」がほしかった。「SH」は僕のイニシャルと同じだし、「どんなデザイン、材質なのかな?」と興味もあった。それでも、僕は「アオダモ」を選んだ。なぜなら、僕はバット材・アオダモの枯渇に直面しながらも、それでも奮闘を続ける職人たちを描いた『イチローのバットがなくなる日』(主婦の友社)をこの前年に出版したから。これはやっぱり裏切れないよね。

本年は年会費1万円の「ハイグレード会員」が新設され、選手が実際

埼玉西武ライオンズ

【レギュラーA(5,000円)】スウェットジャケット、トートバッグから1つ選択／内野指定席引換券2枚／チケット割引／来場サービス他【レギュラーB(3,000円)】ブランケット、内野指定席引換券他【ジュニア(2,000円)】キャップ／内外野自由席入場無料他【プラチナ(40,000円)】記念品3点／内野自由席フリーパス他

デザイン性抜群のスウェットジャケットに加え、内野指定席引換券2枚にオフィシャルブックなどが付きお得感◎

に使用している「遠征バッグ」が特典として付いた。さらに「タカマル」と題された来場ポイントサービスが誕生したのも今季の特徴。

さて、09年から始まった「継続特典DVD」は本年も健在。例年、大絶賛しているように、今季も111分の大ボリュームで、その内容の充実ぶりに驚かされる。秀逸なのが「THE円陣」。試合前の円陣の様子を収めたもので、森本学のハジケっぷりとペタジーニのクールっぷりが、実に好対照でおかしい。

埼玉西武ライオンズ

歴代最高アイテムの誕生！

例年、そのセンスの良さとクオリティの高さが群を抜いている西武。本年の「オリジナルスウェットジャケット」は、全球団の歴代アイテム中最高傑作だと断言したい！　黄金に輝く球団ペットマークのジップチャームといい、ウエストの締まったシルエットといい最高。もちろん、これが11年度の「GOY」だ。

僕は選択しなかったけれど、帆布素材を使用した「オリジナルトートバッグ」も、クオリティの高い見事なアイテムだった。

千葉ロッテマリーンズ

【レギュラー（3,500円）】マフラータオル、ミニバッグ、キャップから1つ選択／ピンバッジ／内野自由席券1枚／ロッテリア試食券他【カジュアルレギュラー（2,500円）】【ジュニア(3,000円)】【ゴールド(10,000円)】無料招待券4枚他【プレミアム・ゴールド(10,000円)】【マリーンズ(無料)】

著者はミニバッグを選択。ガイドブックにピンバッジももらえる。ピンバッジは継続年数の数だけ☆マークが付く

そこには、たゆまぬ努力と飽くなき向上心が感じられる。ファンクラブ担当の方に、この場を借りて心からお礼を言いたい。

千葉ロッテマリーンズ 千葉に移って、早20年!

早いものでロッテが千葉に移転して本年で20周年。ということで、特典として千葉県をあしらったピンバッジがおまけに付いた。

11年、僕が入ったのは「レギュラー会員」で、特典グッズは「オリジナルミニバッグ」を選択した。20㎝×36㎝というとてもコンパクトなかわいいバッグ。西武同様、ロッテも毎年、趣向を凝らした特典が多く、概要が発表されるのが待ち遠しい球団。

すぐに品切れとなった「ゴールド会員」の「オリジナルジップパーカー」も、きっと高品質なのだろう。こちらも企業努力に敬意を表したい。

11年は前年までの「プラチナ会員」がなくなった代わりに、「プレミアム・ゴールド会員」が誕生した以外は、大きな変更点はナシ。

今季、僕が最も期待していたのが「オールドユニフォームシリーズ」。千葉の日の出をイメージした「サンライズピンク」と呼ばれる、あの伝

北海道日本ハムファイターズ

【ルーターズ(3,000円)】ブランケット／ピンバッジ(継続年数入り)／継続ドッグタグ(継続会員のみ)／来場ピンバッジプレゼント／会員のみ利用できるガチャポン(有料)／チケット先行予約／チケット割引／会報誌(年5回)／ポイントサービス／会員イベント(抽選)他【キッズ(3,000円)】キャップ&リュックサックセット他

北海道ならではの防寒グッズが会員特典。継続会員にはピンバッジに継続年数が入り、ドッグタグももらえる

説のピンクのユニフォームを着用して全5試合が行われた。久々に、QVCマリンに登場したピンクのユニフォーム。実に懐かしかった。

また、球団HPは韓国語対応。金泰均《キムテギュン》を中心に構成されている。韓国語版は李承燁《イスンヨプ》、朴賛浩《パクチャンホ》を擁するオリックスとロッテの2球団のみ。

北海道日本ハムファイターズ
ドッグタグ、屈辱の刻印

05年「ウインドブレーカー」、06年「ブランケット」と北海道ならではの防寒グッズが特徴だった日本ハム。しかし、10年はなぜか、日よけのための「サンシェード」が特典に付き、個人的には「なぜ？の嵐」に包まれた。しかし、本年はようやく本道の「ブランケット」が特典に。

ところが、人の欲とは不思議なもので、あまりにも正統すぎると少し物足りない気がする。今や、時代は「複数選択制」が主流。ぜひ、来季こそは、正統と邪道が入り混じったファンの期待を裏切るような意外すぎるグッズを期待したい。

さて、07年からの継続特典の「ドッグタグ」。ここには前年度の順位が刻印されているのだが、開始5年目にして、ついに「4th PLA

オリックス・バファローズ

【レギュラー（3,000円）】トートバッグ、ショルダーバッグから1つ選択／チケット全席割引／ピンバッジ（継続特典）／ポイントサービス／会員のみ利用できるガチャガチャ（有料）／来場プレゼント他【ジュニア（1,000円）】【ゴールド（10,000円）】オリジナルウォッチ／2010タイトル獲得記念ピンバッジセット他

トートバッグ以外は少し寂しく見えるが、来場特典が充実しているだけに、関西在住のファンは有効活用したい

CE（4位）」の文字が。これまで1位が3度、3位が1度だっただけに、球団にとっても、ファンにとっても、「屈辱の刻印」と言えるだろう。

オリックス・バファローズ　よみがえる、近鉄・阪急時代！

本年の「レギュラー会員」の特典グッズは「トートバッグ」と「ショルダーバッグ」のどちらかで、僕は「トートバッグ」を選択。他球団と比較すると品質は劣るもののデザインはいい。

毎年、述べているように「球場に来れば来るほど得をする」というコンセプトが明確なオリックス。関西在住者ならぜひ活用したいもの。

この前年、念願かなって初めて「ファンクラブデー」に球場へ。すると、帽子はもらえるわ、携帯クリーナーはもらえるわ、至れり尽くせり。東京在住ではあるけれど、これからもぜひ京セラドームに駆けつけたい。

今季の白眉は「ゴールド会員」特典の「カシオ製オリジナルウォッチ」。これは他球団にはないオリジナルアイテムとして注目に値する。

さて、今季は注目すべき大きな変化があった。05年当時の球団公式HPには「近鉄ヒストリー」はあるものの、「阪急」時代は完全に黙殺さ

東北楽天ゴールデンイーグルス

【レギュラー（3,500円）】ユニフォーム／ポイントサービス他【キッズ（1,000円）】ユニフォーム、オリジナルグローブ、オリジナルリュックから1つ選択他【レディース（2,000円）】【ゴールド（10,500円）】【1001クラブ（11,001円）】夢に向かって闘うユニフォーム他【ブースター（100,500円）】

この年も特典のユニフォーム引換券がむなしく残る……。声を大にして叫びたい。「“郵送可”にしてください！」と

れていた。僕はオリックスのこういう態度が好きではなかった。

しかし、これからのオリックスは違う。「蘇る黄金の70's」と題して、近鉄・阪急時代をリスペクトするイベントを開催した。復刻ユニフォームに身を包んだT－岡田や坂口、朴贊浩、李承燁はカッコよかった。

自国の歴史を軽んじる国家に未来はない。それはプロ野球においても同じことが言えるのだ。

東北楽天ゴールデンイーグルス

謎のオムライスストラップ！

本年の楽天の最大のニュースは「1001《せんいち》CLUB」が発足したこと。これは、星野仙一新監督就任を記念して設立された新カテゴリー。個人の、しかも監督単独のカテゴリーは史上初の快挙。星野監督に対する期待の大きさがうかがえる。

特典は、星野監督が大好きな「グランドプリンスホテル赤坂」、通称「赤プリ」の「オムライス携帯ストラップ」など不思議なものばかり。このストラップ、ほしい人はいるのか？　興味本位で入会を考えたものの、グッズ到着が4月や6月だということなので断念。このカテゴリーは来

中日ドラゴンズ

【シニア(3,800円)】水色ユニフォーム、レディースユニフォーム、Tシャツセット、ペアチケットから1つ選択(継続会員はワンショルダーバッグも選択可)／ペアチケット／記念ピンバッジ(6年目継続会員限定)／会員限定チケット先行抽選販売／会報(年2回)他【ジュニア(3,400円)】【リトル名誉(無料)】

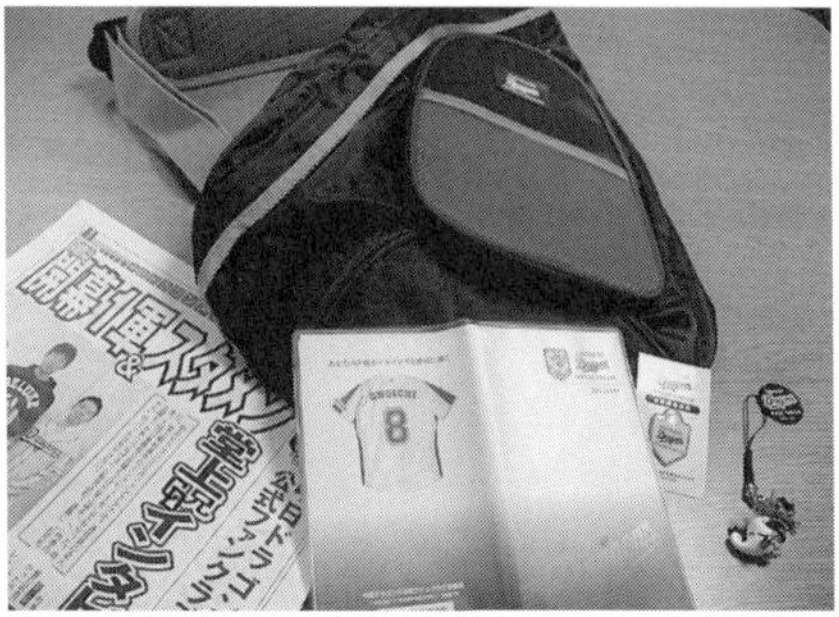

会員手帳だけで著者がFOYに選ぼうかと思ったほどの優れモノ。裏表紙のユニフォームには自分の名前が入る

季以降も存続するのか、興味津々。

11年の楽天の新機軸は、ポイント制度「ボーナスプラスB＋」が発足したこと。「選手使用バット」や「Kスタ宮城の芝や砂」、さらに「グラウンドコート」などアイテムが豊富。ポイント制度としては後発ながら、その充実ぶりは他球団をしのいでいる。

10年も書いたけれど、楽天の特典グッズはKスタ宮城での「球場引換」しか受け付けない。結局、10年は引き換えしないまま終わってしまった。本年も「球場引換」のみなので、現在、僕の手元には「引換券」があるのみ。ぜひ、来季こそは、遠方在住者のために「郵送可」にしてほしい。

中日ドラゴンズ

佐賀県内の会員数はわずか4人！

06年に誕生した中日ファンクラブ。開幕前に発行された会報によれば今季の会員数は3月の時点ですでに11万人。さらに継続率は80・1％だという。潤沢な特典グッズもあって、もはや日本を代表するファンクラブといっていいだろう。

このデータで面白かったのは、都道府県別会員構成。1位・愛知の約

阪神タイガース

【一般(3,500円)】イエローメッシュジャージ／主催試合招待(抽選)／主催試合先行販売／会報誌(年4回)／ファンクラブ応援デーでグッズプレゼント／練習見学会&写真撮影会(3年以上の継続会員限定の抽選)他【キッズ(2,500円)】ペアチケットプレゼント(抽選)／オープン戦、ウエスタン公式戦招待他

例年、グッズの到着が12球団最速なのは素晴らしいが、品が代わり映えしないのは残念…。12年はどうなる?

8万5000人は当然の結果として、最下位は佐賀の4人。佐賀県内にはたったの4人しか中日ファンクラブ会員がいないのか。余計なお世話だと重々、承知だけれど、その4人の方は絶対に辞めないでいただきたい。

本年の特典の白眉は「オリジナル会員手帳」だ。実用的な手帳の機能を備えつつ、さらに「ドラゴンズの歴史」「タイトルホルダー」、昨年の「主力選手成績」、ナゴヤドーム前矢田駅の「時刻表」などなど、大充実の出来となっている。一瞬、「この手帳だけで今年は中日をFOY、あるいはGOYにしようかな?」と思ったほど。

しかし、メイン特典「ワンショルダーバッグ」が、安全性を考慮して反射材をつけるなど、工夫は買えるものの、他球団と比べると品質、デザインともに見劣りするのでFOY獲得はならず。あと一歩だ。

阪神タイガース そろそろ違うアイテムも!

例年通りの完璧なオペレーティングに敬意を表しつつ、本年は苦言をひとつ。毎年、特典がミズノ製のウェアばかりというのはいかがなものか? 他球団があの手この手で趣向を凝らしたグッズを発表しているだ

東京ヤクルトスワローズ

【レギュラー(5,000円)】ミズノ製デイパック／選手似顔絵入り応援傘／外野自由席招待券5枚／チケット割引／ファンブック他【キッズ(3,500円)】キャップ／外野自由席全試合無料招待券／始球式の権利(抽選)他【ファミリー(家族構成による)】【プレミアム(15,000円)】クリスタルつば九郎フィギュア他

3年続けてプレミアムに入会していた筆者だが、本年はファミリーに。つば九郎クッションは1家族につき1つ付く

けに、この点だけが残念に思われる。多少、運営が煩雑になったとしても、来季こそ、数種類の中から好きなものを選べる複数選択制の採用をお願いしたい。

その一方で、さすが全国区の人気チームだけに、「ファンクラブデー」を本拠地だけではなく、札幌ドームや福岡ヤフードームなど、他の11球団すべての主催試合でも開催するのはこの球団だけ。前年、神宮での「ファンクラブデー」に観戦に行き、キーホルダーをゲットした。これからも関東での試合には積極的に駆けつけるつもり。

この頃、大きな話題となっていたソーシャルメディア・Facebook。ヤクルト、楽天、日本ハムと並んで阪神もいち早く導入。毎試合、さまざまな情報を発信している。世界を視野に入れた「英語版」も充実。

東京ヤクルトスワローズ　「プレミアム」感はどこにある?

子どもの頃からヤクルトファンで、ファンクラブに入り続けて30年。ファンとしてはできるだけ「球団にお金を落としたい」と思っている。だから、07年の「プレミアム会員」新設以来、毎年、同カテゴリーに入

広島東洋カープ

【ファン倶楽部(3,500円)】メッシュジャージ/タオルポンチョ/イヤーブック/会員限定サイト/会員限定グッズ販売/メルマガ他【ジュニア(3,000円)】バッグ/キャップ/ズムスタ内野自由席入場無料/会員手帳他【レディース(3,800円)】ズムスタ自由席20試合入場無料他【シニア(3,200円)】

「金がないなら頭を使う」チームカラーを11年も発揮。ファンクラブの企画会議を覗いてみたい……

会し続けてきた。

しかし、08、09、10年と、3年続けて「プレミアム感が少ないなぁ」と僕は書き続けてきた。「レギュラー会員」の3倍の値段ながら、観戦特典は5試合と同数。ならば、同じ値段で「レギュラー」に3口入会して15試合見たほうがいい。だから11年は「プレミアム」には入らない。

いきなりの苦言から始まってしまったけれど、10年から始まった「ファミリー会員」カテゴリー。本年の特典は「つば九郎クッション」が1家族に1つ。この特典は子どものいる家庭には好評のようだ。ただ座りづらいのが致命的な難点だけど。まぁ、カワイイからいいか。

さらに、他球団にはない「5試合の観戦特典」は、僕のような東京在住のヤクルトファンにとって本当にありがたい。このような太っ腹の特典はヤクルトをおいて他にはない。空席が目立つ神宮ゆえと理解しつつ、それでもこの特典だけは今後も継続してほしいものである。

広島東洋カープ

いいぞ、「広島斬新路線」!

07年に新設された「カープファン倶楽部」も、ついに5周年。

広島のお家芸と言える斬新シリーズ。オリジナルタオルポンチョの着用例を示しているが、果たして球場に着ていた人がいただろうか？（広島カープHPより）

過去、ノースリーブジャージ、ホームの「Carp」とビジターの「Hiroshima」を絶妙に組み合わせた、斬新すぎる「Caoshima」ジャージなど、いつも僕の予想を大きく上回る特典を提供してくれている。そんな広島は本年もやってくれた！

今季は「タオルポンチョ」。頭からスッポリかぶれる2WAYタイプのタオル。タオルといっても、ほとんど吸水性がないので実用性はない。やっぱり品質はよくないけど、その分、アイディアは抜群。「金がないなら頭を使う」というチームカラーは本年も健在。これぞ、まさにCQ（カープクオリティ）だ。

グッズ到着後、期待とともに頭からかぶってみた。「う～ん、やっぱり斬新！」、それが感想のすべて。あまりにも斬新すぎて、僕がこれをまとってスタンドに陣取ることはないだろう。開幕後、広島応援席を凝視しているが、これを着用している人をまだ見たことがない。

もし、来季もこの「斬新路線」が継続されるようならば、長年の偉大なる功績をたたえて、今度こそ、広島ファンクラブにFOYを贈呈しようかな？　僕は本気でそんなことを考えている。12年が楽しみだ。

横浜ベイスターズ

【レギュラー】(5,000円※継続は4,000円)ブランケット／内野指定席500円割引／ポイントサービス／チケット先行抽選販売／会員限定メルマガ／会員限定ネットショップ／会員限定イベント参加権／ファーム公式戦1試合招待&チケット割引他【モバイル(4,000円)】携帯電話を会員証として使用【ジュニア】(2,500円※継続は2,000円)

2年前の09年は特典グッズゼロで会員証1枚だけの切なすぎる写真だったが、改革の兆しは着実に見える

横浜ベイスターズ

コスパは悪く、特典も貧弱……

09年に「B☆SPIRIT」と銘打って、大改革に乗り出した横浜ファンクラブ。チケットやグッズの購入、来場、チームの勝利によって獲得できるポイント（BP）制度を発足。10年からは「プロコレクションユニフォーム」など、交換特典も充実の兆しを見せ始めている。

それでも、ヤクルトや西武と並んで12球団最高値となる新規入会5000円（入会金1000円、年会費4000円）という値段を考えると、まだまだ他の11球団と比べ、その内容が貧弱である感は否めない。

今季のメイン特典は「オリジナルブランケット」。表に小さなポケットが縫いつけられている点以外は、他球団のものとほぼ同様のもの。

さて、横浜は本年からの新たな試みとして「Y☆SPIRIT」を発足させた。これはモバイル限定チケット割引サービスで、横浜スタジアムの内野指定席が500円割引されるサービス。年会費2000円ながら、1回につき4枚まで購入できるため、大勢で何試合も観戦に行く人にはお得な制度だ。こうしたサービスはありそうでなかっただけに注目だ。

FAN CLUB COLUMN ▶ 05

僕にも、弟子ができた！

2013年秋のこと――。

僕は出版したばかりの最新刊の即売会をかねて「東京野球ブックフェア」に参加し、拙著を販売しながら、読者の方々と野球談義に花を咲かせていた。

すると、ひげもじゃの男性が僕の元に近寄ってきた。僕の中の「危険センサー」が、「要注意、気をつけよ！」と全身に指令を出すかどうかのタイミングで、ひげもじゃ男が口を開いた。

「僕も、ファンクラブ入っているんですよ……」

見た目よりも、ずいぶん恐縮気味で丁寧な言葉遣いだったので少し安心。

「あぁ、そうですか。どちらの不安、いやファンなんですか？」

僕もまた丁寧に対応をする。

「いやいや、12球団全部のファンクラブに入っているんです」

（！！！！！！！！）

思わず、ひげもじゃ男の顔をまじまじと見つめる。その顔は真剣だ。

「あなたも、全球団のファンクラブに入られているのですか？」

「はい。長谷川さんの記事を読んで、僕も入ることにしました。実は以前から〝全球団に入ってみたいなぁ〟と思っていたんです。そんなときに長谷川さんの記事を見つけて、〝あぁ、やられた。先にやっている人がいたのか……〟って、ちょっと悔しかったです」

何ということだ。僕と同じ考えを持つ人がいたとは！　いや、「全球団に入会したら面白いだろうな」と考える人は他にもいるだろう。しかし、彼もまたそこから一歩踏み出して、年会費を支払い、煩雑な手続きを経て全球団に申し込んだのだ。彼を「同志」と言わずして、何を同

志と言えばいいのだろう。このまま別れてしまうのは忍びなかった。僕は自分の名刺を差し出し、暗に（あなたの名刺もください！）とアピールした。

そして、無事に名刺交換を果たした。彼はグラフィックデザイナーで、さらに詳しく聞けば、雑誌を中心に幅広く活動をしているのだという。ならば、同じ世界の人間であり、同業者だ。

その後、すぐにフェイスブックで友だちになり、ネットを通じてグッズの到着状況の確認や届いたグッズの感想を言い合い、意見交換をするようになった。

14年、東京ドームでのオープン戦。巨人ファンクラブから「オープン戦招待券」が届いていたので、日曜の昼下がり、時間をもてあましていた僕はドームに行く。球場でフェイスブックをチェックすると、彼もまたドームに来ていると知る。

すぐに、試合後に水道橋で呑む約束をした。前年秋の立ち話以来の再会。それでも話は弾んだ。各球団の長所や欠点、互いの意見をぶつけ合った。

そして、開幕後。日曜の西武ドームのこと。時間があったのでふらりと出かけてみると、彼もまた「西武の観戦特典」を使って球場に来ているという。当然、この日も試合後に所沢で呑んだ。そのときには本書の刊行が決まっていたので、彼にもいろいろとアドバイスを求めた。

そして――。

実はこの本のデザインを担当しているのは、その「ひげもじゃ男」だ。何という縁だろうか！　ちなみに、彼が全球団に入会したのは12年から。で、僕は05年から。ということで、間違いなく僕が師匠であり、彼はまだまだ新参者の若僧である。つまりは僕の弟子なのだ。

ファンクラブあるある▶04

特典グッズあるある

どんな会議を経たらこんなものにたどり着けるのだろう……と思うほどのトンデモ特典グッズがある。

広島のグッズは毎年「その発想はなかった」と驚かされるが、担当者の脳の中身を覗いてみたい。その一方、悪い意味で「どうして？」と思うトンデモ特典も多々あり。

入会

8年目

2012年

ファンもあきれる中日「落合前監督批判騒動」が勃発！

2012年GOY▶黒ひげ危機一発ジャイアンツバージョン（巨人）

2012 FAN CLUB

平成24年

全入会 8年目

首相
野田佳彦
安倍晋三

アベノミクスとロンドン五輪

日本全体を覆っていた閉塞感を打破するべく「アベノミクス」を掲げた安倍晋三が首相になった2012年。人々はロンドンオリンピック、そしてこの年から海を渡ったダルビッシュ有の活躍を衛星放送を通じて見守っていた。セ・リーグではパ・リーグ同様に予告先発を採用し、加藤良三コミッショナーの再任が決まったのは7月のこと。

中日の山本昌は2年ぶりに先発勝利を飾り、阪急・浜崎真二の持つ最年長先発勝利記録を64年ぶりに塗り替えた。このとき山本昌は46歳8カ月4日。前年に起こった「清武の乱」の火種はなおもくすぶり続け、思い出したようにスポーツ紙面を飾った。その流れなのか、およそ四半世紀も前の女性問題が蒸し返されたかわいそうな監督もいた。

全球団のファンクラブに入会し続ける一人の変わり者はこの年、3冊の書下ろし書籍を出版。貧乏暇なし。でも、健康に感謝。少しずつ心境に変化が生まれつつある42歳。それが8年目。

FAN CLUB 1 TOPICS
前代未聞のファンクラブ醜聞劇。中日の「前監督批判」騒動

FAN CLUB 2 TOPICS
継続特典の新機軸、オリックスの京セラドームネームプレート掲出

FAN CLUB 3 TOPICS
日本ハムファンクラブ、「ダルビッシュFC革命」不発に終わる

FOY FAN CLUB of the YEAR
千葉ロッテマリーンズ

「**FOY**」…ファンクラブ・オブ・ザ・イヤー。通称フォイ。その年で最も優れた**ファンクラブ**

GOY GOODS of the YEAR
黒ひげ危機一発 ジャイアンツバージョン
（読売ジャイアンツ）

「**GOY**」…グッズ・オブ・ザ・イヤー。通称ゴイ。その年で最も優れた**特典グッズ**

2012年ファンクラブ・充実度ランキング

☆はファンクラブ・オブ・ザ・イヤー／★はグッズ・オブ・ザ・イヤー

Rank	チーム	ファンクラブ充実度				入会したコース金額	チーム成績	リーグ順位	監督	開幕投手
		総合	観戦特典	グッズ特典	ポイント特典					
☆ 1	ロッテ	A↑	○	○	○	10,000円	62勝67敗15分	⑤	西村徳文	成瀬善久
2	ヤクルト	A→	○	○	○	5,000円	68勝65敗11分	③	小川淳司	石川雅規
3	西武	A→	○	○	○	5,000円	72勝63敗9分	②	渡辺久信	涌井秀章
★ 4	巨人	A↓	△	○	○	4,800円	86勝43敗15分	❶	原辰徳	内海哲也
5	中日	A↑	○	○	×	3,800円	75勝53敗16分	②	髙木守道	吉見一起
6	ソフトバンク	A↓	△	○	○	3,700円	67勝65敗12分	③	秋山幸二	攝津正
7	阪神	A↑	△	○	×	3,500円	55勝75敗14分	⑤	和田豊	能見篤史
8	楽天	B↑	△	○	○	3,500円	67勝67敗10分	④	星野仙一	田中将大
9	日本ハム	B↓	×	△	○	3,000円	74勝59敗11分	①	栗山英樹	斎藤佑樹
10	広島	B↓	△	△	△	3,500円	61勝71敗12分	④	野村謙二郎	前田健太
11	DeNA	C→	△	×	○	2,000円	46勝85敗13分	⑥	中畑清	高崎健太郎
12	オリックス	C↓	×	×	○	3,000円	57勝77敗10分	⑥	岡田彰布→森脇浩司	A.フィガロ

ランキング、総合評価は著者による格付けです。
観戦特典、ポイント特典は○＝有り、△＝一部有り、×＝無し
グッズ特典は○＝最高、△＝まぁまぁ、×＝イマイチ
白抜き丸数字は日本シリーズ優勝チーム

入会金総額 **50,800円**

2012年のおもな出来事

3月 格安航空会社のピーチ・アビエーションが関西空港から札幌へ出発。国内路線初のLCC就航となった。

4月 北朝鮮・朝鮮労働党代表者会が平壌で開かれ、金正恩氏が党第1書記に就任。
群馬・関越道で居眠り運転の高速バスが事故を起こし、7人が死亡。

5月 国内で25年ぶりに金環日食を観測。
自立式電波塔として高さ世界一となる東京スカイツリーが開業。

6月 オウム真理教元幹部・平田信被告の出頭から半年、地下鉄サリン事件で特別手配中の菊地直子容疑者、高橋克也容疑者が逮捕。

7月 ロンドンオリンピックが開幕。女子レスリング・吉田沙保里選手の金を含む史上最多の38個のメダルを獲得した。

8月 消費増税法案が民主、自民、公明の3党で合意、参院本会議で可決、成立。

9月 日本政府が尖閣諸島を国有化。その後、中国で反日デモが激化。

10月 ノーベル賞が発表され、iPS細胞作製に成功した山中伸弥教授が生理学・医学賞に選ばれた。

12月 中央自動車道の笹子トンネルで、天井崩落事故が発生、車3台が下敷きとなり、9人が死亡。
衆院選で、自民党が大勝し、政権奪還。第二次安倍内閣が発足。

ソフトバンクの「プレミアム会員（10万円）」や楽天の「ブースタークラブ（10万500円）」など、各球団のハイクラスカテゴリーが充実してきた

ミズノの大躍進が続く！

12球団すべてのファンクラブに入り続けて本年で8年目。

今季気になった2つの特徴は「ハイクラスカテゴリーの充実」と「ミズノの躍進」。以上2点について、簡単にご説明したい。

これまでもソフトバンクの「プレミアム会員（10万円）」や楽天の「ブースタークラブ（10万500円）」など、ハイクラスカテゴリーは存在したが、12年現在、パ・リーグでは日本ハム以外の5球団が、セ・リーグではヤクルトと阪神が「プレミアム会員」「ゴールド会員」などの名称でハイクラスカテゴリーを作っている。

個人的希望としては、ぜひ巨人に他球団が真似のできないような超高級カテゴリーを新設してほしい。これまで散々「金満球団」と揶揄《やゆ》されてきただけに、ここは「お金かけてますけど、何か？」と完全に開き直った超スペシャル特典の数々に期待したい。

そして、今季改めて気がついたこと。それが「ミズノの躍進」だ。

スポーツメーカーのミズノは、これまでも各ファンクラブのレプリカ

巨人がタカラトミーとコラボして特典とした「黒ひげ危機一発ジャイアンツバージョン」。遊び心満載の逸品だ

ユニフォームの製作に関わっていたけれど、本年はソフトバンク「ハイグレード」の「グラウンドコート」、ヤクルト「キッズ」の「キャップ」、広島「レディース」の「バッグ」、阪神にいたっては「全カテゴリー」で「ジャージ」「トートバッグ」「ショルダーバッグ」がミズノ製！

グラウンド内だけではなく、ファンクラブ界も席巻しているのだ。

その一方で、ここ数年は遊び心のある特典が減ってきたように思う。

その中で、12年の巨人は玩具メーカーのタカラトミーとコラボして、あの「黒ひげ危機一発（ジャイアンツバージョン）」を新特典に採用。僕は、迷わずこれをチョイス。実物を手にして大満足だった。

僕は、12年も「観戦特典チケット」片手に、各球場でうまいビールを呑んでいる。ダルビッシュが抜けても斎藤佑樹が、ムネリンは不在でも今宮健太が、青木宣親の代わりに上田剛史が……（以下略）。

やっぱり、プロ野球は楽しいよ。さぁ、8年目の分析です！

中日ドラゴンズ

執拗な「前監督」への批判……

監督も変わった、ユニフォームも変わった。心機一転、新しい風を吹

中日ドラゴンズ

【シニア(3,800円)】ユニフォーム、レディースユニフォーム、ワンショルダーバッグ、ペア招待券から1つ選択(継続会員はウインドブレーカーも選択可)/チケットホルダー/家族会員サービス/記念ピンバッジ(6、7年目継続会員限定)/会員限定チケット先行抽選販売他【ジュニア(3,400円)】【リトル名誉(無料)】

会員手帳は相変わらず素晴らしく、要項にないロゴ入りペンまでくれる大盤振る舞いも……

かせたい――。その意気込みはわかる。

けれども、12年の中日ファンクラブはどこかおかしい。06年に一般コース創設と歴史は浅くても、今では12球団を代表するファンクラブとなった。本年、僕が選択した「ユニフォーム」のクオリティもいいし、11年に絶賛した「会員手帳」は本年も◎。しかも、募集要項に記載されていない「ロゴ入りペン」までオマケに付けてくれる太っ腹。本来なら大満足で全然不満などないはずなのに……。

送られてきた「会報(12年1月臨時号)」を読んで驚いた。いたるところに「前監督批判」が散見されるのだ。

髙木守道新監督が前監督について、「ファンの側からすれば、(ファンサービスで)通用しない面があった」と語れば、ファンクラブの前担当者は紙面の半分を割いて「前任者」批判を展開する。少し、引用しよう。

髙木監督のファンサービスぶりは、すでに前任者をはるかに凌駕しています。(中略)球団の最上層部が居並ぶある席上、前任の監督は「ファンの後押しなんかで勝てませんよ」と言い放ったそうです。(中略)前

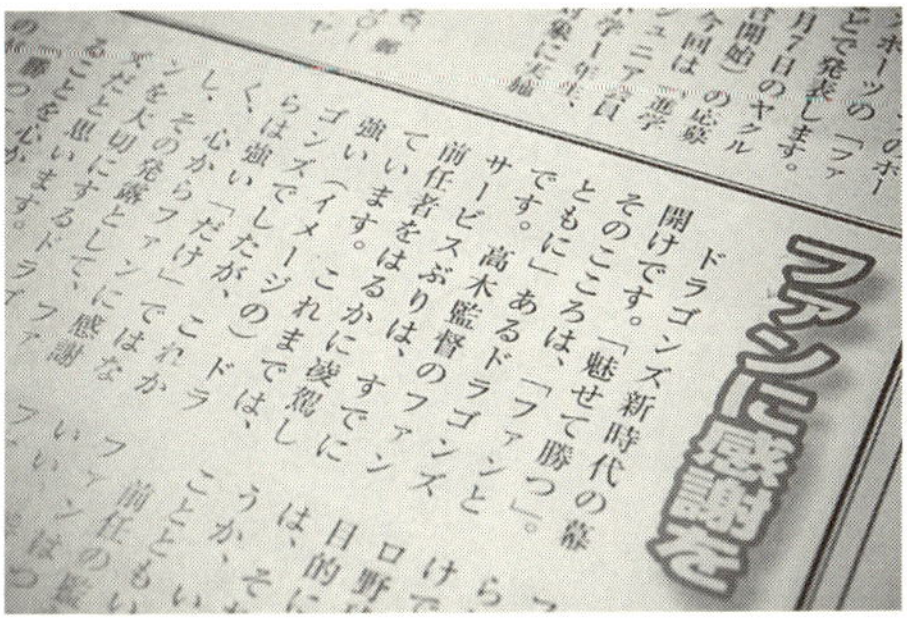

「これでもか！」とつづられる会報の落合氏批判。14年に落合氏はGMとして復帰したが、この文章を書いた人は今はどうしているのだろうか……

任の監督は、「勝てばファンはついてくる」と言い、勝つこと以外でのファンサービスに、はっきり言って熱心ではありませんでした。

この「前任の監督」というフレーズが、実に姑息でいやらしい。ハッキリと「落合博満前監督」と書けばいいではないか。不満があるなら、在任中に言えばいいではないか。この記事は署名原稿なので執筆者の名前も記されているが、私怨を晴らすための文章など読まされたくない。

チーム史上初の連覇達成監督との内輪揉めをファンにさらして、何の意味があるのだろう？　そこには、新しいシーズンが始まる高揚感など何もなく、ただ不快感だけしか残らない。こんなものを読まされるために３８００円の年会費を支払っているんじゃない。

北海道日本ハムファイターズ
「ダルビッシュＦＣ《ファンクラブ》革命」不発！

これは、毎年感じていたことだが、日本ハムファンクラブは例年「可もなく不可もなく」といった印象が強い。

３０００円という年会費からすればコストパフォーマンスは悪くない

北海道日本ハムファイターズ

【ルーターズ(3,000円)】リュックサック/ピンバッジ(継続年数入り)/継続ドッグタグ(継続会員のみ)/来場ピンバッジプレゼント/会員のみ利用できるガチャポン(有料)/チケット先行予約/チケット割引/会報誌(年5回)/ポイントサービス(チケット購入、イベント参加、グッズ購入など)/会員イベント(抽選)他【キッズ(3,000円)】

12年のメイン特典はリュックサック。会報誌はファンならずとも身を乗り出して読みたくなる、充実した内容だ

けれど、これといった特徴がないのも事実。06、07年は複数アイテムから選択可能だったが、08年以降は単一アイテムのみ。「ビーズクッション」や「ブランケット」がついたりしていたあの頃が懐かしい。

12年のメイン特典「オリジナルリュックサック」には「ピンバッジやキーホルダーで自分好みにアレンジ!」とキャッチコピーが躍っているものの、それは「アレンジの提案」であって、他球団のバッグであっても同様の使い方は可能。図らずも、この苦肉のコピーこそ、グッズ本体の没個性を証明している感が強い。品質はそれほど高くなく、僕がこのバッグを日常使いすることは、間違いなくない。

これまで再三、述べてきたように、西武は松坂大輔のポスティングマネーで07年にファンクラブ改革を行った。しかし、日本ハムはダルビッシュ有のポスティングマネーをファンクラブではなく、ファームの鎌ケ谷スタジアム改修などに使った。

球団が手にした金を、球団がどう使おうが勝手だ。しかし、僕は「ダルビッシュFC革命」をひそかに期待していた。その期待は「裏切られた」とは言わない。だが、報われることはなかった。

読売ジャイアンツ

【プライム（4,800円）】ポロシャツ、ショルダーバッグ、ミニショルダーバッグ（エコバッグ付）、黒ひげ危機一発、ユニフォームなど7種類から1つ選択／カレンダー／ウェルカムチケット（抽選）／チケット優先販売／ポイントサービス／グラウンド体験ツアー（抽選）他【ジュニア（3,500円）】【エンジョイ（無料）】

7種類のアイテムの中から1つ好きなグッズを選べるが、著者は迷うことなく「黒ひげ危機一発」を選択

読売ジャイアンツ

「黒ひげ危機一発」最高！

09、11年と2度のFOYを誇る巨人ファンクラブ。他球団の「レギュラー」と同等の「プライム・メンバー」のメイン特典は、ソフトバンクに次ぐ7アイテムからの自由選択制。

本年も前年同様に、女性ファンに向けた「ミニショルダーバッグ（エコバッグ付）」もいいし、冒頭で記したタカラトミーとの異色のコラボ作「黒ひげ危機一発（ジャイアンツバージョン）」も秀逸。

実際に遊んでみました、深夜に一人で。一本ずつ剣を刺し入れるスリルとサスペンス。とても単純なのに、どうしてこんなに楽しいのだろう？　実にすばらしい特典だと思う。これが本年度のGOYだ！

さて、巨人ファンクラブは中学生以上の「プライム」と小学生以下の「ジュニア」、そしてチケット先行発売などの特典がある無料会員「エンジョイ」の3カテゴリーしかない。

だからこそ、冒頭にも書いたように球界の盟主を任じる巨人には、ぜひとも「ハイクラスカテゴリー」を新設してもらいたい。1万円でも5

福岡ソフトバンクホークス

【スタンダード(3,700円)】レプリカユニフォーム(ホーム、ビジター)、バスタオル、キャップ(キッズ)、トートバック、お買い物利用券など8種類から1つ選択他【ジュニア(2,500円)】【ファミリー(家族構成による)】【ハイグレード(10,000円)】【プレミアム(100,000円)】秋山監督直筆サイン入りボール/希望日チケット10枚他

8種類から選べる特典はグッズのみならず、通販クーポンや内野自由席招待券をもう1枚など、幅広さが光る

万円でも、10万円でもいい。その代わり、他球団が絶対に成し得ない豪華絢爛《けんらん》たるものにしてほしい。それができる球団は日本に1つしかない。金にまつわるさまざまな批判を逆手に取って、ぜひ英断を!

……かなり、本気で書いています。

福岡ソフトバンクホークス チーム成績に比例して充実!

チーム成績に比例するかのように、ここ数年のソフトバンクファンクラブは文句のない充実っぷり。

12球団一となる全8アイテムから選べる特典グッズは毎年新作が登場し、地方会員のために「通販クーポン3000円分」まで取り揃える気遣いも。また09年から始まった「継続特典DVD」はオフィシャルならではの秘蔵映像がいっぱい。11年シーズンダイジェストは、04年プレーオフから振り返る超大作。毎年恒例の「THE円陣」は、各選手の人間性が垣間見えて面白い。これだけで入会金(3700円)分の価値アリ。他球団もやってほしいな。

前年、日本一に輝いた記念に「優勝ロゴステッカー」と「チャンピオン

埼玉西武ライオンズ

【レギュラーA(5,000円)】ウィンドジャケット、ボストンバッグから1つ選択／内野指定席引換券2枚／チケット割引／来場サービス他【レギュラーB(3,000円)】ジャガードスポーツタオル／内野指定席引換券他【ジュニア(2,000円)】ジュニアリュック／内外野自由席入場無料他【プラチナ(40,000円)】記念品3点／内野自由席フリーパス他

前年のスウェットジャケットを「歴代最高傑作」と評価した著者にとって、12年のウィンドジャケットは物足りず

ブレス」が臨時特典に付いた。その前の年も「ステッカー」や「キーホルダー」が臨時特典となるなど、「優勝還元」の指針こそ、このチームのファンクラブの姿勢が如実に表れているように思う。まさに他球団の手本だ。

唯一の苦言は11年から始まったポイントサービス「タカマル」。今後は現行の「ピンバッジ」や「招待券」だけではなく、楽天や巨人のようにオリジナルアイテムや選手着用グッズなど、さらなる拡充に期待したい。ファンの勝手な高望みに応えてくれる期待感がこの球団にはある。

埼玉西武ライオンズ

栗山巧の魅惑の笑顔に……

11年、「レギュラーA会員」特典の「オリジナルスウェットジャケット」、僕は「全球団の歴代アイテム中最高傑作だ」と書いた。

それほどこのアイテムは品質、デザインともに秀逸で、僕は西武ドームだけではなく近所の呑み屋にもよく着て行った。洗ってもよれたりせず、これからもまだまだ着られそう。ということで、本年の「ウインドジャケット」にも、期待していたのだけれど……。

正直に言えば期待外れだった。高品質ではあるけど、個人的には「運

オリックス・バファローズ

【レギュラー（3,000円）】トートバッグ、シャツ（ネイビー、ピンク）から1つ選択／チケット全席割引／ピンバッジ（継続特典）／ポイントサービス／京セラドーム内ネームプレート掲出（3年以上継続会員のみ）他【ジュニア（1,000円）】【ゴールド（10,000円）】エナメルバッグ／シャツ（ホーム、ビジター、サード）／指定席引換券2枚他

写真としてはやや寂しく見えるが、球場に来れば来るほどお得な特典が光る。ただ、シャツのデザインがちょっと……

動部員の普段着」という感じで、西武ドームでしか着られないなぁ。これを着て微笑む栗山巧のポスターの笑顔に惑わされちゃったな。

08年スタートの「プラチナ会員」は他球団のハイクラスカテゴリーの中で、最もコストパフォーマンスが高い。年会費4万円で西武ドーム開催全試合の観戦が無料、さらに他カテゴリーのアイテムもすべてもらえる。球場近くに住むファンなら絶対に入りたいところ。先着2000名、当然すぐに定員に達している。

オリックス・バファローズ

継続特典の新機軸！

継続特典として「ピンバッジ」が付くのは、オリックスに限ったことではなく、日本ハムやロッテなども同様のサービスを行っている。

しかし、今季のオリックスは「ピンバッジ」に加えて新機軸を打ち出した。それが、3年以上の継続者対象の「京セラドーム大阪・館内ネームプレート掲出」だ。希望者に限って、12年11月30日までドーム内に自分の名前が掲出されるのだ。「グッズ」でもなく「選手とのふれあい系」でもない、新しい形の特典として、この試みを大いに評価したい。

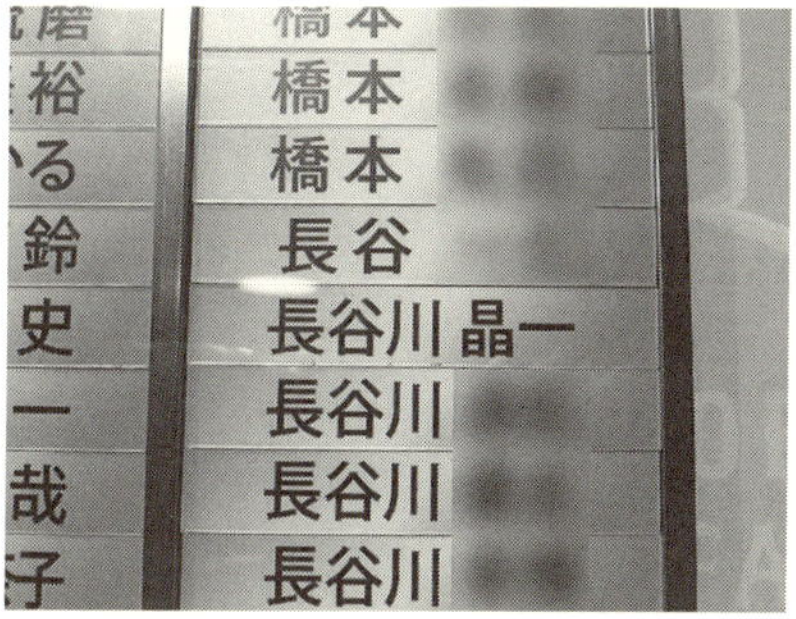

オリックスの特典として、京セラドーム大阪に掲げられたネームプレート。著者の友人が撮影して送ってくれた

本年のメインアイテムとして「オリジナルシャツネイビー」を僕は選択。が、届いたものはチープで地味なシャツだった。僕は不惑を過ぎた立派なオッサンであるけれど、「こんなオッサンくさいものは着られない」というのが正直な感想。デザイン面でのさらなる改善を望みたい。

東北楽天ゴールデンイーグルス
金持ちから、キッズまで

11年までは「球場引換」のみで「郵送不可」だったアイテム送付が、本年は希望者のみ実費（1050円）で「郵送可」に少しだけ改善された。「遠方ファンのために《郵送可》にしてほしい」と書き続けた効果かな？ でも、「手数料込」なのに、それを「実費」と言ってもいいのか？

ハイクラス「ブースタークラブ」は10万5000円と高額ながら「全選手直筆サインカード」や「実使用バット」など、超レアグッズが選択できる。僕が楽天ファンだったなら、ちょっと無理してでも入りたい。

また、「キッズクラブ」は12球団一、子どもに優しい。年会費1000円で「オリジナルユニフォーム」か、「田中将大プロデュースグローブ」「クリムゾン（またはチェック）リュック」などがもらえる。

東北楽天ゴールデンイーグルス

【レギュラー（3,500円）】ユニフォーム（来場プレゼント）／ポイントサービス他【キッズ（1,000円）】ユニフォーム、グローブ、リュック（クリムゾン、チェック）から1つ選択他【レディース（2,000円）】【ゴールド（10,500円）】【1001クラブ（11,001円）】星野監督声入り目覚まし時計など2種類から選択他【ブースター（100,500円）】

「引換券」ばかり載せて申し訳ありません。12年から「郵送可」に改善されたが、それでも1050円かかる

星野監督就任を記念して、11年に発足した「1001CLUB」はようやく野球らしい特典が付くようになった。星野監督が好きだという、今はなき赤坂プリンスホテルの「オムライスストラップ」という、明らかに在庫処理的な超シュールアイテムの代わりに、本年は「ユニフォーム」に加えて、全15種類の「メモリアルピンバッジ」か「星野監督の声入り目覚まし時計」など、本人に関するものが特典に。

ロッテと同数となる12球団一の6カテゴリーを誇るだけに、かつての「カラスコクラブ」のような多様なバリエーションを期待したい。

千葉ロッテマリーンズ

革命はいまだ終わらず！

ファンクラブ改革の旗手として、常に先頭を走り続けてきたロッテ。本年は「ゴールド会員」の特典として「マリーンズレディースセット」を新設。女性向けアイテムは11年の巨人など、決して史上初ではないけれど、トートバッグ、ぬいぐるみキーホルダー、フード付きタオルの「3アイテムセット」ということで物珍しさから選択。

……グッズが到着して驚いた。

千葉ロッテマリーンズ

【レギュラー（3,500円）】ワンショルダーバッグ、BIGタオル、Tシャツから1つ選択／ピンバッジ／内野自由席券1枚／ロッテリア試食券他【カジュアルレギュラー（2,500円）】【ジュニア（3,000円）】【ゴールド（10,000円）】レディースセット他【プレミアム・ゴールド（10,000円）】【マリーンズ（無料）】

ゴールド会員の特典・レディースセットは出色の内容。ちなみに著者は男だが、ファンクラブ研究のために入った

フード付きタオルの素材が若干チープだったが、それも許容範囲内。この他に「指定席2枚」「自由席2枚」に「ピンバッジ2個」「カラビナ1個」「会報誌」に「ロッテリアのクーポン券」、送料無料……。もうFOY（ファンクラブ・オブ・ザ・イヤー）だよ！　すごいよ、ロッテ！

東京ヤクルトスワローズ

最上のクオリティ！

ヤクルトファンの僕は、できるだけ私情を挟まずに他球団よりもシビアに評価しようと心がけてきた。しかし、本年の「レギュラー会員」のメインアイテム「トートバッグ」は手放しで絶賛したい。

11年の西武が同様のトートバッグをつけていて、それもかなり良質だったが、本年のヤクルトも帆布素材で丈夫でかわいくて、内側にポケットもあり、マチもあって使い勝手が最高だ。大量の資料を持ち歩く取材の際にはとても重宝している。

本年の「ファミリー会員」の特典は「扇子《せんす》&ネックウォーマー」という異色の組み合わせ。最初は「何だこれ？」と不思議に思ったけど、選手の似顔絵入りの扇子で仰ぎながら、しばし考えた結果、「開幕直後の春

東京ヤクルトスワローズ

【レギュラー（5,000円）】トートバッグ／選手似顔絵入り応援傘／外野自由席招待券5枚／チケット割引／ファンブック他【キッズ（3,500円）】キャップ／外野自由席全試合無料招待券他【ファミリー（家族構成による）】扇子&ネックウォーマーセット（1家族1セット）他【プレミアム（15,000円）】つば九郎ぬいぐるみ他

著者はファミリー会員に入会しており、扇子&ネックウォーマーをゲット。これで神宮の寒さと暑さをしのげるか

先と秋口にはネックウォーマーで風邪など引かぬように。そして、初夏から初秋にかけては扇子で涼を取るためなのだろう」と、好意的に解釈。むしろ、「ファンへの気遣いが感じられる」と絶賛したい。その扇子にオフに移籍した青木宣親が描かれていることには目をつむろう。

08年の阪神の項でも触れたが、選手をモチーフにしたグッズを特典にすると、その選手が移籍した場合には、何とも言えない気まずさが残る。しばらくの間、この扇子に描かれた青木の笑顔を見るたびに、僕は大きな喪失感を覚えていたよ……。

阪神タイガース

これが「阪神FC《ファンクラブ》あるある」だ!

8年間を費やして、ようやく発見した「阪神ファンクラブあるある」。その1「募集開始が異常に早く、定員に達するのも異常に早い」。その2「でも、春先には必ず追加募集をする」。その3「でも、追加募集もすぐに定員に達する」。その4「特典グッズは必ずミズノ製」……。

8年もかけて、この程度しか「あるある」を見つけられなかった自分が情けない。いずれにしても、阪神は前年7月に翌年の募集を開始して、

阪神タイガース

【一般(3,500円)】▶新規…イエローメッシュジャージ／主催試合招待(抽選)／主催試合先行販売／会報誌(年4回)／ファンクラブ応援デー他／▶継続…イエローメッシュジャージ、ショルダーバッグ、トートバッグから1つ選択他【キッズ(2,500円)】3種類からアイテム選択他

12球団一の出足を誇る阪神。継続会員には特典がより増えていく。10年継続の「ダイヤモンド会員」まであと2年!

12月にはグッズが到着。そのグッズはミズノ製。これで間違いないのだ。

さて、阪神ファンクラブの最上級カテゴリーは「ダイヤモンド会員」なのだが、こちらは他球団のように「金さえ払えば誰でも入れる」ものではなく、「チームへの忠誠心」が問われる仕組みになっている。年会費はみな平等に一律3500円。で、継続3年目に「ゴールド会員」、5年目に「プラチナ会員」に昇格。そして、10年継続すると、晴れて「ダイヤモンド会員」になれるのだ。夢の「ダイヤモンド会員」まで、あと2年。その詳細は球団HPには記載されていないが、一体どんな内容なのだろう。

僕は、そのときが楽しみで仕方ない。泣いちゃうかも?

広島東洋カープ

「斬新路線」、その変遷

ここ数年の多大なる偉業をたたえて、「今度こそFOYを広島に」という思いを抱き、11年の本項でも「もし、来年もこの《斬新路線》が継続されるようならば」と断り書き付きで、僕自身、広島への戴冠を考えていた。

それほど、広島ファンクラブの「斬新路線」は衝撃的だった。

しかし……。本年度の広島のメイン特典は、赤から白へのグラデーシ

広島東洋カープ

【ファン倶楽部(3,500円)】メッシュジャージ／カードホルダー（継続特典）／イヤーブック／会員限定サイト／会員限定グッズ販売他【ジュニア(3,000円)】バッグ／キャップ／ズムスタ内野自由席入場無料／主催オープン戦入場無料他【レディース(3,800円)】ズムスタ自由席20試合入場無料他【シニア(3,200円)】

毎年奇抜なアイディアで驚かせ、FOYまであと一歩に迫っているカープ。さらなる奮起に期待したい！

ヨンが特徴的な「メッシュジャージ」。かつて、ロッテが似たようなユニフォームを試合で着用していたことがあったが、「斬新路線」が最大の魅力の広島としては、ちょっと物足りなかった。

ということで、本年の「FOY初受賞」はならなかった。

それでも、間違いなく斬新度では群を抜くポテンシャルを持つ広島だけに、これからもぜひ期待したいと思う。「金がなくてもアイディアはある！」、広島がFOYを獲得することになれば、不況下の日本人の大きな希望になるはず。CQ（カープクオリティ）の底力に期待したい。

横浜DeNAベイスターズ

頑張れ、今は過渡期だ！

ここ数年の横浜ファンクラブは惨憺《さんたん》たる有り様だった。09年に「B☆SPIRIT」と銘打って、華々しくファンクラブ改革に乗り出し、ポイント制度を拡充して、「プロコレクションユニフォーム」などの豪華特典と引き換え可能にした。

しかし、ようやく改善の兆しが芽生えたときに、親会社の問題で常に揺れ続けた。一介の無名ライターに言われても、ちっとも嬉しくないだ

横浜DeNAベイスターズ

【レギュラー（3,000円※WEB入会は2,000円）】スタジアムバッグ／内野指定席500円割引／ポイントサービス（チケット購入、グッズ購入、イベント参加権と交換）／チケット先行先着販売／会員限定メルマガ／ハマスタオープン戦平日5試合招待／ファーム公式戦1試合招待&チケット割引／会員限定イベント他【ジュニア（2,000円※WEB入会は1,000円）】

親会社のゴタゴタで始動が遅れてしまったが、まだ1年目。13年以降のサービス変革はいかに?

ろうけど、本当にファンクラブ担当者には同情の念を禁じ得ない。チームの足元が固まらないのに、ファンクラブにまで手が回るはずがない。したがって、例年必ず募集時期も特典到着も12球団ワーストだ。それは本年も同様だった。

しかし、ＤｅＮＡの参入で親会社の問題が決着した。横浜ファンクラブには、今後に期待しよう。時間的な余裕がない中で、細かいサービスにまでは手が回らなかったのは仕方ない。その分、前年までの継続年会費４０００円を２０００円に大幅値下げした。まず、できることから始める。その姿勢には期待が持てると思う。

12年のメイン特典「クッション付エコバッグ」は、09年の日本ハムが特典にしていたものと同じだ。どうして、これを選んだのかはわからない。もっといいアイテムはたくさんあるのに。

けれども、今は仕方がない。チーム成績の向上とファンクラブの充実には相関関係がある。中畑清新監督とフロントの連係こそが、ファンクラブの改善につながる。来年とは言わない。しかし、数年後にはその成果は必ず出るはずだ。僕はそう信じている。

FAN CLUB COLUMN ▶ 06

我が思想史 革命から博愛へ

若かりし頃、誰もが体制よりは反体制を、権力よりは反権力を求めるものだろう。幼い頃の僕にとって、「権力の象徴」、それはジャイアンツに他ならなかった。

10歳でプロ野球に夢中になり、テレビやラジオ中継はもちろん、深夜の『プロ野球ニュース』生放送、朝の再放送、『日刊スポーツ』『週刊ベースボール』を、日夜、チェックするようになった。

そうしているうちに、「空白の一日」のことを知った。「交渉権は翌年ドラフトの前々日まで」という盲点をつくやり方に幼心に「世の中は一筋縄ではいかないものだ」と世間の怖さを感じたものだ。

この頃のヤクルトは弱く、巨人は強かった。アニメや特撮では強い者に憧れたのに、野球では判官びいきだった。学校が終わって神宮に行く。いつも負けた。特に巨人相手にはほとんど負けた。悔しくて仕方がなかった。その思いがねじ曲がり、僕はヤクルトを愛するのと同様に、いやそれ以上にアンチ巨人となり、そんな思いを抱えたまま大人になった。

だからこそ２００５年、全球団のファンクラブに入会する際に巨人のファンクラブに入ることにはずいぶん抵抗があった。しかし、「全球団に入会する」という企みへのワクワク感が勝ち、巨人のファンクラブに入った。それでも、数年は違和感が、いや抵抗感が消えなかった。

でも、その一方で、巨人ファンクラブの丁寧なサービスぶりには惹かれていた。そして11年、震災後の誠実な対応で「いいものはいいと認めよう」と思えるまでに成長した。坂本龍馬やチェ・ゲバラに憧れていた少年は、ファンクラブを通じてマザー・テレサやガンジーの境地に、ついにたどり着いたのである。

入会 9年目

2013年

オリックス＆DeNA、崖っぷち2球団が大逆襲！

2013年GOY▶オリジナルパーカー（ロッテ）

2013 FAN CLUB

平成25年

全入会 9年目

首相 安倍晋三

大記録ラッシュと大物ルーキー

第1回、第2回と連覇していたWBC(ワールド・ベースボール・クラシック)だが、第3回大会では3位に終わった2013年。「3時間半ルール」が撤廃され、大谷翔平、藤浪晋太郎というスーパールーキーの入団に球界全体が沸き、長嶋茂雄と松井秀喜は2人揃って国民栄誉賞を受賞した。明るい話題の中で、突如として発覚した統一球変更問題。選手たちも知らぬ間に反発係数が変わっていたとなれば、それはスポーツの根幹を揺るがす大問題だ。また、この年は大記録が続々と生まれた。ヤクルトのバレンティンはシーズン60本塁打の大記録を樹立。一方、楽天・田中将大はシーズン24勝0敗という新記録を置き土産に海を渡った。10月には加藤良三コミッショナーが退任。そして、同じく10月には「打撃の神様」こと川上哲治氏が亡くなった。

全球団のファンクラブに入会し続けてついに9年目。一人の変わり者は翌年に控えた10年連続を意識して一人で身震い。

FAN CLUB 1 TOPICS
ヤクルト、DeNA、そしてオリックス、3球団がファンクラブ改革に着手!

FAN CLUB 2 TOPICS
FC界の新潮流、そごう・西武法人外商部の台頭

FAN CLUB 3 TOPICS
日本ハム、2年越しのダルビッシュ改革へ

FOY FAN CLUB of the YEAR
オリックス・バファローズ

「**FOY**」…ファンクラブ・オブ・ザ・イヤー。通称フォイ。その年で最も優れた**ファンクラブ**

GOY GOODS of the YEAR
オリジナルパーカー
(千葉ロッテマリーンズ)

「**GOY**」…グッズ・オブ・ザ・イヤー。通称ゴイ。その年で最も優れた**特典グッズ**

■2013年ファンクラブ・充実度ランキング

☆はファンクラブ・オブ・ザ・イヤー／★はグッズ・オブ・ザ・イヤー

	Rank	チーム	ファンクラブ充実度 総合	観戦特典	グッズ特典	ポイント特典	入会したコース金額	チーム成績	リーグ順位	監督	開幕投手
☆	1	オリックス	A↑	△	○	○	3,000円	66勝73敗5分	⑤	森脇浩司	金子千尋
	2	西武	A↑	○	○	○	5,000円	74勝66敗4分	②	渡辺久信	岸孝之
★	3	ロッテ	A↓	○	○	○	10,000円	74勝68敗2分	③	伊東勤	成瀬善久
	4	ヤクルト	A↓	○	○	○	10,000円	57勝83敗4分	⑥	小川淳司	館山昌平
	5	阪神	A↑	△	○	×	3,500円	73勝67敗4分	②	和田豊	R.メッセンジャー
	6	巨人	A↓	△	○	○	4,800円	84勝53敗7分	①	原辰徳	宮國椋丞
	7	ソフトバンク	B↓	○	○	○	3,700円	73勝69敗2分	④	秋山幸二	攝津正
	8	中日	B↓	△	△	×	3,800円	64勝77敗3分	④	髙木守道	吉見一起
	9	DeNA	B↑	○	△	○	3,000円	64勝79敗1分	⑤	中畑清	藤井秀悟
	10	広島	B→	△	○	△	3,500円	69勝72敗3分	③	野村謙二郎	B.バリントン
	11	楽天	B↓	△	△	○	3,500円	82勝59敗3分	❶	星野仙一	則本昂大
	12	日本ハム	C↓	×	×	○	3,000円	64勝78敗2分	⑥	栗山英樹	武田勝

ランキング、総合評価は著者による格付けです。
観戦特典、ポイント特典は○＝有り、△＝一部有り、×＝無し
グッズ特典は○＝最高、△＝まぁまぁ、×＝イマイチ
白抜き丸数字は日本シリーズ優勝チーム

入会金総額 56,800円

2013年のおもな出来事

1月 アルジェリア人質拘束事件が発生。アルカイダ系の武装勢力による犯行で、日本人10名を含む37人が死亡。

6月 CIA元職員エドワード・スノーデン氏が米国家安全保障局によるネット上での個人情報収集を暴露した。

富士山が世界文化遺産に決定。

7月 参院選で自公連立与党が過半数を獲得、ねじれ状態が解消された。

美白化粧品による白斑被害が社会問題化。カネボウ化粧品は製品を自主回収、被害者は1万人を超える。

8月 京都府福知山市の花火大会で露店が爆発。死者3名、負傷者59名を出した。

9月 国産新型ロケット「イプシロン」初号機が鹿児島県内之浦で打ち上げに成功。

2020年の夏季オリンピック開催地が東京に決定した。

10月 阪急阪神ホテルズで食材偽装が発覚。その後、全国の有名ホテルやレストランでも、同様の偽装が発覚。

台風26号が伊豆大島を襲い、大規模な土石流が発生。多数の死傷者を出した。

11月 台風30号がフィリピン中部を直撃。死者・行方不明者は約8000人、約1600万人が被災した。

12月 安全保障に関する機密情報漏洩の罰則を強化する特定秘密保護法が成立。

「ファンクラブ改革したチームは強くなるのでは?」という仮説を立てた著者。その先駆けはロッテだった

13年は3球団がファンクラブ改革!

さて、13年のファンクラブ界の重大ニュースとして、ヤクルト、横浜、そしてオリックスの「大改革」が筆頭に挙げられる。特に横浜、オリックスは近年のチーム成績に比例するように、これまでずっとファンクラブの内容はともに貧相なものだった。しかし、過去9年間、全球団のファンクラブに入会し続けて、ずっと感じている疑問がある。

「チームが強くなれば客が入り、客が増えればその分をファンクラブに投資できるのか? それとも、ファンクラブに力を入れたから客が増え、チームも強くなっていくのか?」

この問いの答えは、僕の中にはいまだにない。しかし、05年ロッテ、08年西武、09年巨人の日本一を見ていれば、ファンクラブの充実ぶりとチーム成績は決して無関係ではないことだけは確信している。

本年、改革に着手したヤクルトは不甲斐ないシーズンを送り、最下位に沈んだ。横浜やオリックスも、決してペナント争いの中心にはいない。

それでも、近い将来「13年のファンクラブ改革が今年の優勝につなが

東京ヤクルトスワローズ

【レギュラー（3,000円）】バッグ／外野自由席招待券1枚／チケット割引／主催試合先行販売／ファンブック／ポイントサービス他【キッズ（1,500円）】Jrキャップ／外野自由席招待券5枚【ライト（2,500円）】【無料会員（無料）】【プレミアム（10,000円）】レプリカユニホーム他

ヤクルトファンの著者は「プレミアム」に入会も、やはり13年も“プレミアム感”に苦言を呈することに……。写真は「プレミアム」と「レギュラー」の特典

った」と、笑って言える日が来るのではないかとも思うのだ。

この企画は続ければ続けるほど、新しい発見がある。もはや、僕の人生の一部となっている。本当にいい趣味を見つけた。さぁ、9年目だ！

東京ヤクルトスワローズ

新ポイント制度・スワレージ！

本年から「スワローズクルー」として生まれ変わったヤクルトファンクラブ。「スワレージ」という名のポイント制を導入し、チケット購入、来場、チーム勝利、応援選手の活躍などでポイントが加算され、「バスタオル」や「パーカー」などがもらえるシステムにリニューアル。

その反面、従来までの「観戦チケット」は「レギュラー会員」の場合、5枚から1枚へ大幅に減少した。僕は毎年20試合以上、チケットを買って神宮に訪れているのでポイントは貯まったけど、前年までのほうがはるかによかった。そう思いながらも、コツコツ貯めた５０００ポイントで「年間名場面ＤＶＤ」をゲット。届いたＤＶＤは、ソフトバンクや西武の「継続特典ＤＶＤ」と比べるとパッケージは貧相だけど、なんといっても「選手からの個人宛メッセージ入り」だ。再生するといきなり赤

13年から始まったヤクルトのポイントサービス「スワレージ」。活用した著者は、パーカーなどをゲット

川克紀がカメラ目線で言う。

「ハセガワショウイチさん、いつも応援ありがとうございます!」

なるほど、これは面白いアイディアだ。一気に赤川投手が身近に感じられるようになった。ファンとは実に単純なものだ。

そして、例年書き続けてきた「プレミアム会員にはプレミアム感がない」問題。前年までの1万5000円を1万円に大幅値下げしたものの、やはり本年もお得感は薄い。特典は「外野自由席招待券2枚」に「レプリカユニフォーム」。西武なら、もっと特典が付いて半額の5000円だ。

宮本慎也が引退発表した直後に発売された「ファイナルシリーズ」の特典グッズ付きチケット。その優先予約の際に「プレミアムに入っていてよかった」と思った程度。なお、この13年からチケット特典のみで記念品なしの「ライト会員」、スワレージ利用のみの「無料会員」を新設。

横浜DeNAベイスターズ ついに運営組織を一新

ヤクルトと並んで大改革に乗り出した横浜。これまで、別組織として運営されていた「ファンクラブ」と「友の会」を一本化。球団の単独運

横浜DeNAベイスターズ

【レギュラー（3,000円）】2試合観戦無料（内野自由席または外野指定席）／選手カードプレゼント（来場特典）他／主催試合先行販売他【キッズ（3,000円）】ハマスタ開催試合全試合無料／グローブ（先着5000人）【スペシャル（8,000円）】7試合観戦無料（内野自由席2枚、内野指定席B2枚、外野指定席3枚）

とうとうファンクラブが「友の会」と一本化！　写真左は選手カードを入れるためのホルダー

営となった。毎年、「12球団ワーストだ」と厳しいことを書き続けてきたが、昨年の本項で、僕は「ぜひ来年に期待しよう」と書いた。

なぜなら、年会費を引き下げ「何としてでも改善しよう」という改革の息吹が感じられたからだ。そして、球団はその期待に応えてくれた。

今季から、「スペシャル会員」を新設し、８０００円で「7試合の観戦無料特典」を付けた。全試合でカードプレゼントを実施、来場ポイント制も充実。ようやく他球団に追いつきつつある。

これまで、親会社が混迷していたように、思えば横浜ファンクラブの歴史も迷走の歴史だった。

09年に「B☆SPIRIT」と銘打って、ポイント制拡充による「観客動員主導型」を目指したが、低迷するチーム事情もあり、思うような成果は挙げられなかった。観客動員が振るわないから、ファンクラブの特典も貧相になるという悪循環。

しかし、本年の改革はその忌まわしい歴史を断ち切る光明となるはずだ。ハマスタに通えないファンに対してはいまだに課題が残る。それでも、この13年の第一歩は必ず未来への光となる。14年はその真価が問わ

オリックス・バファローズ

【レギュラー（3,000円）】スポーツバッグ、ワンショルダーバッグ、ジャージ、ポーチ&ミラー、ロープバッグなど8種類から1つ選択／ポイントサービス他【ジュニア（1,000円）】【ゴールド（10,000円）】指定席引換券2枚他【プラチナ（30,000円）】【プレミアム（100,000円）】自由席チケットレス（無料）

著者はワンショルダーバッグを選択したが、グッズの多彩さは秀逸。ポイントサービスも充実し、FOYに！

れる年となる。あと一歩、あと一歩のところまで来ている。

オリックス・バファローズ

大改革断行で優良組織に

「応援は戦力だ！」のフレーズとともに、ファンクラブ改革を断行したオリックス。来場、チケット購入、グッズ・飲食購入でポイントが貯まる新システムを導入。「直筆サイン入りバット」や「プロモデルユニフォーム」がもらえるなど、12球団屈指の充実ぶりを誇るものとなった。

さらに、入会特典グッズがすごい。「プレミアム」から「ジュニア」までの全5コースで全15アイテム。それらをさまざまに組み合わせて入手できる。本年の入会案内パンフには「これでも入会しませんか!?」とある。それだけ自信満々なのだろう。その気持ちは十分理解できる。他球団と比べても、決して見劣りする内容ではない。

12年の特典「オリジナルシャツネイビー」について、僕は「こんなオッサンくさいものは着られない」と書いた。でも、本年は改善された。そう、そこには「そごう・西武法人外商部」の存在が！　詳しくは183ページの阪神の項を読んでいただきたい。この流れは今後どうなるのか、注目だ。

読売ジャイアンツ

【プライム（4,800円）】ユニフォーム、ボディバッグ＆チケットホルダー、ショルダーバッグ、バッグインバッグ、ツミコレなど6種類から1つ選択／カレンダー／ファンブック／ウェルカムチケット（抽選）／チケット優先販売／ポイントサービス／グラウンド体験ツアー（抽選）他【ジュニア（3,500円）】【エンジョイ（無料）】

見よ、この写真から溢れんばかりの充実感を！　ただし、新感覚フィギュア「ツミコレ」については……

さて、もう1つの改善点は「マイページ」の開設。同じく本年からスタートしたヤクルトと同システムを採用し、「お気に入り選手登録」「スコア予想、得点予想」など充実。前年までの停滞ぶりが嘘のような改革に大満足。12球団一の伸びしろに敬意を表して、多少甘いけれど13年のFOY（ファンクラブ・オブ・ザ・イヤー）を差し上げたい！

読売ジャイアンツ
「黒ひげ」から「ツミコレ」へ

12年の特典「黒ひげ危機一発（ジャイアンツバージョン）」は秀逸だった。基本となる「ユニフォーム」や「バッグ」などをラインナップに並べつつ、そこに冒険心や遊び心を加味するセンスに、僕は「球界の盟主」を自任するプライドを見た。

そして、本年も巨人は積極果敢に特典の新機軸に挑戦した。

それが「ツミコレ読売巨人軍マニア」だ。僕はまったく知らなかったけれど、「ツミコレ」とは05年に発売された「新感覚フィギュア」だそうで、ざっくり言えば四つん這いになった人形を積み重ねて遊ぶもの（笑）。

で、迷うことなくこれを選択……。期待満々の「ツミコレ」だったが、巨人の奇抜特典「ツミコレ」に手を出した著者だったが、あいにく肌に合わなかったようだ……

僕にはこれの何が楽しいのかサッパリわからなかった。あまりにも「新感覚」すぎて、不惑のオッサンにはミスチョイスだった。

しかし、新しいものに積極果敢に挑戦する巨人の姿勢は大いに評価したい。さらに本年は「バッグ・イン・バッグ」「ミニショルダーバッグ」と女性向けアイテムが2種類も。11年の巨人、12年のロッテと女性ファンを対象にした優れたグッズは過去にもあったが、女性向けアイテムが2種類から選べるのは巨人だけ。王道と冒険と女性と。さすがだ。

中日ドラゴンズ

悲しいけど、センスレス

毎年9月1日には翌年の会員募集を開始。それは12球団中、阪神に次ぐ第2位のスピード。運営も堅実で06年の発足以来、球界を代表するファンクラブに成長したといっても過言ではないだろう。

……でも、何か例年しっくりこない。のどの奥には小骨が。その理由を考えていたのだが、ようやくわかった。特典グッズがことごとくダサいのだ。13年、僕は「ミニボストンバッグ」を選択した。「ポリエステル製で軽くて丈夫」の謳い文句はいいけれど、そもそもセンスレス。西

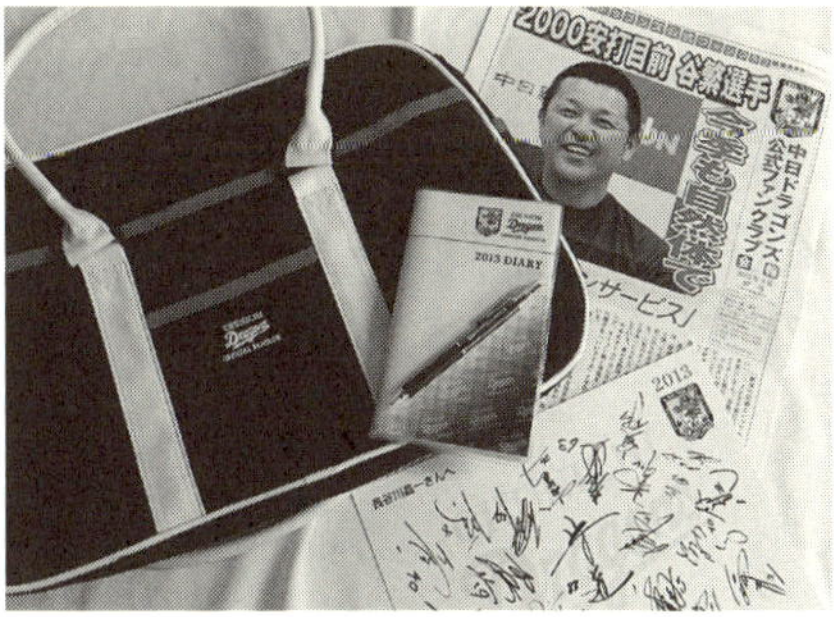

中日ドラゴンズ

【シニア(3,800円)】ファンクラブジャージ、ジップアップジャケット、ウインドブレーカー、ペア招待券から1つ選択(継続会員はミニボストンバッグも選択可)/会員手帳(ボールペン付き)/会員名入り選手サイン寄せ書き/家族会員サービス他【ジュニア(3,400円)】【リトル名誉(無料)】

著者が選択したミニボストンバッグ。老若男女が使えそうに見えて実は誰も使えない……(個人の感想です)

武、ロッテ、巨人、ヤクルトなどと比べるとその差は歴然なのだ。

これらのグッズ、「一体、誰がデザインしているのだろう?」と思っていたところ、届けられた会報にその答えが。そこには、「中日ドラゴンズ公式ファンクラブ選択グッズは、私たちがお手伝いさせていただきました」という文言で、某老舗アパレルメーカーの広告記事が。

……逆効果だよ、この広告。「豊かな彩りと輝きを持ったファッションのチカラ」のコピーがむなしく響く。「好みの問題」と言ってしまえばそれまでだけど、少なくとも僕の趣味ではない。14年は僕がずっと評価していた「会員手帳」が特典からなくなるという。ならば、近年、影の薄くなったガブリアイテムをメインにすればいいのに……。

広島東洋カープ

冒険と革新のファンクラブ史

13年8月23～25日の3連戦限定で着用した「デニムユニフォーム」をご記憶だろうか? デニム生地の風合いをプリントした摩訶不思議なユニフォーム。これこそ、このチームの真骨頂だと僕は好意的に受け止めた。なぜなら、広島ファンクラブのこれまでの冒険の歴史とピタリと符

広島東洋カープ

【ファン倶楽部(3,500円)】メッシュジャージ/コインケース(継続特典)/イヤーブック/会員限定サイト/会員限定グッズ販売他【ジュニア(3,000円)】バッグ/キャップ/ズムスタ内野自由席入場無料/主催オープン戦入場無料他【レディース(3,800円)】バッグ/ズムスタ内野自由席20試合入場無料他【シニア(3,200円)】

斬新路線を突っ走って度肝を抜く広島。メッシュジャージは1万5000通りの「世界に一つだけ」のデザイン

合するからだ。レプリカユニだけでも、さまざまな冒険を試みてきた。本年もそのスピリッツは健在。何と「1万5000通りの世界に一つだけのデザイン」だ!

チームロゴがランダムにプリントされた生地を裁断して作られたものなので、確かに模様は人それぞれ異なるはずだ。これを「世界に一つだけ」と言い切るのは他チームなら許さないけど、広島なら過去の冒険心に敬意を表して僕は許す。さらに、継続特典としてユニフォーム生地を使用したミズノ製の「オリジナルコインケース」も付いた。

これも何度も書いてきたことだけれど、「金がないなら頭を使う」という考えがこのチームには徹底されている。それは決して悪いことではなく、むしろ好ましいことだ。ぜひこれからもアッと言わせてほしい。

阪神タイガース ファンクラブ界の新潮流?

04年に発足した阪神ファンクラブ。発足時のPRキャラクターはオマリーコーチだった。05年から入会した僕は本年でようやく9年目。14年からは待望の「ダイヤモンド会員」に昇格する。楽しみだな。

阪神タイガース

【一般（3,500円）】▶新規…イエローメッシュジャージ／主催試合招待（抽選）／主催試合先行販売／WEBで座席指定／会報誌（年4回）他／▶継続…イエローメッシュジャージ、リバーシブルトートバッグなど4種類から1つ選択他【キッズ（2,500円）】3種類からアイテム選択他

著者は継続特典でリバーシブルトートバッグを選択。表は派手な黄色で、裏返すと黒のシックなデザインに

さて、本年は4アイテムから選択できるように改善された。11年度の項で「そろそろ複数選択制に」と書いていたので嬉しい。僕は「リバーシブルトートバッグ」を選択。実物を手にして驚いた。例年のミズノ製ではなく、「そごう・西武法人外商部」製なのだ。13年度の阪神の項で「阪神ファンクラブあるある」として「グッズは必ずミズノ製」と書いたのに……。しかし、これが実に丁寧な作りでカッコいいのだ。

この社名には見覚えがあった。僕は資料を引っ張り出す。

やはり、そうだ――。

ここ数年、断トツのセンスを誇る西武ライオンズファンクラブグッズはみんな、この外商部の手になるものだった。同社のHP《ホームページ》を見ると、事業案内の中に「ファンクラブ入会記念品」の項目が。

なぜ、西武が阪神、オリックスのグッズを作るのか？　敵に塩を送るファンクラブ界の新潮流に今後も注目したい。

北海道日本ハムファイターズ

ダルビッシュ改革の炎が！

北海道に移転して10周年となる13年、日本ハムは「10のいいコト大還

13年のファンクラブ界を席巻した「そごう・西武 法人外商部」。西武、オリックスなどの特典グッズも手がける

元」と銘打って、会員限定のプロジェクトを行った。「自分超えキャンペーン」では、前シーズンの来場回数を超えたファンに、「内外野自由席券」をプレゼント。僕ももらった。来場特典も選手の名前と背番号が入ったカラフルなリボン状の「ボンフィン」に変更。ボンフィンって言われても、よくわからないですよね。これは、かつてJリーグブームの頃にはやった「ミサンガ」と同様のお守り的なアイテムのこと。

改装なった鎌ケ谷スタジアムでの来場プレゼントも本格的に始めた。かつて、西武が松坂大輔のポスティングマネーでファンクラブ改革をしたように、日本ハムもダルビッシュの移籍マネーで改革に臨んでいるのは大いに評価したい。12年の本項では厳しいことを書いたが、日本ハムは西武とは違った形の「ファン還元策」を考えているのだろう。

これは前年にも書いたことだが、日本ハムファンクラブは可もなく不可もない「無個性」だ。12球団最安値の3000円。コストパフォーマンスは特に悪いわけではない。けれども、メイン特典の「オリジナルビッグバッグ」はどうにもこうにもセンスレス。12年の「リュックサック」も同様だった。個人的には、多少、年会費を引き上げてもいいから、よ

北海道日本ハムファイターズ

【ルーターズ(3,000円)】リュックサック(継続会員はビッグバッグ)／ピンバッジ(継続年数入り)／2012リーグ優勝ピンバッジ(継続会員のみ)／継続ドッグタグ(継続会員のみ)／来場ピンバッジプレゼント／チケット先行予約／チケット割引／会報誌(年5回)／ポイントサービス(チケット購入など)／会員イベント(抽選)他【キッズ(3,000円)】

継続会員特典のビッグバッグは「うーん……」とうなってしまう微妙な出来。リーグ優勝年が小さく入っている

り上質なグッズを「複数選択制」にしてほしいと願っている。

埼玉西武ライオンズ

良いものは徹底的に模倣する

過去06、07年と2年連続でFOYを獲得した西武。その後も12球団有数の超優良ファンクラブとして揺るぎない地位を築き上げた。

かねてより、先行するロッテの長所を徹底的に模倣し、やがて独自性を築き上げる。それが西武ファンクラブの黄金パターンだ。

そして13年。ソフトバンクの生み出した画期的企画「名勝負DVD」が継続特典に付いた。内容も本家と同様に大充実。栗山、炭谷、秋山、熊代、浅村座談会は最高。秋山は「東京では新宿と有楽町にしか行ったことがない」とか、炭谷は左手で箸を持つとか、栗山の司会の巧みさとか、実に新鮮。このDVD特典は今後の目玉になるはず。ぜひ継続を！

さて、阪神のところで触れた「そごう・西武法人外商部」。もちろん、本年の西武グッズもこちらの会社の製作だ。13年に僕が確認できただけで、西武、阪神、オリックスが同社作製グッズを特典に採用。14年以降、さらなる躍進があるのか注目だ。

埼玉西武ライオンズ

【レギュラーA(5,000円)】ユニフォーム/パーカー、エナメルバッグ、トートバッグから1つ選択/内野指定席引換券2枚/チケット割引/来場サービス他【レギュラーB(3,000円)】内野指定席引換券1枚他【ジュニア(2,000円)】内外野自由席入場無料他【プラチナ(40,000円)】記念品3点/内野自由席フリーパス他

「そごう・西武法人外商部」製作グッズに外れなし。13年から継続特典「名勝負DVD」が付くようになった

本年の西武も優良グッズばかり。12年の「ウインドジャケット」は個人的には物足りなかったけれど、本年のパーカーは11年の「スウェットジャケット」に匹敵するクオリティで大満足。全カテゴリーに「ユニフォーム」も付き、「卓上カレンダー」に新特典の「ＤＶＤ」「内野指定Ａ」が2枚。限りなくＦＯＹに近い大満足の内容。

福岡ソフトバンクホークス

すべてが揃った理想形

06年は4、07年は5、09年は7、10年以降は8アイテムからの特典選択制のソフトバンク。09年から始めた「継続特典ＤＶＤ」は本年で早くも5年目。今回、西武が追随するまではソフトバンクの独壇場だった。

東京在住のためになかなか恩恵にあずかれないものの、球場来場ポイント、ピンバッジなどの特典も充実。「ハイグレード」から「ファミリー会員」までカテゴリーも充実、会員限定サイトも併設され、ファンクラブに必要な要素はすべて兼ね備えている数少ない球団のひとつ。

さて、本年も全92分の特典ＤＶＤについて言及したい。試合前の円陣風景を集めた人気企画「ＴＨＥ円陣」は13年も健在。ペーニャの回は新

福岡ソフトバンクホークス

【スタンダード（3,700円）】レプリカユニフォーム（ホーム、ビジター）、バスタオル、ワークキャップ、トートバッグ、お買い物利用券など8種類から1つ選択／内野自由席招待券1枚他【ジュニア（2,500円）】【ファミリー（6,200円～）】【ハイグレード（10,000円）】【プレミアム（100,000円）】希望日チケット10枚他

選べる入会グッズ、招待チケット、DVD（継続特典）…と至れり尽くせり。著者はバスタオルを選択した

鮮。中西健太によるアントニオ猪木のモノマネまで堪能できる（笑）。

そして、13年の白眉は特典映像『栄光の背番号「9」小久保裕紀～19年間の軌跡～』。前年に引退した小久保の現役生活を丁寧に振り返っている内容で、巨人に移籍した年についても斉藤和巳との対戦映像を収録。無料ＤＶＤとは思えない充実ぶり。09年の本項で僕は「ぜひ、来年以降も続けて」と書いたけれど、今では完全に名物特典となっている。今季から西武も模倣。他球団もぜひ追随してほしい。

東北楽天ゴールデンイーグルス

「おもてなし宣言」はしたけれど

05年、球界再編の余波を受けて誕生した楽天もすでに9年目。戦力も整い、ようやく優勝を狙えるチームとなった。13年の楽天は「ファンクラブ超おもてなし宣言」をした。滝川クリステルが「お・も・て・な・し」を世界でアピールする何カ月も前のことだ。

さらに、来場ポイント目当てのファンをターゲットにした年会費500円の「ベーシッククラブ」を新設。これで12球団一の7カテゴリーとなった。来場ポイントでの引き換えアイテムも充実している。着々とフ

東北楽天ゴールデンイーグルス

【レギュラー(3,500円)】ユニフォーム(来場プレゼント)/ポイントサービス他【キッズ(1,000円)】ユニフォーム、グローブ、ショルダーバッグ、ポシェットから1つ選択他【レディース(2,000円)】【ゴールド(10,500円)】【ベーシック(500円)】【ブースター(100,500円)】スタジアムジャンパー他

ユニフォームの手触りは出色。クーポンは大量にあるが、その多くは数百円単位の割引券で微妙な気分に…

ァンクラブ整備は進んでいるように見える。

しかし、僕にはどうにも物足りないのだ。

相変わらず「レギュラークラブ」のメイン特典・ユニフォームは球場引換が基本。前年から「郵送可」となったものの、1050円という高額の「実費」が必要だ。ならば、他球団のように遠方在住者のために送料込みの価格を初めから設定すればいいのに。

応援グッズや飲食が割引となる「グッズクーポン」。これも、枚数は多いけれど「フライドポテト・100円割引」と言われても、僕は嬉しくない。全7つの「おもてなし」は、球場来場者のみ恩恵を受けられるものばかり。遠方在住ファンにはまったくメリットがない。「遠方ファンへのおもてなし」――これが今後の楽天ファンクラブの課題だろう。

千葉ロッテマリーンズ

ロッテのホスピタリティ

毎年、ロッテの「ファンクラブ入会案内」を見るのが楽しみだ。

この球団は常に「もっと改善を!」の意識が溢れている。12年、「ゴールド会員」に登場した特典「レディースセット(3アイテム)」は本

千葉ロッテマリーンズ

【レギュラー（3,500円）】ミニエナメルバッグ、キャラクタービーチタオル、Tシャツから1つ選択／ピンバッジ／内野自由席券1枚／ロッテリア試食券他【カジュアルレギュラー（2,500円）】【ジュニア（3,000円）】【ゴールド（10,000円）】5種類から1つ選択他【プレミアム・ゴールド（10,000円）】【マリーンズ（無料）】

著者はグッズ目当てで今年も「ゴールド」に入会。高品質のパーカーは普段着として十分着用できる優れもの

年も健在。ロープトート、ブランケット、リーンちゃんぬいぐるみ。これなどは、まさにロッテのホスピタリティを象徴するアイテムで、ぜひ今後も継続してほしいと思う。

僕は本年も会費1万円の「ゴールド会員」に入会。12年もそうだった。なぜなら、特典が魅力的だから。グッズ目当てで上級カテゴリーに入会する。それはロッテだけだ。

さて、僕が選択したのは「オリジナルパーカー」。

11年、西武の特典「オリジナルスウェットジャケット」について、僕は「全球団歴代アイテム中最高傑作だ」と断言し、その思いは今でも変わっていない。会費5000円の西武の「スウェット」に対して、ファンクラブ界の雄・ロッテの会費1万円の「パーカー」。ロッテがどんな意地を見せるのかを確認したかった。

実物を手にする。そのクオリティは立派なものだった。さすがロッテ。13年度のGOYはこのパーカーだ。でも、コストパフォーマンスで言えば、やはり11年の西武かな？　また、近年はアッと驚く施策が少ない気がする。さらなる挑戦、冒険に期待。ロッテならできるはずだ！

ファンクラブあるある▶05

ポスティングあるある

ポスティングシステムでの選手放出があった後、自分たちにも何か還元がないか期待してしまう。

松坂大輔のポスティングで得た大金をファンに還元した西武のように、「今年はウチも?」と胸を高鳴らせるファンは必ずいる。恐らく14年は楽天ファンの中にも……。

入会

10年目

2014年

ついに10年目！ 阪神ダイヤモンド会員は「カネより忠誠心」

2014年GOY▶ダイヤモンドプラスプレミアムバット（阪神）

2014 FAN CLUB

平成26年

全入会 10年目

首相 安倍晋三

プロ野球誕生80周年!

羽生結弦がソチで見事な金メダルを獲得し、32年間続いた『笑っていいとも!』がついに終わりを告げた2014年。1月1日から熊﨑勝彦氏が、それまで空位だった第13代コミッショナーに就任。ちなみに、この熊﨑氏。吉本興業の顧問だという噂があるけど本当なのかな?

巨人は球団創立80周年の節目を迎えた。これを記念して、3月28日の開幕戦では、東京ドームに長嶋茂雄、金田正一、松井秀喜らOB202名が集った。その後も、「ジャイアンツレジェンズ・デー」と称して、川上哲治、水原茂、桑田真澄、江川卓など歴代OBにスポットを当てたイベントが企画されている。本年もまた「統一球騒動」が沸き起こる。開幕以来、「どうもボールが飛びすぎる」という声が上がり、調査の結果、中国工場での製造工程において問題が発生したのだという。全球団のファンクラブに入会し続けた変わり者は10年目の節目に感激のあまり、一人でむせび泣いたという。

FAN CLUB 1 TOPICS
ついに、楽天・ブースタークラブに10万500円を支払い入会!

FAN CLUB 2 TOPICS
京セラドームとコボスタ、甲子園でネームプレート掲出!

FAN CLUB 3 TOPICS
新たに髙島屋も参入。「そごう・西武」と百貨店代理戦争勃発!

FOY FAN CLUB of the YEAR
横浜DeNAベイスターズ

「FOY」…ファンクラブ・オブ・ザ・イヤー。通称フォイ。その年で最も優れた**ファンクラブ**

GOY GOODS of the YEAR
ダイヤモンドプラスプレミアムバット(阪神タイガース)

「GOY」…グッズ・オブ・ザ・イヤー。通称ゴイ。その年で最も優れた**特典グッズ**

■2014年ファンクラブ・充実度ランキング

☆はファンクラブ・オブ・ザ・イヤー／★はグッズ・オブ・ザ・イヤー

Rank	チーム	ファンクラブ充実度 総合	観戦特典	グッズ特典	ポイント特典	入会したコース金額	チーム成績	リーグ順位	監督	開幕投手
☆ 1	DeNA	A↑	○	○	○	3,000円	4勝12敗0分	⑥	中畑清	三嶋一輝
2	楽天	A↑	△	○	○	100,500円	8勝9敗0分	③	星野仙一	則本昂大
3	西武	A↓	○	○	○	5,000円	5勝12敗0分	⑥	伊原春樹	岸孝之
4	ロッテ	A↓	○	○	○	3,500円	7勝10敗0分	⑤	伊東勤	成瀬善久
5	巨人	A↑	△	○	○	4,800円	10勝7敗0分	②	原辰徳	菅野智之
★ 6	阪神	A↓	○	○	×	33,500円	10勝8敗0分	③	和田豊	能見篤史
7	中日	A↑	○	○	×	3,800円	9勝8敗0分	④	谷繁元信	川上憲伸
8	ソフトバンク	B↓	○	△	○	3,700円	11勝5敗0分	①	秋山幸二	攝津正
9	オリックス	B↓	○	△	○	3,600円	11勝6敗0分	②	森脇浩司	金子千尋
10	ヤクルト	B↓	○	△	○	10,000円	6勝10敗0分	⑤	小川淳司	小川泰弘
11	広島	B↓	△	△	△	3,500円	11勝5敗0分	①	野村謙二郎	前田健太
12	日本ハム	C→	×	×	○	3,000円	9勝9敗0分	④	栗山英樹	吉川光夫

ランキング、総合評価は著者による格付けです。
観戦特典、ポイント特典は○＝有り、△＝一部有り、×＝無し
グッズ特典は○＝最高、△＝まぁまぁ、×＝イマイチ
成績、順位は2014年4月17日終了時点

入会金総額 177,900円

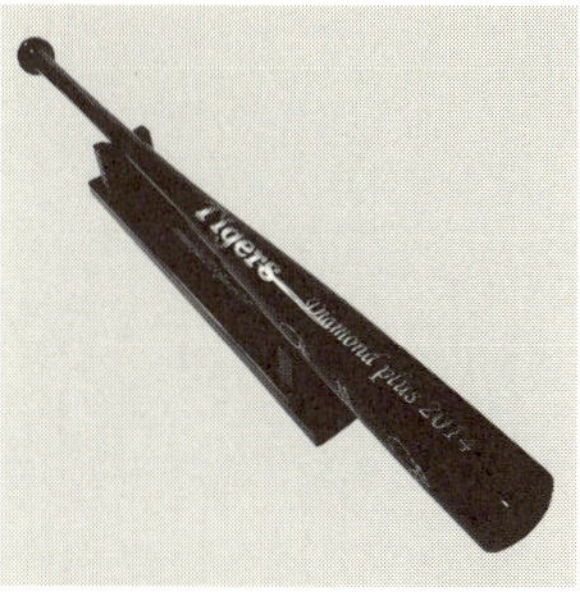

2014年のGOY
『ダイヤモンドプラスプレミアムバット』（阪神）

2014年のおもな出来事

2月
ソチオリンピックが開幕。日本は男子フィギュアスケート・羽生結弦選手の金を含む8個のメダルを獲得した。

3月
ロシアのプーチン大統領がウクライナ南部にあるクリミア自治共和国のロシア編入を宣言。

1966年に起きた「袴田事件」の再審開始と死刑・拘置執行停止を決定。袴田巌元被告は48年ぶりに東京拘置所から釈放

4月
消費税率が17年ぶりに増税となり、5%から8%に上がった。

チリ沖を震源とする、M8・2の大地震が発生。

韓国の珍島沖で、クルーズ旅客船「セウォル号」が沈没。多数の死傷者を出す海難事故となった。

「隣の芝生」の青さを確かめるために始めた全入会。気づけば特典グッズが山のようにたまっていた

10年目の達成感、そして自己満足……

あぁ、ついにこのときを迎えることとなった……。

今から10年前の2005年、あの頃はこんな日が来るとは思わなかった。子どもの頃から愛し続けるヤクルトファンクラブへの「不信感」をきっかけに、04年の球界再編騒動、史上初のストライキで火がつき、新宿のバーで「よし、全球団のファンクラブに入会しよう!」と決意を固めたあの夜から、ついに10年が経ったのだ。

生まれたばかりの赤ん坊は10歳になり、誕生したばかりの楽天はついに日本一になり、35歳の青年は44歳の中年男性となった。

あぁ、生きててよかった。元気でよかった。

こんな愚挙、暴挙を誰も褒めてはくれないだろう。けれども、僕はひそかに(でも、意外と快挙かも?)と自分に言い聞かせている。

いずれにしても、12球団のファンクラブに入会し続けて10年。単純計算で、のべ120年分だ! 人間の一生以上の年月を、僕はファンクラブに捧げてきたのだ。何だか、一人でしみじみ呑みたい気分だ。己の魂

10年間で手にした会員証はすべて保管している。誰に頼まれるでもなく、ついに辿り着いた10年目の境地……

に楔《くさび》を打ち込んだような充実感、達成感を肴に、アイリッシュ・ウイスキーのロックでも静かに流し込みたい気分だ——。

……なんてね。そんな大げさなものじゃない。

充実感、達成感はもちろんあるけど、それが単なる自己満足だということぐらい、自分でもわかっている、一応、大人だからね。ひとまず、10年間会費を払い続けることができた経済力と、球場に足を運び、大声で声援を送る元気な身体があったことに感謝したい。

というわけで、アイリッシュ・ウイスキーよりは、いつもの生ビールと大好きな野球を満喫するために、さぁ、スタジアムへ行こう！

東北楽天ゴールデンイーグルス ついに「ブースタークラブ」に入会！

10周年の節目の年。自分で自分にご褒美をあげたい、漠然とそう考えていた。そこで、ひらめいたのが楽天の「ブースタークラブ」だ。例年、本当に豪華特典のオンパレードで、僕はずっと気になっていた。

しかし、何しろ年会費が10万５００円だ。楽天ファンでもないのに10万円の大金は払えない。それでも、頭ではわかっているのに気がつけば

東北楽天ゴールデンイーグルス

【レギュラー（3,500円）】ユニフォーム／ポイントサービス／メモリアルチャーム他【キッズ（1,000円）】ユニフォーム、グローブなど4種類から1つ選択他【レディース（2,000円）】【ゴールド（10,500円）】【ベーシック（500円）】【1001（11,001円）】【ブースター（100,500円）】ポイント10万点他

写真はレギュラーの特典。大量のクーポン券は主にコボスタ宮城で使える内容になっている

ついつい楽天HPにアクセスして、「ブースタークラブ」の特典詳細を眺めている自分がいた。

そんなある日、あまりにも女々しい自分の態度がイヤになった。迷っているということは、間違いなく「入りたい」と同義なのだ。もういい。こんなことで悩むぐらいなら、早くラクになりたい。

僕は意を決して、申し込んだ。それが3月のことだった。ウジウジ悩んでいたせいで、すでに開幕の時期を迎えてしまっていた。

せっかくなので、新装なったコボスタに行ってみることにした。ということで、新幹線とホテル代までかかってしまったよ。さらに4万円の出費。しかも、この本の締め切りも迫っている。新幹線の中で原稿を書きながらの仙台入り。この日は前年の日本一を記念した「チャンピオンリングレプリカ」、全員プレゼントの日。

まずは、「ブースタークラブ限定・来場プレゼントお取り置きサービス」を利用して、「チャンピオンリング」を取り置いてもらった。チケットは完売するほど球場は大混雑なのにまったく並ばない。あぁ、優越感。ちなみに、このリング、ものすごく立派だ。ケース付きの売価は6

10年目ということで奮発し、楽天の10万500円の高額カテゴリー・ブースタークラブに入会。コボスタにネームプレートが掲出された！

000円。無料配布のリングにはケースが付いていないけれど、中身は同じものだ。重量感のあるリングは「ファン還元」の象徴でもある。

で、ようやくファンクラブ特典引き換えの手続きをした。

僕が申し込んだのが「全選手直筆サイン入りカード」、そして「2014ファンクラブ・プロモデルユニフォーム」。なんて豪華な特典なんだ！　これらのグッズは後日、郵送だという。ゴメンナサイ、本書の締め切りに間に合わなかった。だから、写真はない。本当にスミマセン。

阪神タイガース ついに、「ダイヤモンド会員」に！

お金さえ積めば、誰でも上級カテゴリーに入れるのではなく、「継続年数」を積むことによって、ランクの高いカテゴリーに入会できるのが阪神ファンクラブ。「金より忠誠心」、それもまた潔く正しいあり方だろう。

10年目の今季、僕はついに「ダイヤモンド会員」に昇格した。

（ついに、ここまで来たか……）

そんな感慨に浸っていると、一枚のチラシが目に飛び込んでくる。そこには「もうご存知ですか？　『ダイヤモンドプラス』のご案内」と書

阪神タイガース

【一般(3,500円)】▶新規…イエローメッシュジャージ／主催試合招待(抽選)／会員限定チケット割引販売／WEBで座席指定／会報誌(年4回)他／▶継続…入会年数によって継続記念品／サイン刻印入りバット(会費プラス3万円のダイヤモンドプラス会員)他【キッズ(2,500円)】

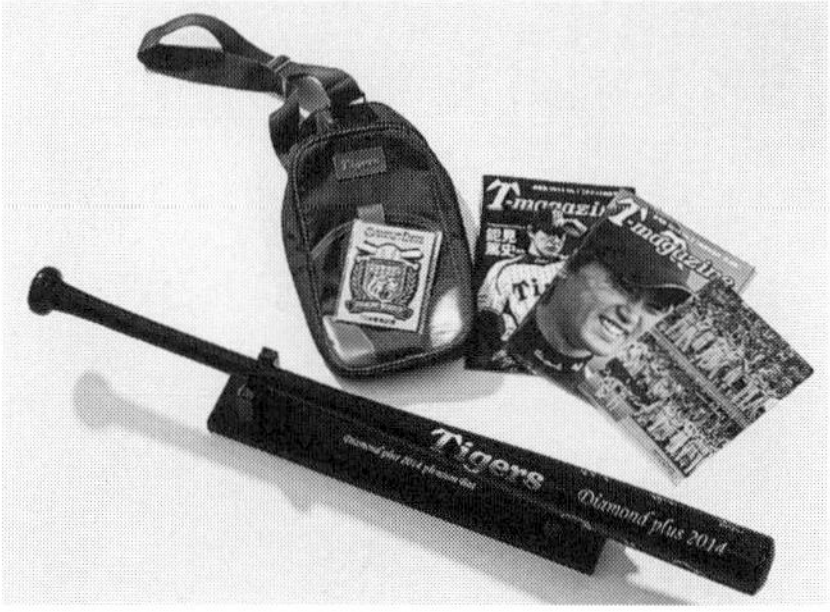

10年目の著者はプラス3万円払って「ダイヤモンドプラス会員」となり、サイン刻印入りバットをゲット！

かれている。ご存知でない。ということで、詳しく読むと、プラス3万円を支払うと「ダイヤモンドプラス会員」に昇格し、選手のサイン刻印入りの「木製バット」や「1試合のペアチケット」「甲子園球場外周にネームプレート掲出」などの特典があるという。よし、これも節目の記念だ。ということで、「ダイヤモンドプラス会員」になった。

すでに開幕した4月のある日、ついにバットが届いた。黒塗りされた木製バットに金の刻印で選手たちのサインが描かれている。うん、確かにゴージャスだ。木製台座も重厚感があっていい。床の間に飾りたいぐらいだ。でも、僕は阪神ファンではないので飾らないけど。もちろん、このバットが14年度のGOYだ！「10年継続記念ワッペン」も豪華だったよ。ちなみに、もう1つの通常特典「ボディバッグ」は、13年度で触れた「そごう・西武法人外商部」のものだった。

横浜DeNAベイスターズ

苦節10年、驚異の大躍進！

思えば、横浜ファンクラブにとって、この10年間は苦難の連続であった。親会社のゴタゴタが、そのままファンクラブに影響。優先順位は球

横浜DeNAベイスターズ

【レギュラー（3,000円）】2試合観戦無料／ビジネストートバッグ、バッグ&ポーチセット、キャップ、カードホルダー付きリュック、グッズクーポン券(2,000円分)から1つ選択／主催試合先行販売／選手カードホルダー（継続&早期WEB入会)他【キッズ(3,000円)】主催試合全試合無料他【スペシャル(8,000円)】7試合観戦無料他

アースミュージック&エコロジー（写真)、ユナイテッドアローズらとのコラボ商品に「改革」を実感

団経営の立て直しであり、ファンクラブ運営は二の次だった。

募集開始時期は12球団で最も遅く、したがってグッズの到着も全球団ワーストだった。その品質はチープで、デザインもまたひと昔前のものばかりだった。しかし、12年シーズンにそれまでのTBSからDeNAに経営母体が代わった。そこから、少しずつ光が差し込み始めてきた。

12年の本項で、僕は「頑張れ、今は過渡期だ！」「真価は来季に問いたい」と書いた。そして、これまで何度も「ファンクラブと友の会の一本化を」と書いてきたように、13年には複雑でわかりづらかった「ファンクラブ」と「友の会」の統合に成功。着々と改革の種を蒔き続けていた。

そして14年——。

こうした努力はついに実を結び、大輪の花を咲かせた。

「レギュラー会員」が3000円というリーズナブルな価格でありながら、「2試合分の観戦特典」、さらに4種類のアイテムからの「複数選択制」を採用。そのグッズも、「ユナイテッドアローズ」「アースミュージック&エコロジー」「ニューエラ」とのコラボ商品。デザイン面でも品質でも文句のないグッズが特典となった。毎試合の来場特典として「選

福岡ソフトバンクホークス

【スタンダード(3,700円)】レプリカユニフォーム(ホーム、ビジター)、バスタオル、ワークキャップ、トートバック、お買い物利用券(3,000円分)など8種類から1つ選択/内野自由席招待券1枚他【ジュニア(2,500円)】【ファミリー(6,200円~)】【ハイグレード(10,000円)】【プレミアム(100,000円)】希望日チケット10枚他

8種類から選べるグッズ、観戦特典、会報誌、DVD……と並ぶ充実感。著者はトートバッグを選択

手カード」もあり、「会員限定イベント」も頻繁に行っている。

この10年間を振り返ってみると、まさかこんな日が訪れるとは思わなかった。何の迷いもなく、そしてたくさんの敬意とともに、14年度の「FOY(ファンクラブ・オブ・ザ・イヤー)」は横浜に贈りたい!

福岡ソフトバンクホークス

ああ、「プレミアム会員」……

ソフトバンクの最上級カテゴリーは「プレミアム会員」。HPの入会案内を見ると、「ホークスファンの憧れの的。継続年数10年以上の方のみがご入会いただける最高級プラン」と書かれている。年会費は10万円。

そして本年、僕はついに「継続10年目」を迎えた。

楽天、阪神とかなりの無理をして「最高級カテゴリー」に入会したからには、ソフトバンクも入らなければ……。

そんな義務感を抱いていたのだけれど、結局入らなかった。

特典が貧相だからではない。むしろ、豪華すぎて入れなかったのだ。「オリジナルリバーシブルパーカー」などのグッズはもちろん、ソフトバンクの「プレミアム会員」は「観戦特典」が実に充実しているのだ。「ご

中日ドラゴンズ

【シニア(3,800円)】トートバッグ、目覚まし時計から1つ選択/ペア招待券(ナゴヤドームパノラマ席か横浜スタジアム内野指定席)/チケット先行抽選販売/ダイヤモンドシート招待(6年以上継続会員)/会員交流サイト/会報(年2回)/ファーム公式戦招待/家族招待サービス(抽選)他【ジュニア(3,400円)】【リトル名誉(無料)】

トートバッグか目覚まし時計のうち、著者は目覚まし時計を選択。老舗百貨店・髙島屋の製作だ

希望の日程10枚プレゼント」に始まり、「〈みずほ〉プレミアムシート・ペア招待券」「S指定席ペア招待券」「クライマックスシリーズペア招待券」など、16枚の観戦チケットが特典に付いている。

しかし、東京在住の僕にとっては、福岡でそんなに多くの試合を見ることはできない。手元に残るグッズであれば申し込んだことだろう。けれども、チケットをムダにするのはしのびない。手元に残ったチケットの山を見るのは悔しい。ということで、僕は例年通りの「スタンダード会員」になった。こんなヘタレでスミマセン。

中日ドラゴンズ

「そごう・西武」と「髙島屋」の代理戦争?

13年度の特徴として、「そごう・西武法人外商部が台頭している」と書いた。その流れは本年も健在なのだが、中日ファンクラブにおいて、まったく予期せぬ事態が勃発した。

14年度の特典グッズ、僕は「オリジナル目覚まし時計」を選択した。文字盤には竜の絵が描かれ、長針と短針にはバットがあしらわれている。直径9・5センチのボール型時計はなかなかかわいらしい。

読売ジャイアンツ

【プライム(4,800円)】トートバック(オフホワイト、ブラック)、ネクストバッターズバスマット、500G-Po(ポイント)から1つ選択/ステイタスブック/カレンダー/会報誌(年6回)/ウェルカムチケット(抽選)/チケット先行販売/ポイントサービス/イースタン主催試合入場無料他【ジュニア(3,500円)】【エンジョイ(無料)】

14年の白眉はネクストバッターズバスマット。思わずバットを持ってしゃがみ込みたくなる

13年度の本項で「中日はセンスレス」と厳しいことを言ったことを反省していて、意外なことに気がついた。この目覚まし時計の問い合わせ先が「髙島屋法人事業部」になっているのだ。前述のように、13年から顕著になった「そごう・西武法人外商部」に対抗するかのように、「髙島屋」がファンクラブグッズ界に名乗りを上げたのだ。

この百貨店の代理戦争は今後どうなっていくのか？　また、「三越」や「伊勢丹」が参入してくることも起こり得るのか？　推移を見守りたい。

読売ジャイアンツ

14年度の新機軸は「バスマット」だ

12年「黒ひげ危機一発（ジャイアンツバージョン）」、13年「ツミコレ」と、次々と新機軸アイテムを特典にしてきた巨人ファンクラブ。「さぁ、今年はどんなアイテムが登場するのかな？」と、巨人らしい冒険心溢れるチャレンジグッズを期待していたら、14年の新機軸は「ネクストバッターズバスマット」だった。これは東京ドームのネクストバッターズサークルをモチーフにしたバスマットだ。

（なるほど、そう来たか……）

埼玉西武ライオンズ

【レギュラーA(5,000円)】ジャングル大帝ユニフォーム／スウェットジャケットなど3種類から1つ選択／内野指定席引換券2枚／チケット割引他【レギュラーB(3,000円)】内野指定席引換券1枚他【ジュニア(2,000円)】内外野自由席入場無料他【プラチナ(40,000円)】記念品3点／内野自由席フリーパス他

ジャングル大帝ユニフォームはゼブラ柄。「ライオンなのに……」という突っ込み待ちなのか？

しかも、このバスマット「内野製」だ。「ないや」じゃないよ、日本で初めてジャガード織を開発した、老舗タオルメーカー「うちの」だよ。このあたりが、巨人ならではのこだわりなのだろう。

しかし、「黒ひげ」の刺激を経験してしまっては、「バスマット」では、もう驚かない。ファンは身勝手だ。その欲求は際限ない。

それでも、巨人なら何とかしてくれるのではないか？　そんな期待とともに15年度の特典を待ちたいと思う。

埼玉西武ライオンズ

相変わらずの安定感に、さらにプラス特典が

07年の「松坂ＦＣ《ファンクラブ》革命」以降、西武は完全にファンクラブ界のリーダーとなった。14年度も相変わらずの豪華さ、そして気遣い。

「ジュニア会員」から「プラチナ会員」にいたるまで、全4カテゴリーに共通の「オリジナルユニフォーム」が付き、僕が入会した「レギュラーA会員」は「スウェットジャケット」「ボストンバッグ」「トートバッグ」の中から1つを選択。僕は例年通り、「スウェット」を選択して大満足。「内野A指定席2枚」の他に、早期入会特典として「卓上カレンダー」、継

東京ヤクルトスワローズ

【レギュラー(3,000円)】ブランケット/外野自由席招待券1枚/チケット割引/主催試合先行販売/会報誌(年6回)/ポイントサービス他【キッズ(1,500円)】Jrキャップ/外野自由席招待券5枚【ライト(2,500円)】【無料会員(無料)】【プレミアム(10,000円)】レプリカユニホーム他

著者は14年もプレミアムに入会も、毎年悩まされた「プレミアム感問題」は14年も解消されず……

続入会特典として、100分収録の「オリジナルDVD」も付く。さらに、本体価格1143円、全162ページの豪華「2014年度版ファンブック」まで。球場に行けば「選手カード」が必ずもらえ、「ピンバッジ」がもらえる日も多い。これで年会費は5000円。

正直なことを言えば、13年度も14年度も西武がFOYで何の異存もないのだ。それほど、西武ファンクラブは傑出しているのだ。しかし、だからこそ、ついつい西武には厳しい評価となってしまう。つまり、「よくて当たり前。何かサプライズを」と期待してしまうのだ。

もはや、西武は「FOY殿堂入り」とすべきなのかもしれない。今年度はひとまず保留にするけれど、15年度は真剣に西武ファンクラブの処遇を考えなければならないだろう。

東京ヤクルトスワローズ

西武ファンクラブと比較してみると……

つば九郎20周年の節目の14年度も「プレミアム会員」に入会。

特典は「オリジナルレプリカユニフォーム」に「外野自由席招待券2枚」。継続入会特典として「宮本慎也のメッセージ入りマウスパッド」

オリックス・バファローズ

【レギュラー（3,000円）】ユニフォーム／内外野自由席券1枚／チケット割引／ポイントサービス／京セラドームにネームプレート掲出（継続・希望者のみ）他【ジュニア（1,000円）】【ゴールド（10,000円）】指定席引換券2枚他【プラチナ（30,000円）】【プレミアム（100,000円）】自由席チケットレス（無料）

前年FOYを獲得も、大盤振る舞いだった選択制のグッズがなくなり、ややトーンダウンか……

が付いた。これで1万円。

先に述べた西武ファンクラブと比較してみてほしい。年会費は西武「レギュラーＡ会員」の2倍。でも、特典は……。

13年にヤクルトは横浜、オリックスと同様、ファンクラブ改革を行った。前述したように横浜は驚異の急成長を遂げた。オリックスは13年の本項で触れたように、入会金を３０００円に抑え、来場ポイントでさまざまな「ポイント交換アイテム」を用意するサービスを始めた。

一方、ヤクルトは「スワレージ」と称するポイントシステムを導入。13年度は31試合、神宮球場で観戦したので「来場ポイント」「チケット購入ポイント」はかなり貯まった。このポイントで、僕は「選手クリアファイル（３００Ｐｔ）」「携帯ポケット（７００Ｐｔ）」「パーカー（１５００Ｐｔ）」「年間名場面ＤＶＤ（５０００Ｐｔ）」をゲットした。ポイント制度が充実したことで神宮を訪れる楽しみは倍増し、この点は大満足だ。けれども、「人は人、うちはうち」と思いつつ、どうしても西武ファンクラブと比較してしまうのだ。子どもの頃からのヤクルトファンとして、どうしても厳しい視線になってしまうのだ。

千葉ロッテマリーンズ

【レギュラー（3,500円）】トートバッグ、ジャガードバスタオル、ポロシャツ、マーくんパスケース、ジュニアグローブから1つ選択／内野自由席券1枚／会報誌（年3回）他【カジュアルレギュラー（2,500円）】【ジュニア（3,000円）】【ゴールド（10,000円）】5種類から1つ選択他【プレミアム・ゴールド（10,000円）】【マリーンズ（無料）】

著者は9年ぶりに「ジュニアグローブ」を選択するも、その品質の大幅な劣化にショックを隠せず

オリックス・バファローズ

「ネームプレート掲出」サービス

すでにオリックスファンクラブの名物企画となった、「長期（3年以上）継続特典」の「京セラドーム内へのネームプレート掲出」サービス。ということで、ここ数年、僕の名前は京セラドーム内に掲出されている。

……あっ、今気がついた。

本年は楽天の「ブースタークラブ」の特典の1つに「楽天Koboスタジアム宮城（コボスタ）内のメンバーズプレート掲出」サービスがあり、阪神の「ダイヤモンドプラス会員」の特典には「阪神甲子園球場外周にネームプレート掲出」というサービスがある。

ということは、本年は僕の名前がコボスタ、京セラドーム、甲子園に掲げられているということだ。単なる一素人のクセに3球場で名前が掲出されているということは、これはこれで快挙なのでは！

千葉ロッテマリーンズ

グローブの材質を10年前と比較してみると……

10年間欠かさずファンクラブに入会していると面白い発見もある。

広島東洋カープ

【ファン倶楽部(3,500円)】メッシュジャージ/ネックストラップ(継続特典)/イヤーブック/会員限定サイト/会員限定イベント他【ジュニア(3,000円)】バッグ/キャップ/ズムスタ内野自由席入場無料/主催オープン戦外野自由席入場無料他【レディース(3,800円)】バッグ/ズムスタ内野自由席20試合入場無料他【シニア(3,200円)】

胸の「Carp」ロゴの中に選手写真がコラージュされた奇抜なデザイン。14年もカープクオリティだ

14年度のロッテ「レギュラー会員」特典の「ジュニアグローブ」。ちょうど10年前の05年にも「子ども用グローブ」が特典に付いていた。

これは当時のバレンタイン監督のメッセージが刻印されたミズノ製の上質なものだった。子ども用とはいえ、僕の小さな手にはジャストフィットする逸品だったので、当時は球場に行くたびにこのグラブを持参していた。しかし、ある日の観戦帰りに入った酒場で酩酊し、このグローブを紛失してしまった。それがずっと心残りだったので、僕は迷わずに「ジュニアグローブ」を選択した。

でも、届いてみたものの、革の質感などは10年前の物のほうがはるかに品質がよかった。この10年間のファンクラブ界をけん引し続けたロッテだけに、この点はちょっと残念だった。

なお、本年からは恒例の「ロッテリア試食券」だけでなく、「クリスピー・クリーム・ドーナツ」の試食券も特典として付くことになった。

広島東洋カープ

実は、会員証も「斬新路線」なのだ!

CQ(カープクオリティ)――。

広島は会員証も毎年趣向が凝っている。過去には免許証や印籠タイプがあり、2014年は「吾輩ハ鯉デアル」と文学仕様?

この10年間で、僕が感嘆した広島ファンクラブ。特典は毎年、毎年「メッシュジャージ」だけれど、そのデザインがあまりにも斬新すぎるので、「今年はどんな手で来るのかな?」と募集要項が発表されるのが待ち遠しい。そして14年は「Carp」の胸ロゴの中に13年シーズンの写真がコラージュされているデザイン。今村猛が歯を食いしばって投球をしていたり、堂林翔太がガッツポーズをしていたり。

(よく、こんなことを考えるなぁ……)

やはり、本年も「広島斬新路線」は健在だった。

さて、これまでまったく触れてこなかったけれど、広島ファンクラブは会員証のデザインもまた創意工夫に満ち溢れている。

07年は「印籠モチーフ」、08年は「免許証モチーフ」、09、10年はノーマルなものだったけれど、11年には「カープ坊やのドアップ」、11年には漢字で「赤の力」と書かれたもの、12年には「極赤」と、こちらも漢字で書かれている。ちなみに、そこには「BUCHIAKA(ぶちあか)」とルビがふられている。これは広島弁なのだろうか? そして14年。原稿用紙がモチーフで、そこには「吾輩ハ鯉デアル」と書かれている。

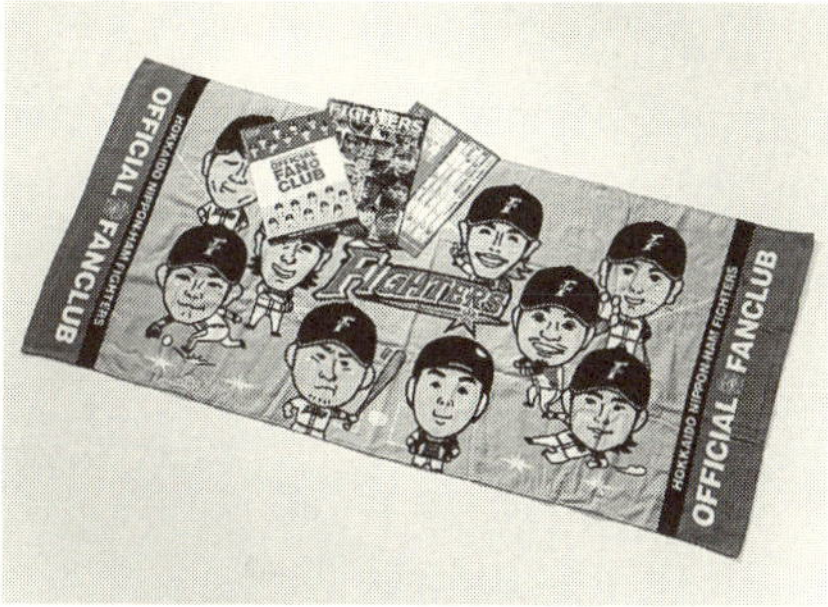

北海道日本ハムファイターズ

【ルーターズ(3,000円)】リュックサック(継続会員はバスタオル)／チケット先行予約／チケット割引／ポイントサービス／来場ピンバッジプレゼント／会員限定ガチャポン／会報誌(年5回)／会員イベント(抽選)／会員専用サイト／CSチケット先行販売／ファンフェスティバル先行抽選他【キッズ(3,000円)】

継続特典のバスタオル中央下部には、優しく微笑む鶴岡慎也の姿が……。鶴岡ファン落涙必至だ

一見すると何の脈絡もないように見えるけれども、そこには「斬新」という一貫性があるのだ。CQ――。心からの敬意と賞賛を贈りたい。また、本年の「レディースカープ」特典の「トートバッグ&バンダナ」。なんと、「髙島屋法人事業部」製だということが判明した！

北海道日本ハムファイターズ
さらば、鶴岡慎也選手会長！

13年秋に届いた、日本ハムファンクラブの「継続手続きのご案内」。小冊子の表紙でファンに継続申し込みを訴えているのが、当時の選手会長・鶴岡慎也だ。そして、本年の「ルーターズクラブ」のメイン特典「スタジアムBIGタオル」。選手の似顔絵が描かれているこのタオル。中央で穏やかな笑みを浮かべているのが鶴岡だ。

ご承知の通り、鶴岡はもういない。14年度からソフトバンクへFA移籍してしまった。あぁ、無情。鶴岡の移籍表明は13年11月30日。ということは、その前にすでに翌年度のグッズの発注をしていたのか……。

さて、入会10年目ということで、僕はついに「プラチナカード」をゲット。特典は特にない。それでも、やっぱり達成感はあるのだ。

成金感覚を戒める東北紀行

2014年、全球団入会10周年を記念して、自分で自分にご褒美をあげるべく、僕は楽天の最高級カテゴリー「ブースタークラブ」に入会した。年会費は10万500円。貧乏物書きにとって、小さくない額だ。そもそも、冷静に考えてみたら僕は楽天ファンでもないし、大金持ちでもないのに、自分で自分の懐を痛めて「ご褒美」も何もあったものじゃない。

メイン特典は「B+(ボーナスプラス)」と呼ばれるポイント10万点。ここから、さまざまに用意されている特典と引き換えができるのだという。僕が狙ったのは6万ポイントの「A・全選手直筆サイン入りカード」。そして4万ポイントの「C・2014ファンクラブプロモデルユニフォーム」。これでちょうど10万ポイントになる。ところが楽天HP上には、このA、C両特典に対して「残りわずか!」と但し書きが添えられていたのだ。

正直言って、その他の特典で触手を伸ばしたくなるようなものは何もない。「Tシャツ」や「過去の特典ユニフォーム」を数枚もらっても何も嬉しくない。ほしくもないものを手に入れたら、「オレは何て浪費をしてしまったんだ」と逆に罪悪感にさいなまれてしまうことだろう。

ということで、「早く引き換え手続きをしなければ」と気が急いて仕方がない。しかし、いくら待ってもファンクラブ事務局からは何の連絡もない。2週間後、ようやく「会員証」や説明書類が届いたものの、そこには特典引き換えについて何も書かれていない。僕は決意する。

(よし、仙台に行こう!)

こうして僕は4月18日、仙台に旅立った。運がいいのか悪いのか、この日は「チャンピオンリング全員プレゼント」の日。

チケットは早くから完売。仕方がないので、ヤフオクで入手。新幹線に宿泊費に加えて、さらに予期せぬ出費。仕方ない。

1年ぶりに訪れる旧宮城球場は大混雑だった。「チャンピオンリング」を求めて大行列ができている。しかし、僕はそれを笑顔でやり過ごす。なぜなら、ブースター会員限定の「お取り置きサービス」があるからだ。大行列を尻目にノーストレスで「リング」を受け取る。さらに、防寒用のブランケットも無料貸与。何とも言えぬ優越感が自分の中に芽生える。

また、コンコースには「ブースタークラブ会員ネームプレート」が掲出されていた。開幕直後に入会したため、僕の名前は見つけやすい最下段にあった。目の前を歩いている人たちに「これ、僕なんです！」と言いたい衝動に駆られる。

お取り置きの特別待遇感、無償ブランケットの優越感、名前掲出の自己顕示欲……。まさに嫌味な成金そのものではないか。人はこうしてイヤな人間になっていくのだろうか？　もし、僕が大金を手にしても、そんな人間にならないように気をつけよう。こうして、自己を戒めるきっかけをもらっただけでも10万５００円の価値はあるのかな、ないよ。

結局、「特典引き換え」は、関係各所をたらい回しにされたけれど、何とか手続きを終えた。聞けば、1カ月ほど後に申込書が届く予定だったらしい。で、電話で引き換え手続きもできたらしい。あぁ、わざわざ仙台まで行かなくても電話で済んだのか？　あせった僕の先走りだったのか？　でも、A、C両特典が「受付終了」なんて事態になったら、後悔してもしきれなかった。やっぱり行ってよかった。楽しかったから。また行こうっと。

ファンクラブあるある▶06

巨人FCあるある

「巨人の特典グッズは豪華」という噂を聞くと、FAで移籍する選手の心境が少しだけ理解できる。

とにかく質・量で圧倒する巨人の特典。その内容を人づてに聞いて、「そりゃぁ選手もみんな巨人に行くわな……」と、悟りを開くファンもいるとか、いないとか。

歴代ファンクラブ特典

名品&迷品ランキング

ファンサービス界を揺るがせた10大事件

ファンクラブ事件簿

2005▼2014 ファンクラブ特典 名品BEST10

思えば過去10年間、いろいろな名品があった。僕の定義する「名品」とは、「自分では絶対に買わないけれども、特典として使ってみて満足できたもの」、そして「すごいなぁ、バカだなぁとシンプルに感嘆したもの」のことを指したいと思う。

1位は「ヤフオク入手」という禁断の反則技まで駆使して手に入れた09年楽天、「Mr.カラスコクラブ」の「ラジコンヘリコプター」。操作が難しく、何度もトライして、たまに飛行に成功するのがホントに嬉しかった。

2位の「黒ひげ危機一発(12年・巨人)」も、単体では絶対に購入しないけれども、特典として入手してみると、打ち合わせに来た編集者とついつい遊びに興じて、意外な盛り上がりを見せた。3位は「広島斬新路線」の象徴的アイテム「カオシマユニ(09年・広島)」。僕にとっては完全にツボ。何度見ても惚れ惚れする。

4位、5位、6位はいずれも女性ファン向けのアイテム。12年ロッテの「レディースセット」はトートバッグ、タオル、ぬいぐるみの豪華3点セット。11年巨人の「バッグ・イン・バッグ」、14年横浜の「バッグ&ポーチ」も「新たなファンを獲得しよう」という各球団の意欲の表れだ。

7、8位はかなりかさばるぬいぐるみがラインナップされた。もらった当初は「置く場所がないよ」と迷惑だったけれど、長年、仕事場の片隅に置いていると、自然に愛着が湧いてくるから不思議だ。これからも大切にしたいと思う。9位、10位はともに14年の「全入会10周年」を記念して、無理して入会した贅沢カテゴリーからのランクイン。9位のバットは高級感があっていい。そして10位は「後日発送」なので、まだ僕の手元にはない。でも、近々届くはずだ。AJやユーキリスのサインもあるんだろう。楽しみだな。

2005-2014ファンクラブ特典 名品BEST10

BEST 1 ラジコンヘリコプター

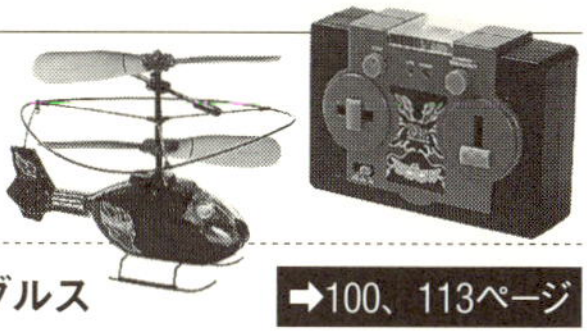

2009年▶東北楽天ゴールデンイーグルス ➡100、113ページ

2 黒ひげ危機一発(ジャイアンツバージョン)

2012年▶読売ジャイアンツ ➡159ページ

3 「カオシマ」メッシュジャージ

2009年▶広島東洋カープ ➡106ページ

4 マリーンズ・レディースセット

2012年▶千葉ロッテマリーンズ ➡164ページ

5 オリジナル・バッグ・イン・バッグ

2011年▶読売ジャイアンツ ➡133ページ

6 アースミュージック&エコロジーバッグ&ポーチセット

2014年▶横浜DeNAベイスターズ ➡198ページ

7 つば九郎クッション

2011年▶東京ヤクルトスワローズ ➡144ページ

8 ガブリぬいぐるみ

2006年▶中日ドラゴンズ ➡31ページ

9 ダイヤモンドプラス会員・記念バット

2014年▶阪神タイガース ➡197ページ

10 全選手直筆サイン入りカード

2014年▶東北楽天ゴールデンイーグルス ➡195ページ

黒ひげ危機一発(ジャイアンツバージョン)(12年・巨人)

「カオシマ」メッシュジャージ(09年・広島)

つば九郎クッション(11年・ヤクルト)

2005▼2014 ファンクラブ特典 迷品BEST10

「名品」に引き続き、今度は「迷品」をご紹介したいと思う。初めに述べておきたいのだけれど、僕にとって「迷品」とは決して、侮蔑的な言葉ではない。10年間も全球団のファンクラブに入会していると、オーソドックスで無難なアイテムもいいけれど、そればかりでは少々、物足りなさを感じる。むしろ、「バカバカしいけど、よくチャレンジしたなぁ」と思えるグッズにこそ、愛おしさを感じてしまうのである。そういう意味において、「迷品」は「冒険心」、「挑戦心」と表裏一体なのだ。では、忘れられない「迷品」の数々をご紹介しよう。

1位、2位はともに楽天の「Mr.カラスコクラブ」からのエントリー。「名品」部門1位の「ラジコンヘリコプター（09年・楽天）」もまた同カテゴリーからのランクイン。つまりは、いかにこの「カラスコクラブ」がエキセントリックかつ、アバンギャルドなカテゴリーだったかということの証明でもある。返す返すも09年のカテゴリー消滅が口惜しい。

そして、3、4、7、10位には広島ファンクラブの一連の斬新グッズが並んでいる。本文中で何度も触れたように「CQ（カープクオリティ）」はこれからも「迷品製造カテゴリー」として大活躍するはずだ。今後も広島からは目が離せない。

5位の「新感覚フィギュア」と謳われた「ツミコレ（13年・巨人）」は僕には理解できなかった。残念。

6位の「オリジナルシャツネイビー（12年・オリックス）」、9位の「ミニボストンバッグ（13年・中日）」は申し訳ないが、僕の趣味にまったく合わないということで、どちらかというとネガティブな意味での「迷品」。

8位の「BIGタオル（14年・日本ハム）」はFA移籍した鶴岡慎也の笑顔があまりにもまぶしすぎて、堂々のランクインとなった。

2005-2014ファンクラブ特典 迷品BEST10

BEST 1 カラスコマスク

2006年▶東北楽天ゴールデンイーグルス ➡113ページ

2 ファイティングキット

2008年▶東北楽天ゴールデンイーグルス ➡113ページ

3 タオルポンチョ

2011年▶広島東洋カープ ➡145ページ

4 ノースリーブジャージ

2008年▶広島東洋カープ ➡ 80ページ

5 ツミコレ

2013年▶読売ジャイアンツ ➡179ページ

6 オリジナルシャツネイビー

2012年▶オリックス・バファローズ ➡162ページ

7 フォトプリントメッシュジャージ

2014年▶広島東洋カープ ➡207ページ

8 スタジアムBIGタオル

2014年▶北海道日本ハムファイターズ ➡209ページ

9 ミニボストンバッグ

2013年▶中日ドラゴンズ ➡180ページ

10 「カオシマ」メッシュジャージ

2009年▶広島東洋カープ ➡106ページ

ツミコレ　（13年・巨人）

スタジアムBIGタオル（14年・日本ハム）

ミニボストンバッグ（13年・中日）

ファンクラブ事件簿

ファンサービス界を揺るがせた10大事件

この10年間、さまざまな出来事があった。笑えるものから、まったく笑えないものまで、各球団、それぞれに話題を提供してくれた。なかには思い出したくない話題もあるだろうし、決して忘れてはいけない出来事もある。改めて、振り返りたい。

1位はやはり「LOTE（ロテ）事件（09年・ロッテ）」しかない。何で自チームのスペルを間違えたのだろう？　誰も気づかなかったのか？　担当者の処遇は？　さまざまな疑問符が浮かんでは消える。2位・「前監督批判騒動（12年・中日）」は、ただただ見苦しい不愉快な出来事だった。14年に「前監督」はGMとして復帰。この騒動に関わった人たちは気まずい思いをしていることだろう。

3位、4位は明るいニュース。親会社が変わったことで、横浜は一気に優良ファンクラブの仲間入りを果たした。これからの飛躍に期待したい。また、震災時に見せた、巨人の誠意ある対応には頭が下がる。改めて、盟主としての誇りを感じた次第だ。

5位の「松坂FC革命（07年・西武）」は、全球団にとって、大いに刺激となったはずだ。これがなければ、現在のファンクラブ界はどうなっていたことだろう？　6位の「CQ（カープクオリティ）」、7位の「Mr.カラスコクラブ」については「名品」「迷品」で述べた通り。

8位もまた「蒸し返し系」でゴメンナサイ。当時のオリックスが、とにかくコリンズ監督を前面に押し出して売り出そうとしているあざとさが鼻についたのだけれど、2年目早々に退任。予想通りの事態に。そして、9位、10位はいずれも個人的な理由。10周年の節目となる14年。思い切って、阪神、楽天の上級カテゴリーに入会。はたして、楽天ファンでもないのに10万500円を支払う人は僕以外にいるのだろうか？

2005-2014ファンクラブ事件簿BEST10

BEST 1 前代未聞「LOTE(ロテ)」事件
2009年▶千葉ロッテマリーンズ ➡ 99ページ

2 「前監督批判」騒動
2012年▶中日ドラゴンズ ➡155ページ

3 TBSからDeNAへ
2012年▶横浜DeNAベイスターズ ➡168ページ

4 震災時の誠意ある対応
2011年▶読売ジャイアンツ ➡133ページ

5 松坂FC革命
2007年▶埼玉西武ライオンズ ➡ 52ページ

6 「CQ(カープクオリティ)」と「斬新路線」
2007年～▶広島東洋カープ ➡63ページなど

7 「Mr.カラスコクラブ」の暴走っぷり
2006～2009年▶東北楽天ゴールデンイーグルス ➡113ページ

8 「Bs CLUB」、コリンズ騒動
2007～2008年▶オリックス・バファローズ ➡ 54ページ

9 年会費10万500円「ブースタークラブ」入会
2014年▶東北楽天ゴールデンイーグルス ➡195ページ

10 年会費3万3500円「ダイヤモンドプラス」入会
2014年▶阪神タイガース ➡197ページ

「LOTE(ロテ)」事件(09年)
なんと、ロッテ会員証のスペルが「LOTE」に……

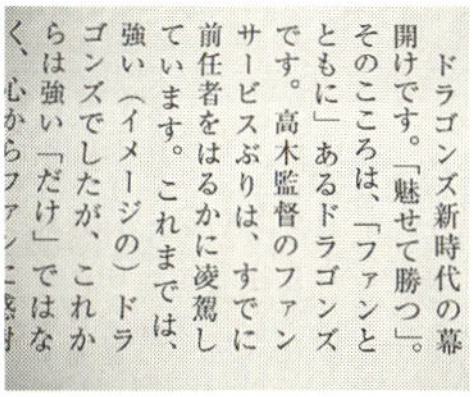
ドラゴンズ新時代の幕開けです。「魅せて勝つ」。そのこころは、「ファンとともに」あるドラゴンズです。高木監督のファンサービスぶりは、すでに前任者をはるかに凌駕しています。これまでは、強い（イメージの）ドラゴンズでしたが、これからは強い「だけ」ではなく、心からファ

「前監督批判」騒動(12年)
会報を埋め尽くす落合博満前監督への大批判

コリンズ騒動(07～08年)
「BsCLUB」が徹底的にプッシュするも裏目に…

「カープクオリティ」(07年～)
毎年あの手この手の斬新なアイテムに驚かされた

ファンクラブあるある▶07

遠方ファンあるある

特典グッズが「球場受け取りのみ」と聞いた時の虚無感と孤独感。

一時は楽天が頑ななまでに「球場受け取りのみ」だった。せっかくお金を払ってもグッズを手にできないとなると、まるで子どもに会えない単身赴任のお父さんのような心境になる。

10年間入会し続けて見えた光と影

12球団別 ファンクラブ通信簿

2005-2014充実度総合ランキング

1	西武	104pt
2	巨人	97pt
3	ヤクルト	92pt
4	ロッテ	91pt
5	中日	71pt
6	ソフトバンク	70pt
7	楽天	50pt
8	阪神	49pt
9	広島	46pt
10	オリックス	41pt
11	日本ハム	38pt
12	横浜・DeNA	31pt

※2005年～2014年の「充実度ランキング」を1位＝12pt、2位＝11pt、3位＝10pt……12位＝1ptとして点数化し、合計したランキングです

Saitama Seibu Lions

埼玉西武ライオンズ

他球団の「範」となるべき、まさに理想形！

ここまで何度も繰り返してきたように、すべては２００７年「松坂ＦＣ《ファンクラブ》革命」によって始まった。05年３月に初代オーナーが逮捕され、その後、球団売却報道がなされたこともあった。それでも、西武ファンクラブは粛々とファンのために考えられる限りのファンサービスを行い続けた。

この10年、西武ドームに何度も足を運んだけれど、手ぶらで帰った記憶がない。「選手カード」「ピンバッジ」「ポストカード」「うちわ」など必ず何かしらのオマケを手にした。

初期の頃は先行者であるロッテファンクラブの模倣から始まり、13年からは、ソフトバンクの「継続特典ＤＶＤ」を模倣した。本文中にも書いたが、他球団のいいところはどんどん真似していけばいいのだ。

この10年間、いろいろな思い出がある。05年の「プルオーバーシャツ」。ジッパー部分の噛み合わせが悪く、どうにも開閉しづらく、恐縮しながら窓口に行くと「本当に申し訳ございません」とますます恐縮するような謝罪を受けて交換。09年の「メッセンジャーバッグ」、11年の「スウェットジャケット」、いずれも高品質、高デザインでしばらくの間、日常使いをしていた。08年から始まった「Ｌポイント」。チケット購入だけではなく、球場での飲食購入でもポイントが貯まるため、ビール党の僕はこのポイントだけで「スウェットジャケット」「トートバッグ」など、さまざまな特典をゲットした。

僕の自宅からは１時間程度かかるけれども、休日の昼下がりなど、何度もふらりと西武ドームを訪れた。「球場に行きたい」、そんな思いにさせてくれるのが西武ファンクラブなのだ。14年の項でも書いたが、そろそろ本気で「ＦＯＹ（ファンクラブ・オブ・ザ・イヤー）殿堂入り」を検討すべき時期なのかもしれない。

2005-2014埼玉西武ライオンズファンクラブ通信簿

■年度別ランキング推移

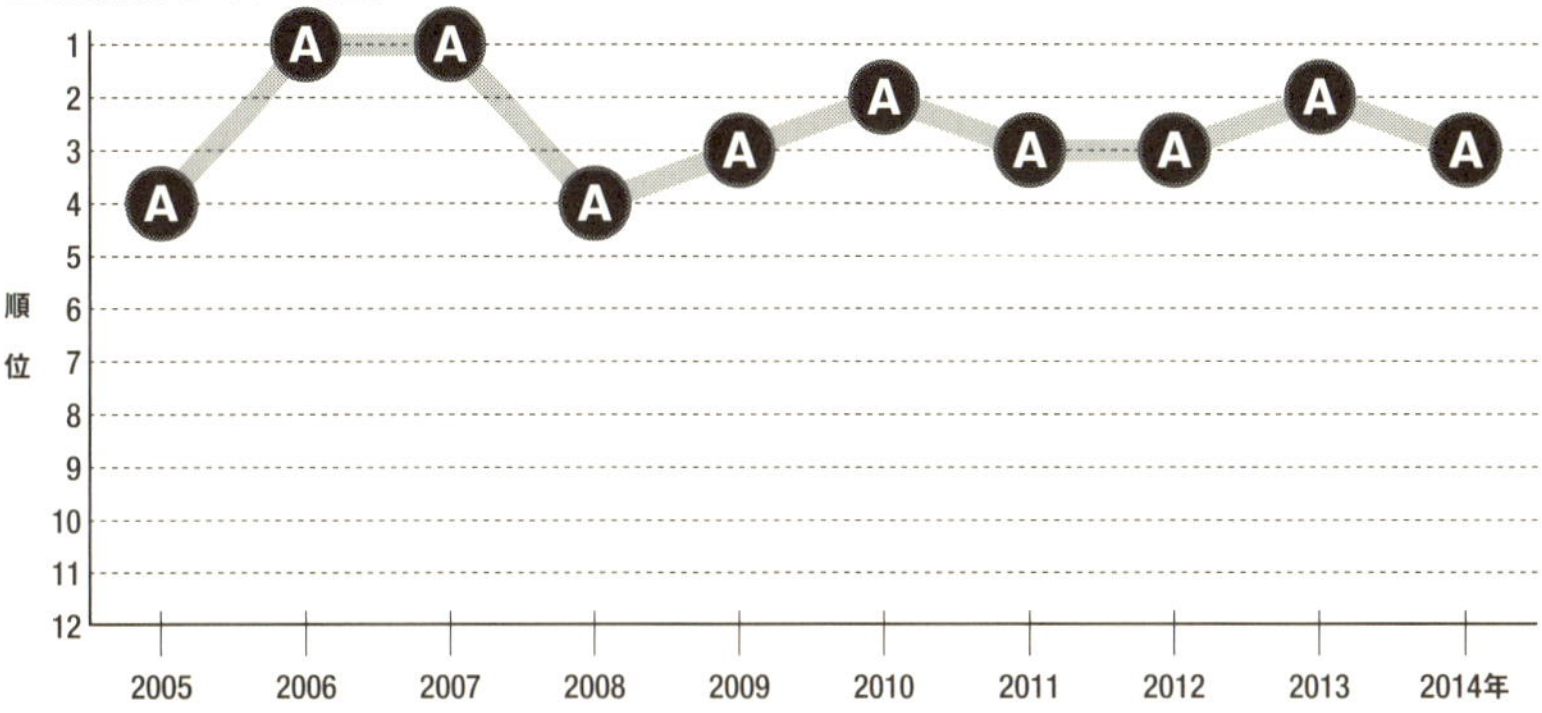

A
総合評価

コスパ	アイディア	ラグジュアリー
A	A	A

観戦特典、グッズ点数、そして質。さらにポイント制度、早期入会特典、継続特典、来場特典、各種イベント……。すべてが万遍なくハイレベルな理想形。

GOOD
試合後のイベント本当に楽しいよ
ファンクラブの基本要素である「プレゼント系」「ふれあい・体験系」、両者のバランスが実にいい。試合後の「サラリーマンナイト」、僕は何度も参加している。

BAD
改善点、不満点、ともに見つからず
正直なところ、悪い点、不満な点は何も見つからない。西武は西武のままでいい。このクオリティをいつまでも保ちつつ、さらなる向上を期待したい。大丈夫だと思うけど。

最優秀年 **2007年** 「松坂FC革命」が一大転換期だった
ポスティングマネーをファンクラブへ還元。この姿勢に感激。

最優秀特典
オリジナルスウェットジャケット(2011年)

このチームのファンクラブを一言で言うと?
美人で優しく、クレバー、完璧な良妻賢母

Yomiuri Giants

読売ジャイアンツ

金もある、誠意もある、やっぱり「球界の盟主」なのだ

２００５年に初めて入会したときに、「もう、こんなに特典いりませんよ」と恐縮してしまうような、その豪華ぶりに驚いた。そして、この10年間、その流れは連綿と続いている。

大物選手がFAで入団するたびに「やっぱり、金持ち球団なんだなぁ。だからファンクラブもこんなに豪華なんだ」と再認識した。

しかし、11年の東日本大震災後の誠意ある対応を目の当たりにして印象が大きく変わった。「単なる金持ちの嫌味なヤツ」ではなく、「金があるからこその余裕」のようなものを感じたのだ。やはり歴史と伝統のある球団なのだとファンクラブを通じても実感することができた。

また、巨人ファンクラブは他球団に先駆けて「女性ファン獲得」に熱心だ。11年「オリジナル・バッグ・イン・バッグ」、12年「オリジナルミニショルダーバッグ（エコバッグ付）」など、女性用アイテムを積極的に特典とし、女子球児たちの「ヴィーナスリーグ」をサポートしたり、東京ドームでの公式戦に「レディースシート」を設けたりしている。女性ファンがやがて結婚し、母になる。母が野球好きならば、子どもが野球に興味を持つ可能性はグッと高くなる。そんな長期的展望が感じられる。

その一方で、12年「黒ひげ危機一発（ジャイアンツバージョン）」、13年「ツミコレ」のような実験的なアイテムを特典に採用。王道と女性ファン開拓、そして冒険心。さすがに、「球界の盟主」を自任するだけのことはある。だからこそ、本文中でも触れたけれど、巨人には「超豪華カテゴリー」を創設してもらいたい。年会費10万円でもいい。絶対に他球団が真似のできない超豪華特典を見たい。巨人がどんな最上級カテゴリーを作るのか？　実現しないかなぁ。僕は本気で願っているのです。

2005-2014読売ジャイアンツファンクラブ通信簿

■年度別ランキング推移

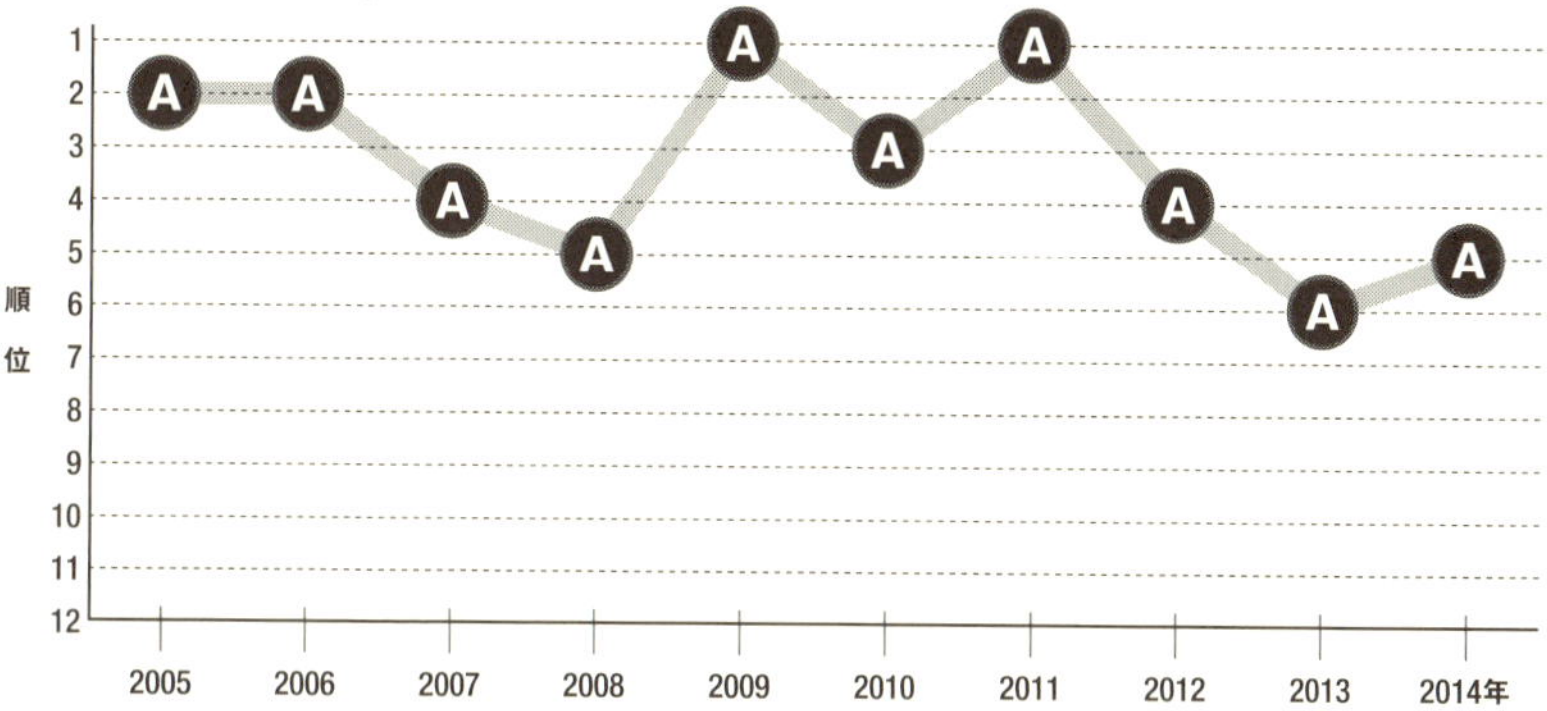

A
総合評価

コスパ	アイディア	ラグジュアリー
A	A	A

特典アイテムは大充実、さらに早期継続特典で観戦チケットもある。ポイントシステム「G-Po」はゲーム性も兼ね備えて楽しい。何も言うことはない。

GOOD
王道と冒険心の両輪が大充実

「レプリカユニフォーム」や「メッセンジャーバッグ」といった王道特典の他に女性用アイテムや「黒ひげ危機一発」などの実験的なアイテムの絶妙なバランスが◎。

BAD
巨人ならではの豪華カテゴリーを

05年以来、年会費は4800円で据え置きだが、「金満球団」の揶揄を逆手に取った「超豪華カテゴリー」の創設を期待。どんな豪華特典なのか、ぜひ見てみたい。

最優秀年 **2011年** 震災時の対応と高品質の女性グッズ

震災時のファンへの誠意ある応対と特典グッズの秀逸さが光る。

最優秀特典 オリジナル・バッグ・イン・バッグ（2011年）

このチームのファンクラブを一言で言うと? のび太が逆立ちしてもかなわない出木杉くん

Tokyo Yakult Swallows

東京ヤクルトスワローズ

愛する球団だからこそ、ぶつけたい〝喝〟！

隠すことではないのでハッキリ言うが、僕は子どもの頃からのヤクルトファンだ。10歳の頃からファンクラブに入っている。そんな長年のファンにとって、ヤクルトファンクラブの特典「外野自由席5枚」は本当にありがたかった。これだけで年会費以上の恩恵をこうむっていた。

しかし、13年からのファンクラブ改革によって、その特典は失われた。それは別に仕方のないことだと思う。他球団のようにポイント制を充実させて、チケット購入、来場促進を図るのは間違っていない方針だ。

その点に関しては残念だけれど、不満はない。現に13年、14年と僕は十数万円をチケット代に費やしている。おかげで、ポイントはかなり貯まり、ファンクラブ特典以上の優良アイテムを手にしている。それまでならば、せいぜい数万円の出費だった。球団の目論見としては狙い通りなのかもしれない。

ただ、何度も書いているように「プレミアム会員」のプレミアム感のなさ。西武ファンクラブと比較した場合の「レギュラー会員」特典の貧相さは如何ともしがたい。さすがに13年からは「レギュラー会員」の年会費を5000円から3000円に値下げした。でも、まだまだ物足りない。

05年からの変遷を見ると、ヤクルトファンクラブはずっと上位をひた走っていた。しかし、ここ数年はその地位も危うくなっていると思う。このままでは、同時期に「FC改革」に着手した、横浜、オリックスに追い抜かれてしまう可能性も出てきた。

14年の神宮球場ではイニングの合間に名誉会員である出川哲朗が「ファンクラブに入らないと、ヤバいよ、ヤバいよ」とPRしているが、そもそもヤクルトファンクラブ自体が「ヤバいよ、ヤバいよ」なのだ。ファンならではの苦言ばかりで恐縮です。

2005-2014東京ヤクルトスワローズファンクラブ通信簿

■年度別ランキング推移

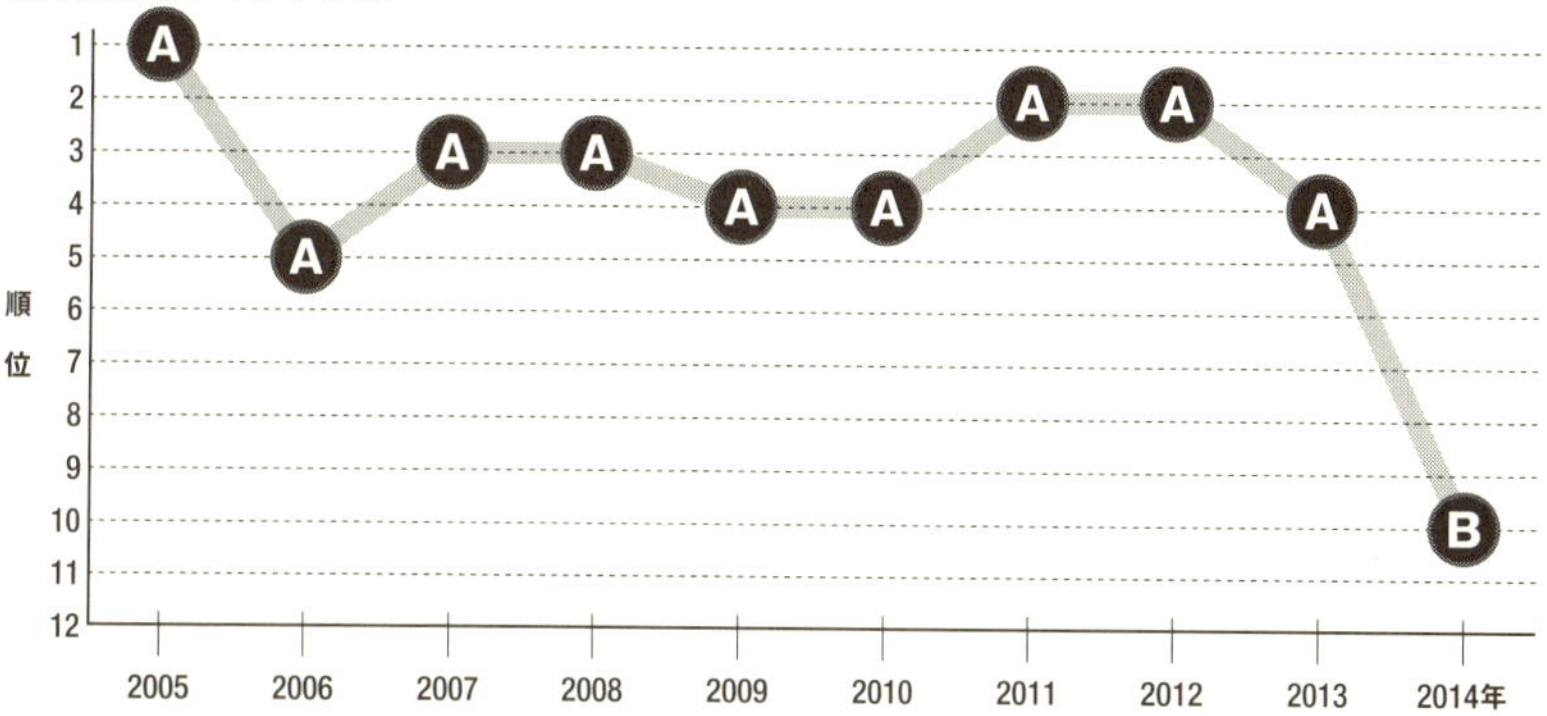

A
総合評価

コスパ	アイディア	ラグジュアリー
B	B	A

10年「プレミアムフィギュア」の足が折れていたときの返品対応は実に気持ちがよかった。13年からの「FC改革」とチーム低迷の因果関係が気になるところ。

GOOD

12年までの観戦特典5試合は12球団一

05～12年までの「外野自由席5枚」特典は最高。ビジターファンもこの特典を目当てに入会していたという。しかし、この特典も今はない。今後の行方に注目だ。

BAD

年々、コスパが悪くなる気が……

他球団と比較した場合、コスパは見劣りがする。かつての優良ファンクラブの面影が年々、薄れていくのがファンとしては心配。杞憂に終わればいいのだが……。

最優秀年 **2009年** ジャンパー、グラブ、チケット5枚

1万円の「プレミアム会員」特典は歴代最高のコスパだった。

最優秀特典 プレミアムフィギュア（2010年）

このチームのファンクラブを一言で言うと? かつての憧れのマドンナも、今では……

Chiba Lotte Marines

千葉ロッテマリーンズ

ファンクラブ界、最強の先行者にして、最大の功労者

この10年間、常にファンクラブ界のトップランナーであり、先行者であり、革命者でもあった。

05年に日本一に輝き、翌06年には「TEAM26」を発足。他球団がその背中を見失ってしまうほど、「ファンクラブ改革」という道をひた走り続けた。ロッテの真摯な姿勢は西武、ソフトバンクなど、他球団に好影響をもたらした。そういう意味では、この10年間におけるファンクラブ界の最大の功労者だろう。

また、僕にとっては多少、年会費は高くなっても、特典目当てで「ゴールド会員」に入会する数少ないファンクラブでもある。毎年、翌年の「募集要項」が届くのが本当に楽しみだ。この姿勢は今後も継続してほしいと思う。

先駆者には先駆者の苦労がある。ロッテファンクラブを見ていると、ついそんなことを考えてしまう。追随する西武は、ひたすらロッテの長所を模倣した。あるいはずっと低迷していたオリックスや横浜は「FC革命」によって急成長を遂げた。それは裏を返せば、それまでが低迷していたから伸びしろが大きかったということでもある。しかし、ロッテはすでに高みにいる。この位置からさらに上を目指すのは困難なことだろう。近年、ロッテファンクラブにサプライズを感じることは少なくなった。新しい挑戦を試みても、「だって、ロッテだから」と、当然のことのように受け止めてしまう自分がいる。

09年には自チームのスペルを間違えるという「LOTE事件」も勃発した。担当者は「今さら蒸し返すなよ」と思っていることだろう。スミマセン（笑）。それでも、ロッテファンクラブなくして、日本プロ野球のファンクラブ向上はあり得なかった。その点は改めて強調したい。

2005-2014千葉ロッテマリーンズファンクラブ通信簿

■年度別ランキング推移

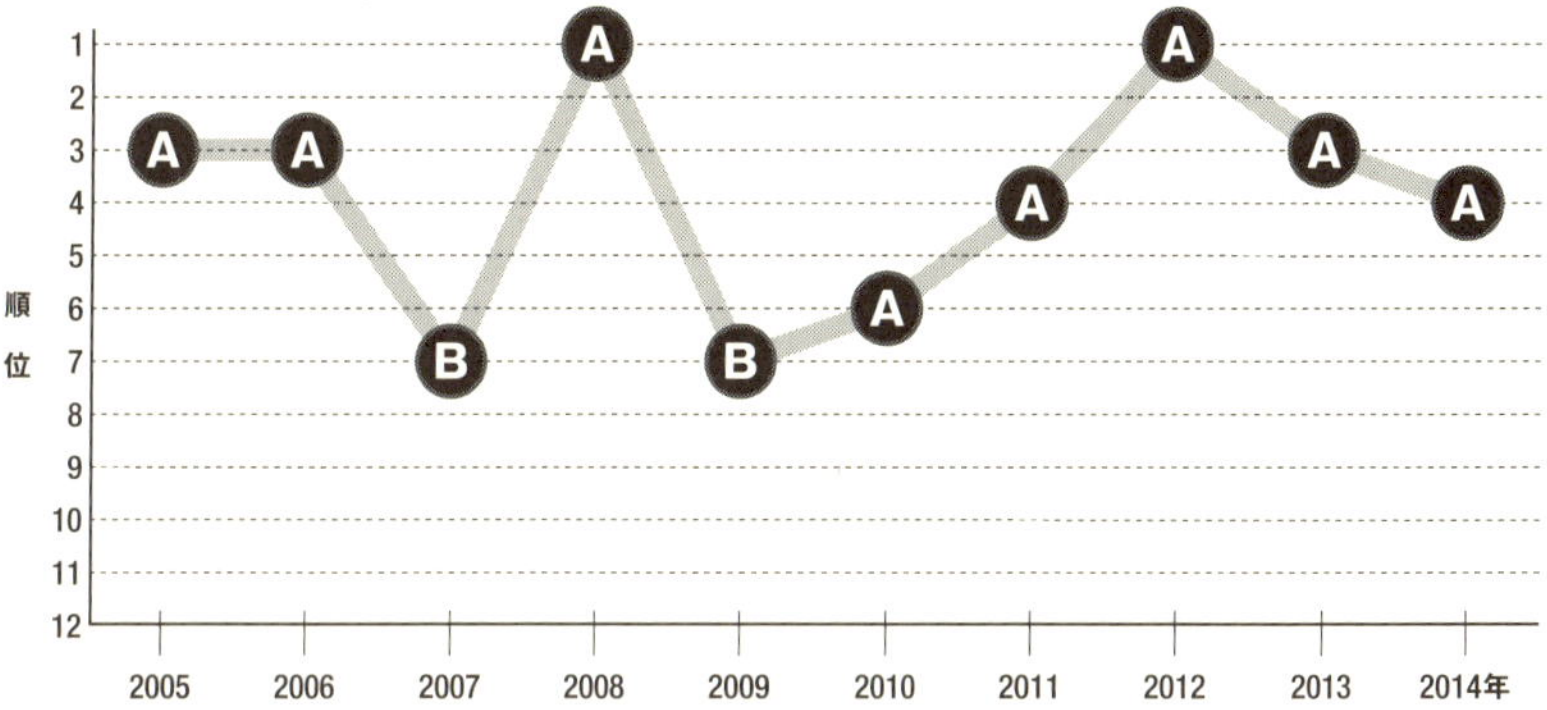

A 総合評価

コスパ **A**　アイディア **B**　ラグジュアリー **A**

08年、12年とFOYに輝いたロッテ。「新機軸は常にロッテから」、そんな格言がファンクラブ界にはある。ホントはないけど、そう言い切ってもいいだろう。

GOOD 意外に嬉しいロッテリア券

06年に一度消滅し、08年から復活した「ロッテリア試食券」。「エビバーガー」「てりやきバーガー」「ポテトS」の3点の時代が続いた。意外に嬉しいんだな、これが。

BAD 追われる者の辛さを超えて

先行者としてさまざまな試みをしてきた。そのいいところを他球団が取り入れる。近年は西武の勢いが勝りつつある。ここらで「本家」の意地を見せてほしい。

最優秀年 2012年 チケット4枚に豪華特典の数々

この年導入された「レディースセット」の充実ぶりに驚いた。

最優秀特典 オリジナルパーカー（2013年）

このチームのファンクラブを一言で言うと？ レースをけん引する最強の逃げ馬

Chunichi Dragons

中日ドラゴンズ

後発ながら、12球団有数の存在感を誇る!

2006年に一般コースが誕生し、誕生早々に、後に「ガブリ」と名づけられる「ファンクラブキャラクター」を設定。このデザインがスタジオジブリの宮崎駿監督。誕生早々、気合いの入った船出となった。年会費3800円で7大特典、さらに先着2万5000人に「ナゴヤドームパノラマ席をペアで招待」という大盤振る舞いを見せた。

その後も、後発ながら次々と贅沢な特典で会員を獲得。一気に、球界を代表するファンクラブとなった。

親会社が新聞社らしく、会報も新聞体裁で、文体もデザインも古めかしいが、それも味のひとつとなっている。ただ、失礼を承知で言えば、会報だけでなく、グッズのデザインも含めたすべてがどうにも古臭い。10年の「Tシャツ2枚」、11年の「ワンショルダーバッグ」、13年の「ミニボストンバッグ」……。せっかく、いろいろアイディアを絞り、多大な資金を投じているのだから、もっとやりようがあると思うし、もっとカッコよく作れると思うのだ。この点はまだまだ改良の余地はあるはず。

また、中日ファンクラブだけが「会員証」が紙製だ。これまでずっと「安っぽい」と酷評を続けてきた。そもそも、設立初年度の06年はプラスチック製だった。それが、07年からは一貫して紙製に。だからこそ、「ぜひプラスチック製に」と書き続けてきたけれど、今では心境の変化も生まれた。ここまで紙製にこだわるのは何らかの理由があるのではないか? むしろ、「12球団唯一の個性」として、尊重すべきではないか? そんな風に考え方が変わった。今後の動向にぜひ注目したい。

最後に12年の「前監督批判」騒動について。両者の間に何があったのかは知らないが、下品なお家騒動をファンにさらす必要は絶対にない。

2005-2014中日ドラゴンズファンクラブ通信簿

■年度別ランキング推移

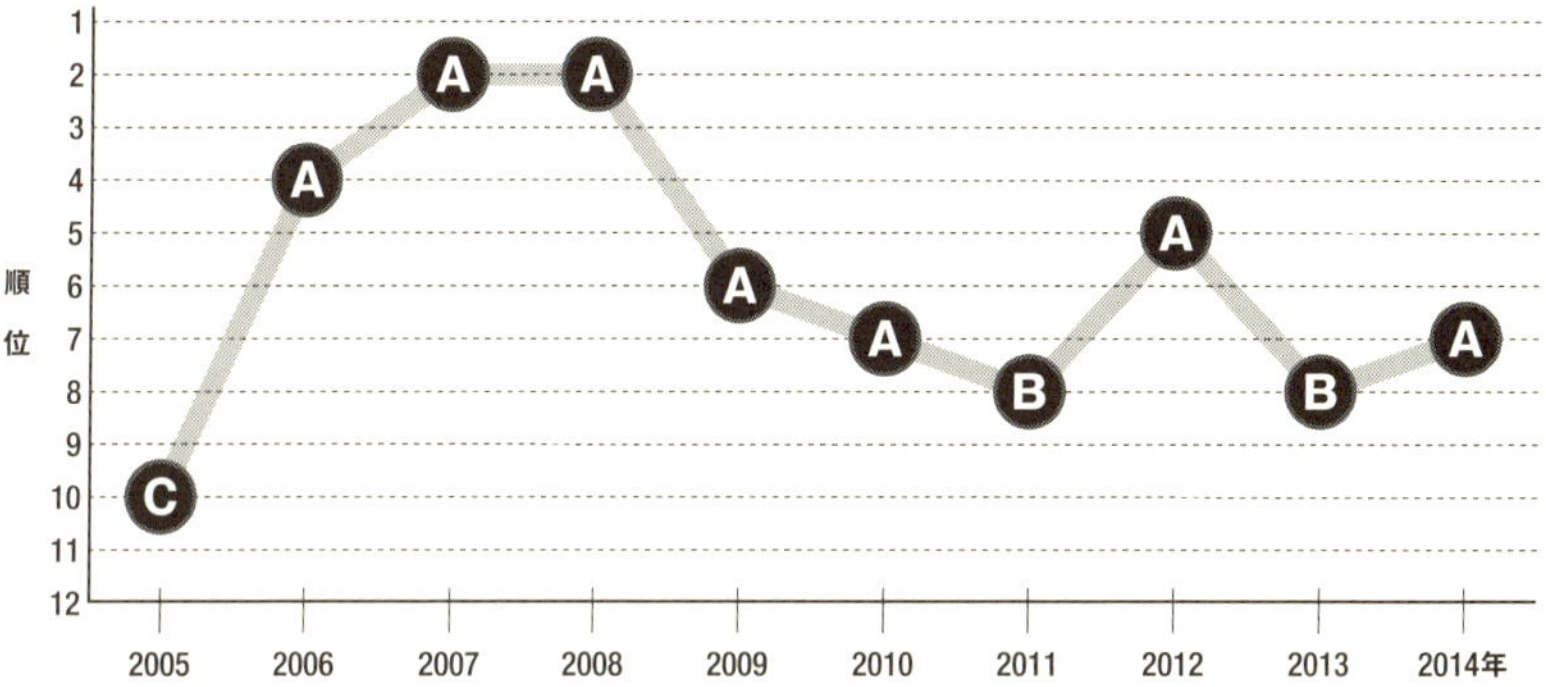

A

総合評価

コスパ	デザイン	ラグジュアリー
A	C	B

ガブリがあしらわれたオリジナルグッズの数々。物量ともに、西武や巨人に匹敵する豪華さを誇るが、デザイン面での立ち遅れがマイナス評価に。惜しい。

GOOD

FCオリジナルガブリの存在

12球団を見渡しても「ファンクラブオリジナルキャラ」がいるのは中日だけ。しかも、世界の宮崎駿監督デザイン。このキャラを前面に押し出したほうがいいのにな。

BAD

グッズデザインにどうしても違和感

せっかく、質のいいものを大量に特典に付けているのに、メインアイテムのデザインがどうにもダサい。趣味の問題かもしれないけど、それでもやっぱりダサいと思う。

最優秀年 **2006年** 発足初年度のインパクト!

後発ながら最大の「豪華7大特典」は強烈なインパクトだった。

最優秀特典 ガブリぬいぐるみ(2006年)

このチームのファンクラブを一言で言うと? 美人令嬢なのに、メイク下手で台無しに

Fukuoka SoftBank Hawks

福岡ソフトバンクホークス

目標は、「世界一のファンクラブ」！ まずは「日本一」から

2005年の球団発足時、孫正義オーナーは「世界一の球団を目指す」と高らかに宣言。それを受けて、05年のファンクラブ募集要項にも「会員数100万人を目指します！」とか、「世界一を目指すホークスのファンクラブも、目指すのは世界一！」と鼻息の荒い文言が並ぶ。そして、10年が経った。チームは08年に屈辱の最下位になったものの、10、11年とリーグ優勝を実現、11年には日本一にも輝いた。着々と「世界一」への道を歩んでいる。

一方、ファンクラブに目を転じると、ソフトバンクは05年から14年にいたるまで、「スタンダード会員」の年会費は3700円のまま据え置きで、特典は年々充実している。

このチームの最大の特徴は早くから、特典グッズの「複数選択制」を採用していたこと。初年度の05年こそ、「レプリカユニフォーム」のみだったけれど、翌06年には4アイテムからの選択制になり、年々アイテム数は増え、10年以降は8アイテムとなっている。僕は毎年「選ぶ楽しさ」を満喫させてもらっている。

そして、忘れてはならないのが09年から始まった「継続特典DVD」だ。収録時間96分のこのDVDを最初に見たときには本当に驚いた。他球団がシーズンオフに発売している「年度版DVD」と何ら遜色がなかったからだ。冗談抜きに「これだけで年会費の元が取れた」と感じたほど。ソフトバンク関連の原稿を書くときに、このDVDを引っ張り出して参考にしたこともあった。05年に宣言した「世界一のファンクラブ」まで、まだ時間はかかるだろう。創立時には「会員100万人を目指す」と宣言したが、10年には「目指せ会員10万人」とひそかに下方修正。でも、確実にそのポテンシャルは秘めている。それが、ソフトバンクなのだ。

2005-2014福岡ソフトバンクホークスファンクラブ通信簿

■年度別ランキング推移

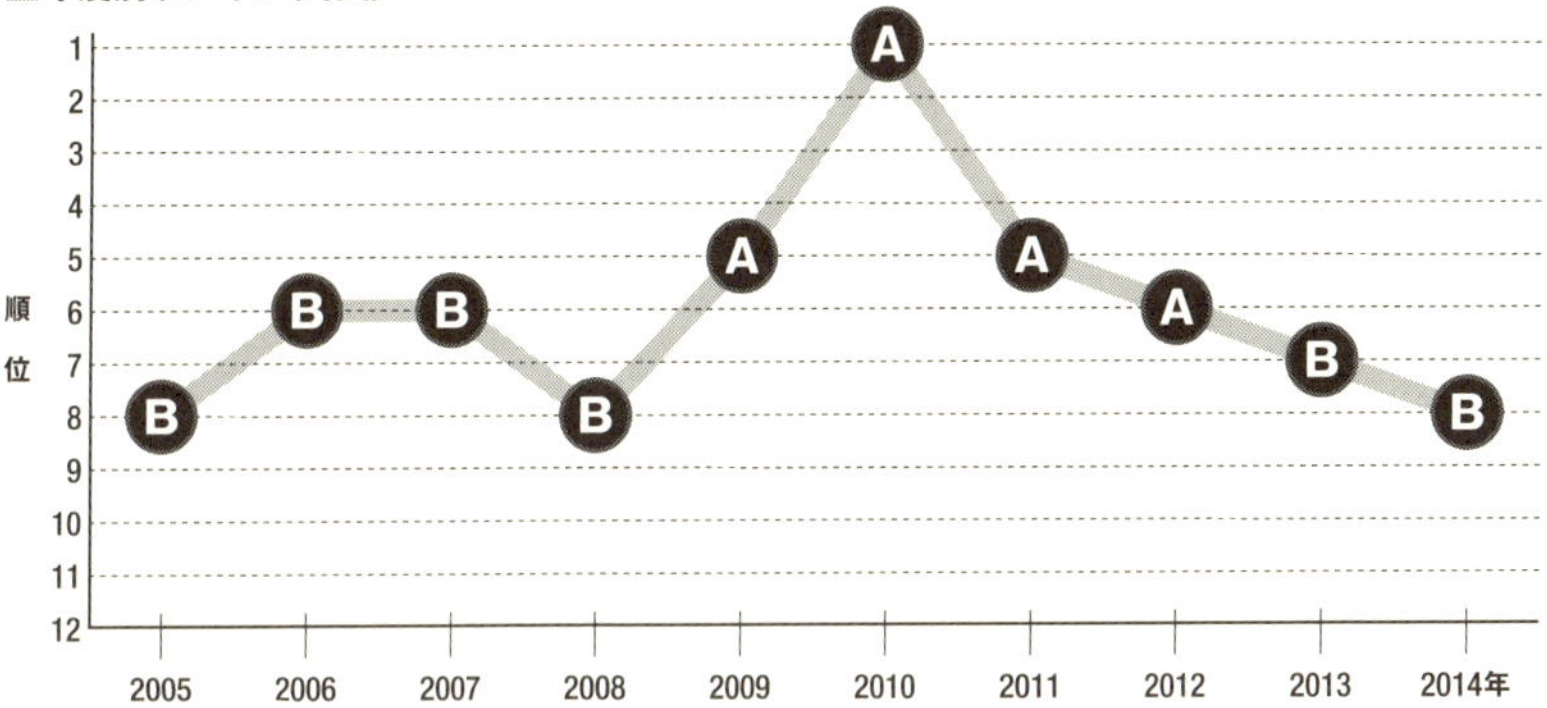

A
総合評価

コスパ	アイディア	ラグジュアリー
A	B	A

当初から他球団の追随を許さない「複数選択制」をひた走る。さらに09年からの「継続特典DVD」はファンクラブ界のノーベル賞ものの大発明だ。

GOOD
継続特典DVDと高品質グッズ

「継続特典DVD」は最高のアイディア特典。08年「Tシャツ」、10年「トートバッグ」、13年「バスタオル」、いずれも高品質で、僕は日常使いしている。

BAD
他が真似できない冒険特典の登場を

大きな不満はないのだけれど、強いて言えば、そろそろ「何だ、これ?」と笑えるような「チャレンジアイテム」の登場を期待。このチームならできるはずだ。

最優秀年 **2012年** 優勝還元特典、その心遣いが◎

前年日本一の記念として、ステッカーなど2点が臨時特典に

最優秀特典
メッセンジャーバッグ(2009年)

このチームのファンクラブを一言で言うと?
そこに行けば何でもそろう特典のデパート

Tohoku Rakuten Golden Eagles

東北楽天ゴールデンイーグルス

独創的な「Mr.カラスコクラブ」と豪華な「ブースタークラブ」

2005年に誕生した新興球団。当初は苦難の連続ながら、ついに13年に悲願の日本一となった。もちろん、ファンクラブの歴史もまた試行錯誤の連続であった。

05年には「創立会員」全員の氏名を一挙に掲載。僕もまた歴史の証人なのだと身が引き締まる思いだった。05、06年はともに「トートバッグ」が、そして08、09年はともに「ピンバッジホルダー」が特典に付いた。なぜか「2年連続同じ特典」という不思議な現象だったが、以降は10〜14年まで「ユニフォーム」が特典となった。しばらくの間、特典の「郵送不可」という遠方ファンにとっては不遇の時代が続いたが、12年から悲願の「郵送可」となったのも嬉しい。

さらに、06年から09年までの4年間だけ存続した「Mr.カラスコクラブ」は実に独創的なカテゴリーだった。残念ながら、当時は「1万5000円は高いな」と思って加入しなかったけれど、後に振り返ればファンクラブの可能性を大きく広げた超優良カテゴリーだったと気づいた。ファンとしてはあるまじきことだが、後にヤフオクで入手したほど、魅力的なアイテムの数々だった。

そして、発足初年度の05年から14年まで、一貫してハイクラスカテゴリー「ブースタークラブ」を存続させているのも偉大だ。各球団が高級カテゴリーを作っては消滅させている中で、楽天は10万円のカテゴリーを10年間、維持し続けた。「全選手の直筆サインカード」や「オンワード樫山のエンブレム付きブレザー」などの豪華アイテムは他球団のファンながらうらやましかった。そして、14年。僕はついに「ブースタークラブ」に入会した。貧乏な僕には最初で最後の英断だけれど、この1年間は「ブースタークラブ」の一員として、シーズンを満喫させてもらいたい。

2005-2014東北楽天ゴールデンイーグルスファンクラブ通信簿

年度別ランキング推移

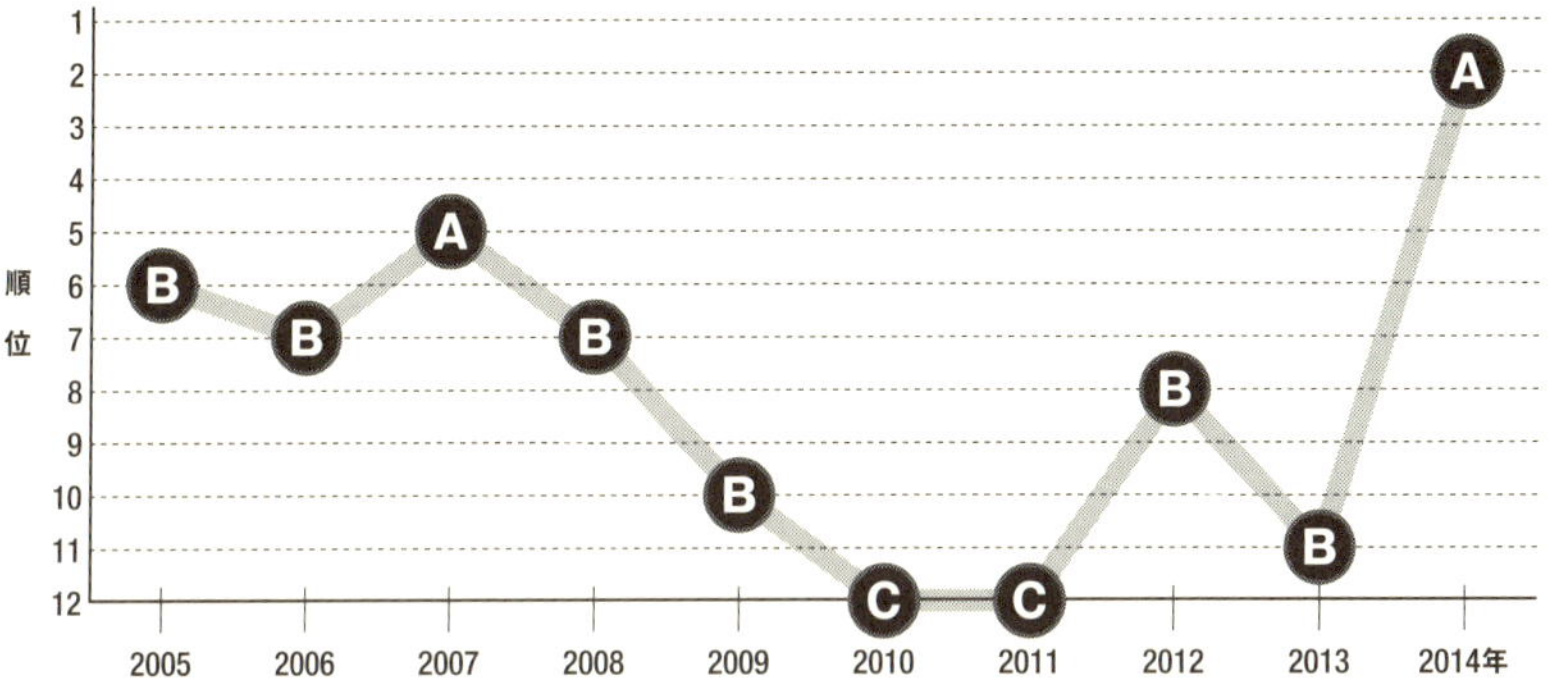

B

総合評価

コスパ	冒険	ラグジュアリー
B	A	A

球場に足を運べるファンにとっては絶対に入会したほうがいいが、地方ファンへの目配りは少なかった。その反面、球場に行けばさまざまなアトラクションが用意されている。

GOOD カラスコクラブの自由奔放さ

野球とは何も関係のない「プロレスマスク」や「ファイティングキット」、「ラジコン」を特典に付ける超挑戦的アイテムの数々。ここまでの冒険は誰もできない。

BAD 「遠方ファン」へのおもてなしを

「地域密着」を掲げて、地元ファンを大切にする姿勢は間違っていない。けれども、チームへの帰属意識を求める遠方ファンへの気遣いもまた、今後の課題だろう。

最優秀年 2014年 初のブースタークラブ会員になって

初めて10万500円を支払った記念すべき年。個人的理由です。

最優秀特典 ファイティングキット（2008年）

このチームのファンクラブを一言で言うと？ 大間のマグロとくさやが同居する幕の内弁当

Hanshin Tigers

阪神タイガース

12球団一の迅速、かつ効率的な組織運営

2005年から現在に至るまで、阪神ファンクラブのスピーディーすぎる募集開始、特典到着の流れは他球団の追随を許さない。

前年7月に募集を開始して、すぐに締め切り。年内の12月にはグッズが届いて、次のシーズンに万全の応援体制で備える。システマチックかつ、オートマチックな組織運営には脱帽だ。だからこそ会員数16万超、リピート率90%という巨大ファンクラブの運営が可能なのだろう。

また、他球団が入会金1万円～10万円超の「ハイグレードカテゴリー」を次々と誕生させている中で、阪神だけは頑なに「年会費3500円」のまま、継続年数に応じて3年目の「ゴールド会員」、5年目の「プラチナ会員」、10年目の「ダイヤモンド会員」と、「金より忠誠心」を大事にしている点は立派。その上で、10年目にようやく、3万円を追加すれば「ダイヤモンドプラス会員」になれる。

これだけの巨大ファンクラブなのだから、金さえ払えば誰でも入れる高級カテゴリーを作れば、さらなる増収も可能だろう。でも、それをやらないところにポリシーを感じる。

また、グッズはミズノ製ばかりだった。それもまたこのファンクラブの特徴だったのだが、13年からは従来のミズノに加えて、「そごう・西武法人外商部」製も加わった。それによって、特典グッズのバリエーションも飛躍的に拡大したと思う。

細かいことだけれど、他球団は普通のダンボールで特典が郵送されるが、阪神に関しては虎がプリントされた特製の箱入りでグッズが到着する。それもまたカッコいい。

余談ではあるけれど、本書用の口絵撮影をした際に、大量のグッズに紛れて14年度の会員証を紛失した。「再発行の手続き」の電話対応も本当に丁寧で、実に好感を持った。

2005-2014阪神タイガースファンクラブ通信簿

■年度別ランキング推移

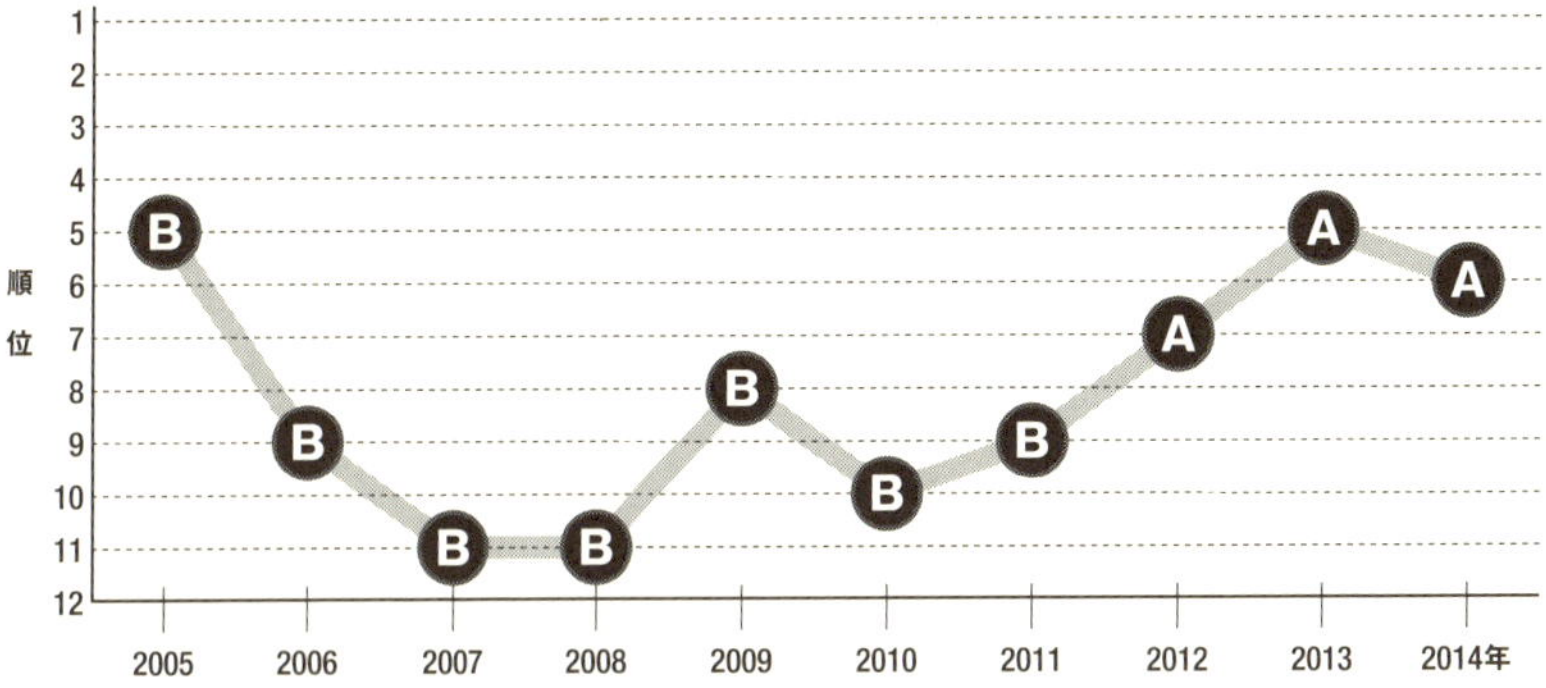

B

コスパ	アイディア	ラグジュアリー
A	B	B

総合評価

安定した組織運営、グッズの質も安定。特筆すべき課題はない。「イエローメッシュジャージ」は球場のいたるところで目にするファンクラブ界のベストセラーアイテム。

GOOD

安定の組織運営で応援に集中できる

募集開始時期も速く、シーズン前には追加募集もきちんと行っている。そのため、バタバタすることなく、落ち着いて応援に集中できる環境が整っているのが特徴。

BAD

安定している反面、もう少し刺激を

よく言えば「安定」、悪く言えば「無難」なため、アッと驚く刺激は少ない。関西パワー炸裂の強烈な「奇天烈グッズ」アイテムでのビッグサプライズを期待したい。

最優秀年 2013年

ミズノとそごう・西武とのW体制

12年は全アイテムがミズノ製。13年からW体制でさらに充実。

最優秀特典

プレミアムバット(2014年)

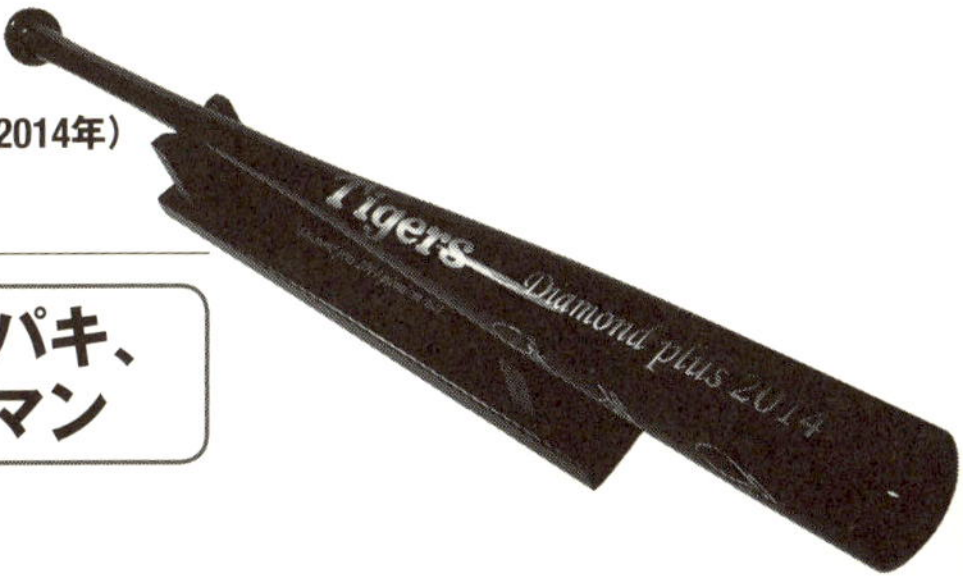

このチームのファンクラブを一言で言うと?

せっかちでテキパキ、有能なビジネスマン

Hiroshima Toyo Carp

広島東洋カープ

独自の道を突き進むカープクオリティ

全球団のファンクラブに入会し始めた2005年。広島には「ジュニア」「レディース」「シニア」の3つしかなく、僕が無条件で入れるカテゴリーはなかった。この間、母の名義で「シニア」に入り続けたけれど、母が「観戦特典」の恩恵を受けることは一度もなかった。

しかし、07年にいわゆる「一般コース」である「カープファン倶楽部」が誕生すると状況は一変した。当初は気がつかなかったけれど、数年の後に「実に独特のセンスだなぁ」と否応なく気づかされた。08年の「ノースリーブジャージ」、09年、伝説の「カオシマジャージ」、10年の「出身地入りジャージ」……。

アイテムは毎年「メッシュジャージ」で素材はチープ。数回洗濯すれば、すぐによれよれになってしまう。けれども、その独自のセンス、自由闊達《かったつ》にアイディアを発露できる奔放さ。いつしか僕は広島ファンクラブの「斬新路線」に魅了され、「CQ（カープクオリティ）」と名づけていた。

毎年、毎年、担当者は「来年はどうしよう?」と頭を悩ませているだろう。しかし、その一方で「今度はどんな手で驚かせてやろうか?」という楽しみもあるだろう。07年の発足以来、ずっと年会費は3500円で据え置きだ。今後、とびきり上質のアイテムが出現することはないだろう。けれども、広島の場合はそれでいいのだ。リーズナブルな年会費で、アイテムはチープ素材の「メッシュジャージ」でいい。その代わり、ファンがアッと驚くような斬新なデザインを見せてくれれば、それでいいのだ。少なくとも、僕はそこに期待するし、それこそ、広島ファンクラブの存在意義なのだと思う。

この「斬新路線」、そしてCQがどこまで行き着くのか、僕は今後もしっかりと見届けるつもりだ。

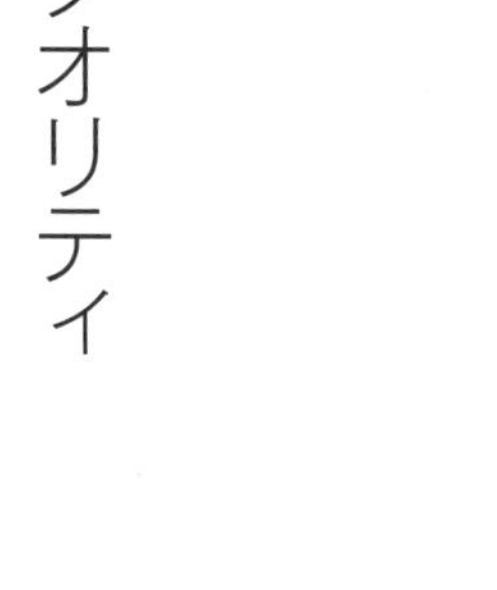

2005-2014広島東洋カープファンクラブ通信簿

■年度別ランキング推移

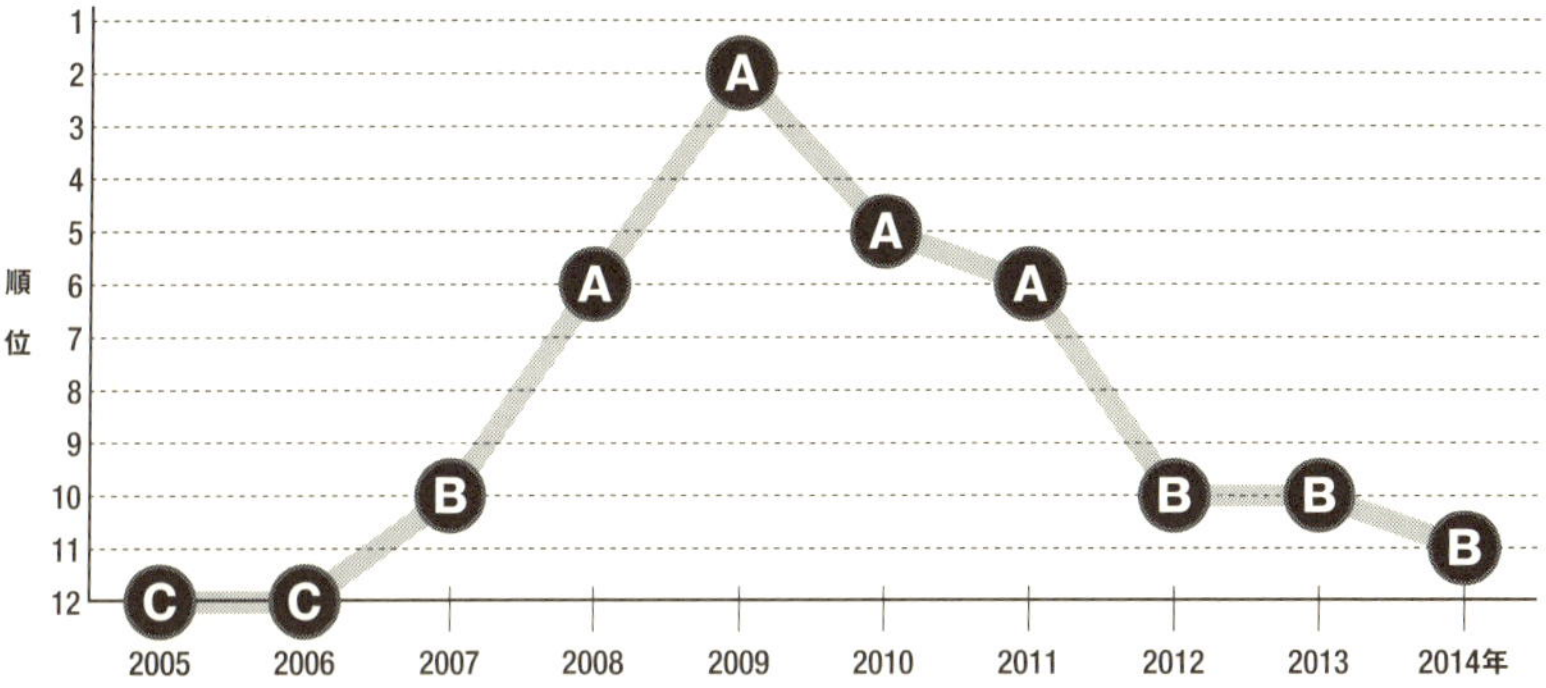

B

総合評価

コスパ	アイディア	ラグジュアリー
B	A	C

05～06までの2年間は「シニアクラブ」入会のため、特典がまったく受けられず低評価となったが、07年以降は独自の存在感を発揮するようになる。

GOOD

アイディア勝負 独自の創意工夫

「金がないなら頭を使え」、まるでチームカラーそのもののイズムがファンクラブにも浸透している。他の追随を許さない独自のデザインは、もはや芸術の域に。

BAD

素材がチープ 保管に注意が必要

現物を手に取るとよく理解できるが、素材がどうにも安っぽいため、耐久性はほとんど期待できない。長く使いたかったら、着ないで飾っておくのが一番かも？

最優秀年 **2011年**

タオルポンチョとジャージの2大特典

頭からすっぽりかぶって使えるタオル。でも、吸水性はゼロ。

最優秀特典

伝説の「カオシマユニフォーム」(2009年)

このチームのファンクラブを一言で言うと？

新進気鋭の才能溢れる赤貧芸術家

ORIX Buffaloes

オリックス・バファローズ

明快な「球場に来れば来るほど得をする」コンセプト

2005年からの10年間、オリックスは6名の監督が就任した（代行を含む）。この間、Aクラスになったのは08年、2位の一度だけ。命名権により、球場名も何度も変わった。チームは混乱の極みにあったけれど、この間のオリックスファンクラブは「球場に来れば来るほど得をする」という方針を徹底して貫いた。

年に数度の「ファンクラブデー」での来場特典は本当に充実している。「マフラータオル」「キャップ」「オリジナルTシャツ」など、通常特典並みの、いやそれ以上の特典が並ぶ。

この間、印象的だったのが07年の「BsCLUB」発足時。イメージキャラはコリンズ新監督。当時の募集パンフにはコリンズの写真に吹き出し付きで「うれしい特典がいっぱいデス！」など、とにかく語尾が「デス！」や「マス！」で終わる文言が並ぶ。ちなみにこの年のロッテの募集パンフはバレンタイン監督で「一緒に戦うことを楽しみましょう！」という直訳風キャッチコピーだった。

ご承知の通り、コリンズは翌08年シーズン途中で帰国。「BsCLUB」としては、実に幸先の悪いスタートだったが、それでもまったくぶれずに「来れば来るほど」を貫いた。

また、注目していたのが年会費26万2500円の06年「プレジデント会員」だった。これは「OBとの野球対決」「OBの解説による、特別席での観戦会」など、OBとのふれあいを重視したカテゴリーだった。値は張るけれども、かつてのスター選手との交流が楽しめ、ひいてはOBの再雇用にもつながるのであればいい試みだ。1年で消滅したのが残念。

13年に「FC改革」を実施。募集要項には「これでも入会しませんか!?」と書かれている。自信があるのだろう。その成果は、遠くない将来に現れると期待している。

2005-2014オリックス・バファローズファンクラブ通信簿

■年度別ランキング推移

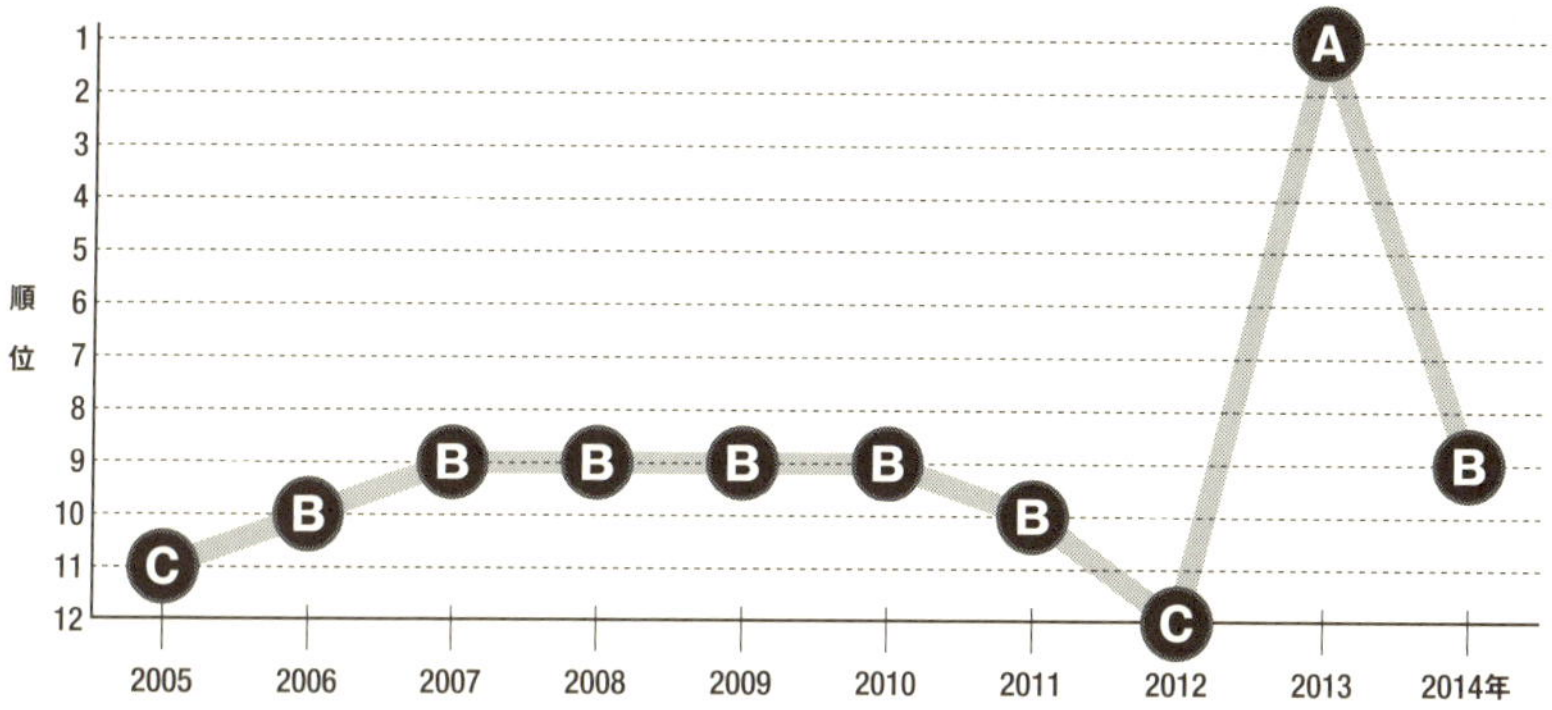

B

総合評価

コスパ	アイディア	ラグジュアリー
B	B	C

当初はずっと「12球団最安値」を誇っていた入会金。「可もなく不可もなく」状態が続いたが、13年に改革に着手。今後の伸びしろが期待される有望株だ。

GOOD

群を抜く「来場特典」は他球団を圧倒

入会特典は「可もなく不可もない」が、球場でもらえる特典が実に豪華。「せっかく来てくれたのなら、手ぶらで帰しません」という心意気が十分に伝わってくる。

BAD

印象に残らない個性のない特典

オリックス特典グッズで「これだ!」と印象に残っているものがない。資料を引っ張り出し、現物を見て「あぁ、こんなのもあったな」という感じ。独自の個性がほしい。

最優秀年 **2013年**

初めての「FOY」記念すべき第一歩

今後に期待して13年FOYを贈呈も、14年は少々期待外れ。

最優秀特典

京セラドーム ネームプレート掲出(2012~)

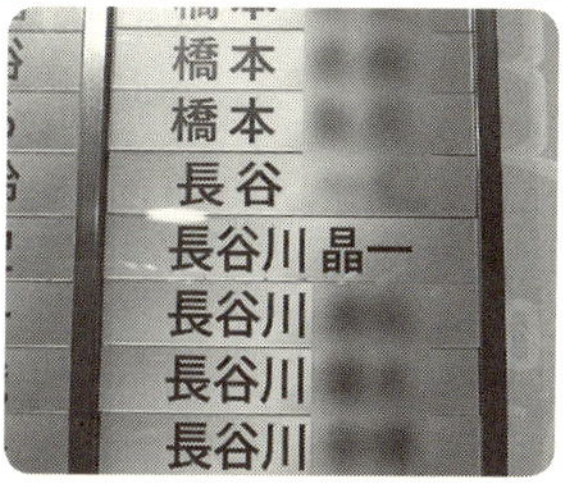

このチームのファンクラブを一言で言うと?

取材厳禁。来店者のみ厚遇の頑固ラーメン店

Hokkaido Nippon-Ham Fighters

北海道日本ハムファイターズ

「無個性の個性」ではなく、鮮烈な球団カラーを!

日本ハムファンクラブは、もっとも印象度が薄く、存在感も希薄だ。2005年からの10年間で06、07、09、12年と4度も日本シリーズに進出、06年には北海道移転3年目にして、待望の日本一に輝いた。

　この間、SHINJO（新庄剛志）、ダルビッシュ有、中田翔、大谷翔平と途切れることなくスター選手を輩出した。チームとしては実に順調な10年間だったにもかかわらず、ファンクラブとしては波風も立たず、それゆえに平凡な10年間だった。

　来場特典や会員限定「ガチャポン」を通じて、熱烈なピンバッジコレクターを生み出したものの、それ以外になるとどうにも影が薄い。それでも、05年の「ウインドブレーカー」、06年の「ブランケット」、07年の「ティッシュカバー」など、北海道ならではの「防寒グッズ」という特色があった。しかし、その後は個性がなくなった。07年の選択アイテム「ビーズクッション」、08年「バスタオル」、09年「スタジアムバッグ」と独自のアイテムを模索しているのは理解できる。けれども、12年「リュックサック」、13年「ビッグバッグ」はデザイン、品質ともに物足りないものだった。年会費が3000円だから、特別コストパフォーマンスが悪いとは思わない。けれども、「得したな」「入会してよかったな」と思うこともなかった。皮肉めいて言えば「無個性なのが個性」なのが、日本ハムファンクラブの最大の特徴なのかもしれない。

　田中幸雄が2000本安打を達成した07年オフ。突然、「田中幸雄選手2000本安打記念ハットピン」が送られてきた。ファイターズの歴代ユニフォームに身を包んだ田中幸雄の姿が描かれた台紙はカッコよかった。こういう気遣いができるファンクラブだけに、今後は「個性の鮮明化」をぜひとも期待したいのだ。

2005-2014北海道日本ハムファイターズファンクラブ通信簿

■年度別ランキング推移

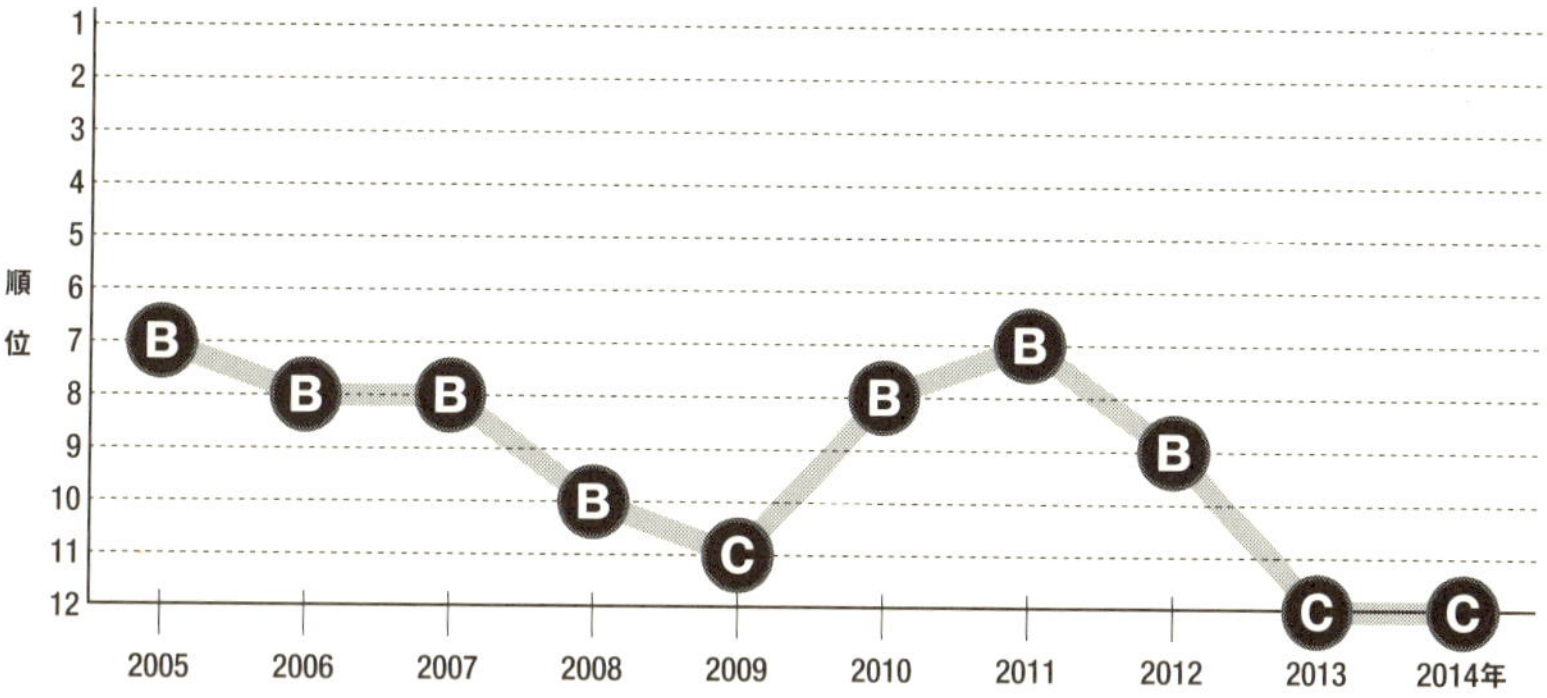

C

総合評価

コスパ	アイディア	ラグジュアリー
B	C	B

資料を見ないと、日本ハムファンクラブの特典が思い出せない。それほどに印象が薄い。年会費3000円だから文句はないけど、もっと個性がほしいな。

GOOD　他球団にはない継続特典ドッグタグ

前年の順位が刻印された継続特典の「ドッグタグ」。これは他球団にはない斬新な試みだった。07年から始まり、13年までの名物企画だったが、14年に突然消滅。

BAD　個性もないし、可もなく不可もなし

繰り返し述べているように、インパクトのある特典グッズがないのが最大の弱点。一度もつけたことのない「レプリカユニフォーム」を特典にしてはどうだろう?

最優秀年　2007年　ビーズクッション、魅惑の肌触り

中身がビーズのため、不思議な感触でかなりの間愛用した逸品

最優秀特典　オリジナルバスタオル（2008年）

このチームのファンクラブを一言で言うと?　同窓会で「アイツ、誰だっけ?」と呼ばれる人

Yokohama DeNA BayStars

横浜DeNAベイスターズ

奇跡の急上昇、こんな大躍進が起こるとは……。

この10年間で、もっとも急成長し、奇跡の急上昇を成し遂げたのは横浜ファンクラブ以外にない。

05年の全球団入会以来、僕は横浜を褒めるのに必死だった。なぜなら、褒めるべき点がなかったからだ。「選手と2ショットの会員証」、選手が搭乗する飛行機や宿泊するホテルが明記された「会報」、お気に入り選手からの「メッセージカード」。これらは横浜ファンクラブ独自の特典だった。もちろん、すばらしい試みだと思う。だから僕も、この点については必死にアピールしてきた。

しかし、根幹となるべき「観戦特典」、そして「メイングッズ」。いずれも、他球団とは比較にならないほどのチープさだった。

それも仕方がない。この10年間で牛島和彦、大矢明彦、田代富雄（代行）、尾花髙夫、中畑清と次々と監督が変わり、主力選手は続々と他球団に流出した。親会社のTBSは球団運営にヤル気があるようにはまったく見えなかった。そんな停滞ムードの中でファンクラブなど、二の次、三の次だったのだろう。

しかし、11年秋にDeNAへの球団譲渡が実現すると状況は一変した。12年、13年、そして14年と横浜ファンクラブはどんどん充実し、倍々ゲームで会員数が増加したという。

それも当然のことだろう。「観戦特典」があり、人気ブランドとコラボした「優良グッズ」があり、「ポイント制度」もある。これで、ようやく他球団と同じ土俵に立った。しかも、アイディアも意欲も他球団以上に満ち溢れているのが十分外部にも伝わってくる。もう大丈夫だろう。地を這うような暗黒時代を過ぎた今だからこそ、これからの横浜には期待できる。12球団でもっとも伸びしろが大きく、ここ3年で一気に優良ファンクラブへと変貌を遂げたのだ。

2005-2014横浜DeNAベイスターズファンクラブ通信簿

■年度別ランキング推移

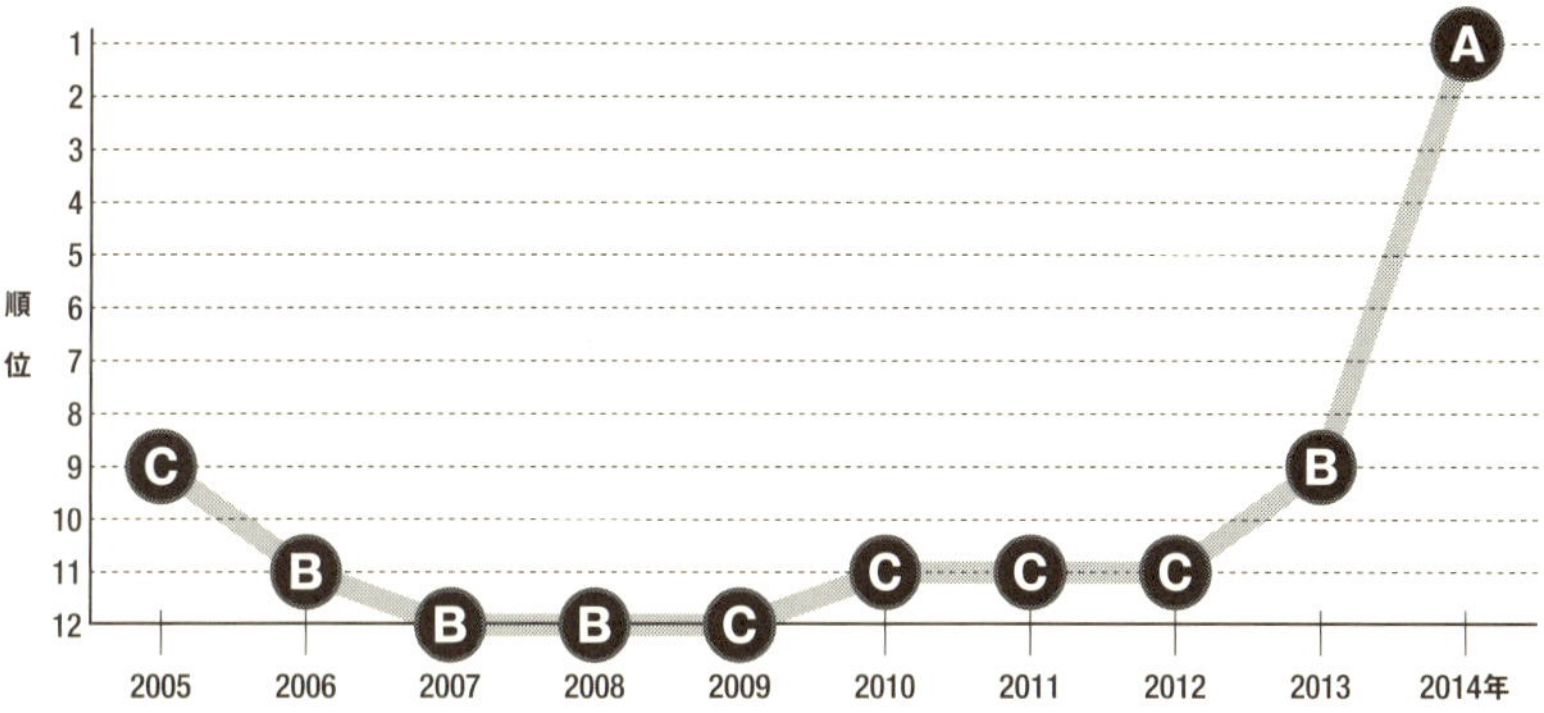

B

総合評価

コスパ	アイディア	ラグジュアリー
B	B	B

前半7年間の低迷のため、「総合評価」はB止まりだが、ここ3年で言えば、すべてにおいてAを獲得できるほどに急成長した。今後にも期待できる。

GOOD

DeNAになり、驚異の急成長

14年の募集要項を見たときの衝撃はここ10年で最大のインパクト。「あの横浜」が「こんな横浜」に変わるなんて。雌伏のときを過ごした横浜ファンも報われた。

BAD

迷走続きだった05年から11年

12球団でもっとも遅い募集開始。そしてもっとも遅い特典到着。「ひとまずファンクラブは後回し」といった感がありありで、ヤル気のなさが伝わってきていた。

最優秀年 **2014年** コラボグッズでここまで変われる

2枚の観戦チケットとコラボグッズで3000円。コスパは最高。

最優秀特典

アースミュージック&エコロジーバッグ&ポーチ（2014年）

このチームのファンクラブを一言で言うと？

大器晩成、偏差値30から7浪で東大合格！

ファンサービスも低迷していたDeNAが2014年は大躍進！

ベイスターズファンクラブに何があったのか？

チーム状況と歩を同じくして、
ファンクラブ的にも例年「最下位」が
定位置だったベイスターズ。
しかし、2014年は一転してサービスが
向上、他球団をごぼう抜きしての
「FOY（ファンクラブ・オブ・ザ・イヤー）」
に輝いた。ベイスターズ担当者を直撃し、
その躍進の舞台裏に迫った。

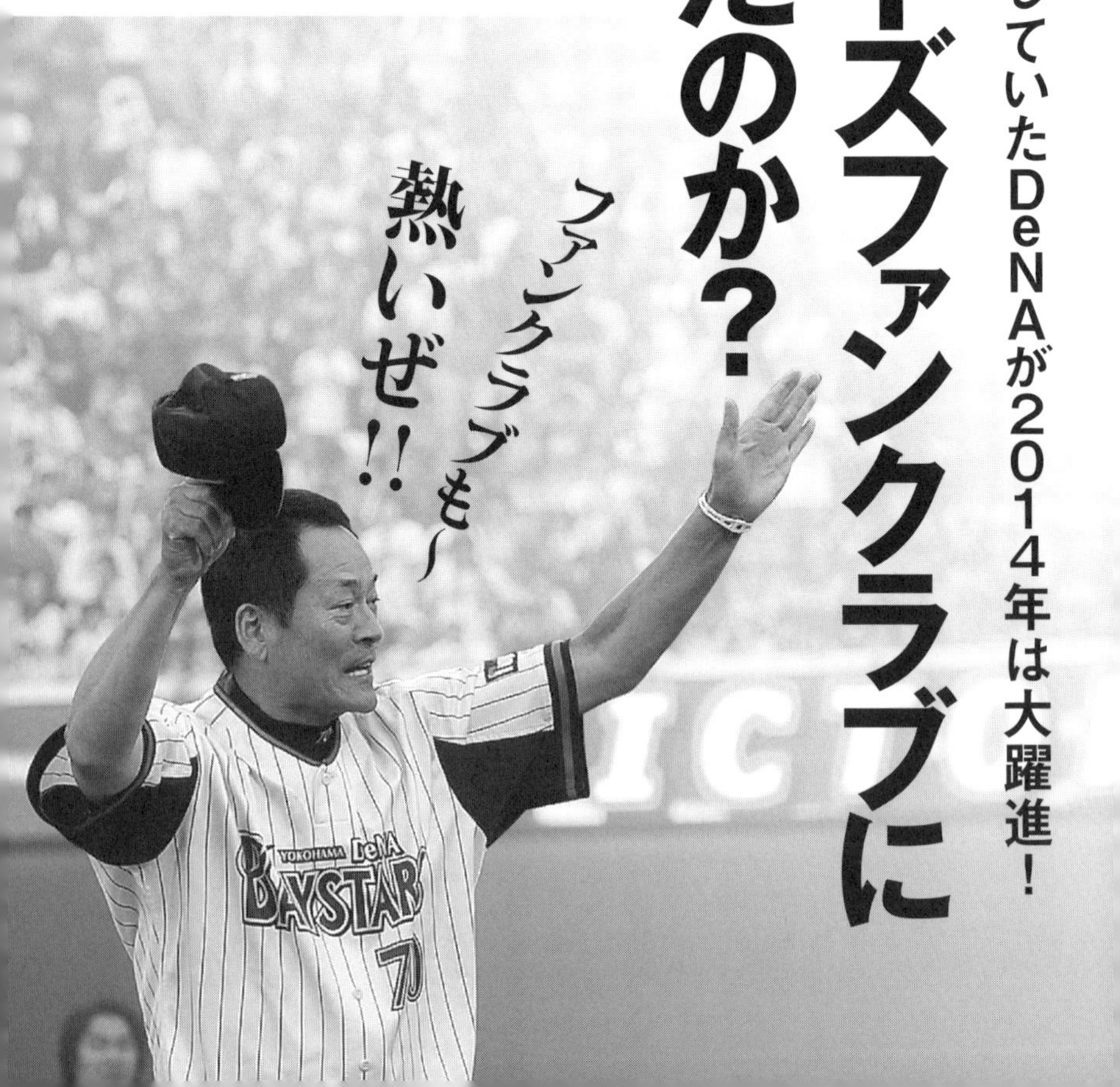

改革の旗手に会いに行く!

長年、グラウンド上のみならず、ファンクラブ界においても下位低迷していた横浜DeNAベイスターズ。しかし、14年度の本文で紹介したように、TBSからDeNAに経営譲渡された12年以来、横浜ファンクラブは目に見えて改善されている。

そこには一体、何があったのか?

おそらく、球団譲渡をきっかけに、新担当者が辣腕をふるっているに違いない。そこで、実態を探るべく球団事務所に取材を申し込んだ。

紹介されたのはファンクラブグループのグループリーダー・安田良平氏。おそらく、彼が「横浜ファンクラブ革命」のキーパーソンに違いない。さっそく、直撃してみよう!

＊

――事前のお話だと「ファンクラブ担当は2人だけ」とのこと。それで、こんな大改革が可能なんですか?人員、足りなくないですか?

安田　ハハハ、「足りない」と言ってもらえますか、紙面を通じて会社のほうに(笑)。でも、実際のところ足りなくはないです。1人当たりの売り上げを考えると、2人というのは適正人数かもしれません。

――安田さんが、ファンクラブ担当になったのはいつですか?

安田　今年で3年目で、親会社がTBSからDeNAに変わった最初のシーズン(2012年4月)に転職してファンクラブ担当になりました。

――それ以前は何を?

安田　実は以前は楽天でファンクラブを担当していました。それが07年から10年までの4シーズンです。

――おぉっ、ということは伝説の「Mr.カラスコクラブ」の担当も?

安田　はい、担当していました。

――実は、本書の口絵でも「カラスコクラブ」の09年特典「ラジコンヘリコプター」を紹介しています。08年の「ファイティングキット」も最高でした。あれはホントに斬新で、すばらしかったと思います!

安田　ありがとうございます。あれは大阪プロレスさんと手を組んだんですけど、ファンの人からは「ちょっと手を抜きすぎだ」と叱られました。この「カラスコクラブ」は人気があったし、毎年、カラスコ本人と「来年はどうしようか?」って相談しながらやっていました。僕が辞めた後になくなったようですね。

――一気に安田さんに対する親近感が増しました(笑)。では、横浜に転職する経緯は?

安田　あるお世話になっている方がいるんですが、球団が変わるときに

横浜DeNAベイスターズ
ファンクラブグループ　グループリーダー

安田良平（やすだ・りょうへい）

1976年、神奈川県横浜市生まれ。父親の仕事の都合で西宮、所沢、神戸など野球場のある土地を転々とし、大学時代はサッカーライターとして活動。その後Jリーグやプロ野球の球団職員となり、ファンクラブに携わった。2012年4月より横浜DeNAベイスターズに入社、ファンクラブグループリーダーとなる。担当者わずか2名の人員ながら、積極的にファンクラブ改革を断行している。

声をかけていただきました。「ファンクラブを見てほしい」と。

――新生球団1年目の12年。特典は「クッション付エコバッグ」でした。この特典を選んだ理由は？

安田　これに関しては僕が来る前にすでに決まっていました。

――この特典は09年の日本ハムが同じものをつけていましたよね。でも、デザイン、材質、使い勝手、ともにいいとは思えなかったです。

安田　日本ハムだけではなくて確か、11年頃のJリーグ・大宮アルディージャもこれが特典でした。正直言えば、〝何でこれを特典にしたのかな？〟と思いましたが、話を聞くと過渡期の中で時間がなく、試合運営やチケット販売が優先され、（ファンクラブの）会員組織はどうしても後回しになってしまったようです。

原点は「球場に来てもらう」こと

――続く13年には長年、とてもわかりづらかった「オフィシャルファンクラブ・B☆SPIRIT」と「友の会」がついに一本化しましたね。

安田　おっしゃる通り、2つに分かれているというのはとてもわかりづらいです。そもそも僕の考える球団のあるべき姿というのは「球場に来てもらって応援してもらう」ということなんです。それなのに観戦に特化したファンクラブを球団が持っていないのはおかしいと考えました。

――それまでは「特典グッズのファンクラブ」、「観戦特典の友の会」という位置づけでしたね。

安田　そうです。ファンクラブと友の会を一本化するために、関係者に説明を繰り返しました。私は表舞台での交渉はしていませんが、みなさんと話し合いをしながら、「2つあるのはわかりづらい」ということ、「統一的なサービスがお客さんのためになる」ということを訴えました。

——だから、「B☆SPIRIT友の会」という両者の名前を残した妥協的な名前なんですね（笑）。

安田　……いえいえ（苦笑）。結果的にはみなさんが「新しく生まれ変わるんだ」ということで支持してくださったと思います。

——13年は「観戦特典」を大幅に強化。その一方でグッズは「キッズ会員」のグローブのみです。これはどういう理由ですか？

安田　そもそも「ファンクラブの特典にグッズっているのかな？」っていうのがまず僕の原点です。やっぱりお客様が求めているのは球場で観戦することなのではないか？　「今年はグローブを付けました」、「来年はユニフォームを付けます」となっても、お客様の期待値はどんどん上がり、際限がなくなってくる。その流れはどうなのかなという疑問もあります。あとは「横浜」という街の特性もあって、都会の人の場合、単にモノを押しつけるのではなく、モノより思い出、体験による感動を喜ぶ傾向にあるのではと考えました。

——ところが一転して、14年は観戦特典に加えて、一流ブランドとコラボした立派なグッズが特典に付きます。この大転換には感動しました。この方針転換の意図は？

安田　先ほど言った「モノ」というのは、他球団の場合ユニフォームであったり、球団ロゴが入ったコテコテのグッズが傾向としてあります。でも、野球に関心のない人に興味を持ってもらうために、有名ブランドと手を組んで少しでも関心を持ってほしいという狙いです。そして、「ファンクラブ会員だけではなく、ファンの人にもオシャレであってほしい」というメッセージを込めています。

「郵送可」にしない理由とは？

——では、一方の「球場に来られないファン」、地方ファンに対してはどのようにお考えですか？

安田　実際にお客様からも電話や手紙で厳しいご意見をいただいています。それでも、「まずは足元を固めたい」というのが現状です。今はようやく、土日はかなり多くの方が横浜スタジアムにご来場いただいていますが、平日は空席のほうが目立つ状態が多いですから。

——特典グッズは「球場受け渡し」のみですが、「郵送可」にはしないのでしょうか？

安田　私自身、それは考えてないですね。来場して、直接選手にご声援

有名ブランドとのコラボの背景には、「横浜」という地域性への配慮があった

いただきたい。そういう考えです。

――そういえば、楽天ファンクラブもずっと「郵送不可」でした。ひょっとして……。

安田 はい。私が在籍していた間ですね(笑)。楽天は元々オリックス、近鉄と関西の球団でしたから、昔からのファンの方から「郵送してくれ」と毎年、電話が来ていました。そして、私が球団を去った後に「郵送可」となりました。「郵送可」にすることは、正直に言えばそれほど手間はかかりません。それはもしかしたら、私だけのポリシーかもしれません。

――いや、そこは絶対に「郵送可」の方がいいと思うんですが……。

安田 私は「来場して、直接選手に声援してほしい」という考えです。

――う〜ん……。そうかなぁ? では、会員の居住地域についてのデータはお持ちですか?

安田 これはどの球団にも言えることかと思いますが、「球場からほぼ同心円状で30分圏内」、このエリアに会員数の8〜9割が集中しています。うちの場合で言えば、横浜市内、川崎、大船のあたりまで。これはドラッグストアやコンビニと一緒で「近いからこそ球場に行く」、そして「その球団のファンになる」ということだと思います。

――では、「郵送不可だから地方会員が少ない」のではなく、「球場から遠いから地方ファンが少ない」という考えですか?

安田 はい。やはり、まずは地元を固めたほうがいいし、「球場に来てもらうこと」が球団としてのプライオリティと考えています。

12球団統一のFC組織を

――今後のファンクラブ界のあるべき姿、理想の姿はありますか?
安田 各球団が個別に運営していると、やはり無駄がかなり多いんです。だから、たとえばチケット販売システムなど、共通化できるものは全球団共通にして、その上で各球団の個性を出すようにしたほうがいいと思います。パ・リーグではすでに6球団が集まってPLM（パシフィックリーグマーケティング）ができていますから。

——12球団統一のファンクラブ組織を運営するとした場合、その旗振り役を務めるのは誰ですか？

安田　誰でもいいと思います。おそらく、今の野球界の状況はそんなによくはないと思うんです。危機感を持っている人が増えれば自然とそういう動きが出てくると思います。これは野球界全体、「野球ファミリー」で取り組む問題だと思いますね。

——では、安田さんの目指す、今後の「ファンクラブ像」は？

安田　今後は常にお客さんとコミュニケートしながらファンクラブを作っていきたいですね。球団のコンセプトとして「継承と革新」という言葉がありますが、ファンクラブもいいものは残しつつも、変わることを恐れずに、どんどん新しい商品、サービスを提供していきたいと思います。それに対して、ファンの方にもぜひ頑張ってついてきていただければありがたいです。それで「ダメだな」と思えば離れていく人もいるかもしれない。それでも、何とかお客さんの期待を超えられるようなものを提供し続けていきたいと思っています。

ファンクラブ研究のために、他球団やJリーグの会員になることもあるという

＊

地方ファンへの「特典郵送問題」について、僕は最後まで納得できなかった。けれども、「来場こそ原点」という信念を安田さんが大切に持っていることは十分理解できた。安田さん、かなり頑固だな（笑）。

この10年間、全球団のファンクラブに入会し続けてきたけど、現在の横浜が最もアグレッシブで挑戦的だ。この「横浜FC《ファンクラブ》改革」が、今後、どのような展開を見せるのか？ 引き続き、期待して見守りたい。「さらに、アイディアはある」という安田さんの次の一手は何だろう、楽しみだな。

あとがき

酒の席でのふとした思いつきから10年が経ち、こうした形で本書を出版できるとは、当時はまったく想像もしていなかった。この10年間で、僕はただの「ヤクルトファン」から、「全球団を愛する野球ファン」に変わったように思う。

もちろん、今でもヤクルトの勝敗に一喜一憂する日々が続いているけれども、これは長年の習慣なので仕方がないとあきらめている。でも、昔のように敗戦によって、ただイライラするようなことはなくなった。神宮球場に行けば、対戦相手の選手も気になるようになったし、以前と比べて、投手と打者の駆け引きや、勝敗のあやにまで意識が及ぶようになったと思う。

何よりも、ヤクルト戦以外の試合を見るために球場へ足を運ぶことなど、以前はほとんどなかった。それが今では、ファンクラブの「観戦特典」を使うだけではなく、自らチケットを購入し、ヤクルト以外のカードを観戦に行く機会も増えた。

12球団すべてのファンクラブに入会して、本当によかったと思う。

確かにバカげた試みではあるけれども、この10年間、本当に楽しく、より野球が大好きになった。30代半ばから40代半ばにかけて、実に充実していた。本当にいい趣味を見つけたと思う。

これからも、体力と経済力が続く限り、この「趣味」は続けていくつもりだ。

＊

さて、本書の出版が決まり、「どういう風に原稿をまとめようかな？」と考えていた頃、興味深いブログ記事を見つけた。月間アクセス数が70万ビューという超人気ブログ「野球の記録で話したい」を主宰する広尾晃氏。彼による14年３月27日付の「フランチャイズの見直しは現実的な課題だ」という記事だ。『プロ野球解説者を解説する』（イースト・プレス）など、野球に関する著作を持つ広尾氏の冷静な分析と怜悧《れいり》な文章が好きで日頃から愛読していたし、ふとしたきっかけから氏と酒を酌み交わしたこともあるので、実に興味深く読んだ。

広尾氏はこのエントリーの中で、経営コンサルタントにして、スポーツ経営学者でもある大坪正則氏が編著者を務めた『プロスポーツ経営の実務』という本を紹介している。ＭＬＢやＮＢＡなど、アメリカンスポーツのマネージメントに精通していた大坪氏は14年３月に亡くなられたばかりだった。

広尾氏はこのエントリーの中で、同書で紹介されていた「12球団のファン人口を算出したデータ」を基に、「ＮＰＢの球団は３つのグループに分かれることがわかる」と書いている。

その３つのグループとは次の通りだ。

《第１グループ》……巨人、阪神
《第２グループ》……楽天、ソフトバンク、中日、日本ハム、広島

《第3グループ》……ヤクルト、西武、横浜、ロッテ、オリックス

広尾氏によると、第1グループは「全国区のファンを有する巨人、阪神」であり、第2グループは「地域の顧客を獲得する」球団。そして、第3グループは「巨人、阪神と市場を食い合って負け組になっている」球団と分析されている。

この、第3グループのラインアップを見て僕は愕然《がくぜん》とした。

本書で再三述べてきたように、歴代FOY（ファンクラブ・オブ・ザ・イヤー）を獲得したチームばかりだったからだ。ヤクルト（05年）、西武（06、07年）、横浜（14年）、ロッテ（08、12年）、オリックス（13年）。第3グループ以外でFOYを獲得したのは09、11年の巨人と10年のソフトバンクだけだ。FOYは完全に僕の主観で好き勝手に決めてきた実体のない賞だった。それでも、この第3グループの5球団は涙ぐましい努力をしていたのだと改めて気づかされた。広尾氏は「彼ら（第3グループ）はそうしなければ、他球団に肩を並べるような観客動員はできないのだ」と書く。まさに、その通りなのだろう。

僕はすぐに、ブログで紹介されていた『プロスポーツ経営の実務』を入手して読んでみた。11年に出版された本だから、数字データには差異が生まれているかもしれないけれど、その根幹は現在も変わっていないことだろう。

＊

酒飲みの悪ふざけから始まって、この10年間をプロ野球観戦とともに面白おかしく過ごしてきた。一ファンの視点として、好き勝手にお気楽にファンクラブを論じてきた。

本書はまさに10年間の集大成だ。そして、前述したように、この「趣味」はこれからも続けていくつもりだ。でも、これからは単なる「一ファン」としてだけではなく、「一ライター」として、もう少し客観的な視点も必要なのかもしれない、とも思う。

実は本書刊行が決まる頃、大学時代の友人で今は弁理士となっている仲間と呑んでいて、話の流れから、彼に頼んで「12球団ファンクラブ評論家」として特許庁に出願することにしていたのだ。これもまた、「全球団のファンクラブに入会する」と決めたときのように、酒場での悪ふざけがきっかけだった。「誰もそんな肩書き名乗らないよ」と言いつつ、バカなことを本気でやる楽しさを求めただけだった。こうして、僕は後日、特許庁に行き自ら出願した――。

意外とお金がかかることに驚いたけれど、現在は受理されるかどうかの通知を待っているところだ。バカげたことだけれども、これがまた次の10年への布石となるかもしれない。

僕の酔狂な試みについて、ここまでお読みいただきどうもありがとうございました。

敬愛すべき読者のみなさん、また10年後にお会いしましょう。そのときのプロ野球界はどうなっているのか？　ファンクラブ界は？　楽しみに待ちましょう。

２０１４年４月20日　ヤクルトファンだった父、没後10年の命日に　長谷川晶一

長谷川晶一 はせがわ・しょういち
1970年5月13日生まれ。早稲田大学商学部卒業。出版社勤務を経て、2003年にノンフィクションライターに。2005年よりプロ野球12球団のファンクラブすべてに入会する試みを始め、2014年まで10年連続で継続中。現在、「12球団ファンクラブ評論家」の肩書きで商標出願中。主な著書に『夏を赦す』（廣済堂出版）『マドンナジャパン光のつかみ方　世界最強野球女子』（亜紀書房）『最弱球団　高橋ユニオンズ青春記』（白夜書房）などがある。
公式ブログ:http://blog.hasesho.com/
facebook:facebook.com/hasesho

プロ野球12球団ファンクラブ全部に10年間入会してみた！

涙と笑いの球界興亡クロニクル

2014年5月31日　第1刷発行
2014年6月23日　第2刷発行

著　者　長谷川晶一
編　集　菊地選手（ナックルボールスタジアム）
　　　　内山直之、秋山雄裕
装　丁　アベキヒロカズ（アートディレクション）
　　　　ROCKET STAR（デザイン）
デザイン　コイグラフィー（鈴木ユキタカ、うえさかあらた）
撮　影　下城英悟
イラスト　アカハナドラゴン
写真協力　『野球太郎』編集部、産経新聞社
協　力　横浜DeNAベイスターズ、加藤之康
発行者　大久保徹也
発行所　株式会社　集英社

〒101-8050
東京都千代田区一ツ橋2-5-10
編集部　03-3230-6206　販売部　03-3230-6393　読者係　03-3230-6080

印刷所　凸版印刷株式会社
製本所　株式会社ブックアート

造本には十分注意しておりますが、乱丁・落丁（本のページの順序の間違いや抜け落ち）の場合はお取り替えいたします。購入された書店名を明記して、小社読者係宛てにお送りください。送料は小社負担でお取り替えいたします。ただし、古書店で購入したものについてはお取り替えできません。掲載の写真・記事などの無断転載、複写は法律で定められた場合を除き、著作権の侵害となります。また、業者など、読者本人以外による本書のデジタル化は、いかなる場合でも一切、認められませんのでご注意ください。

© SHOICHI HASEGAWA
2014,Printed in JAPAN
ISBN978-4-08-780722-6　　C0076

『野球小僧』2005年6月号、2006年6月号、2007年6月号、2008年6月号、2009年6月号、2010年6月号、2011年6月号、2012年6月号、『野球太郎』No.006に掲載された「12球団ファンクラブ全部に入会してみた!」を大幅に加筆、修正いたしました。